CYFROLAU CENEDL 15
Golygydd y gyfres: Dafydd Glyn Jones

KATE ROBERTS: TAIR DRAMA
Ffarwel i Addysg, Y Cynddrws ac *Aros wrth Loco*

Brodor o Rosgadfan yn Arfon oedd KATE ROBERTS (CATHERINE WILLIAMS, 1891-1985). Fe'i ganwyd ym mwthyn bychan Bryn Gwyrfai cyn symud yn bedair oed i ddyddyn Cae'r Gors (Canolfan Dreftadaeth Kate Roberts, Cae'r Gors erbyn hyn). Yn ferch hynaf ail briodas ei mam a'i thad dylanwadodd y gymdeithas chwarelyddol y ganwyd hi iddi ar lethrau Moel Tryfan yn fawr arni ac ymwêl yn fynych â'r gymdeithas honno yn ei llenyddiaeth. O Ysgol y Sir yng Nghaernarfon aeth i astudio Cymraeg yng Ngholeg y Brifysgol, Bangor o dan arweiniad Yr Athro John Morris-Jones, gŵr a fu'n uchel iawn ei barch ganddi. Tra yno hefyd, cymhwysodd fel athrawes ac yn dilyn cyfnod byr yn Ysgol Dolbadarn, aeth i'r De i ddysgu yn Ysgol y Sir, Ystalyfera ym 1915 ac Ysgol Sir y Genethod, Aberdâr ym 1917. Erbyn iddi adael yr ysgol honno pan briododd â Morris T. Williams ym 1928, yr oedd yn gyd-awdur tair drama ac yn awdur dwy gyfrol o straeon byrion. Yn dilyn prynu Gwasg Gee symudodd Kate a'i gŵr i Ddinbych ym 1935. Bu'n gyfrannwr cyson i bapur wythnosol *Y Faner*, a gyhoeddid gan y wasg honno, a bu hefyd yn golofnydd i'r *Ddraig Goch*. Fel aelod o'r Blaid Genedlaethol er ei sefydlu ym 1925 ymgyrchodd yn frwd drosti gan ddod yn gyfeillion agos gyda'i chydaelodau; yn fwyaf nodedig efallai Saunders Lewis, gŵr a ddaeth i bob pwrpas yn athro llenyddol iddi. Ym 1931 bu ond y dim iddi gipio gwobr y ddrama yn Eisteddfod Genedlaethol Bangor gyda *Ffarwel i Addysg*, ac roedd yn gyd-fuddugol yng nghystadleuaeth y nofel yn Eisteddfod Genedlaethol Castell Nedd, 1934 gyda *Suntur a Chlai*, y nofel bwysig a gyhoeddwyd ym 1936 fel *Traed Mewn Cyffion*. Parhaodd hyd ddiwedd ei hoes i gyhoeddi rhyddiaith, yn cynnwys nofelau, storïau byrion, a darn o hunangofiant, *Y Lôn Wen*. Darlledwyd pedair drama sylweddol o'i heiddo ar y radio yn y 1950-60au, ond ni chyhoeddwyd yr un ohonynt hyd yma. I gydnabod ei chyfraniad i lenyddiaeth fe'i hanrhydeddwyd â gradd D.Litt. gan Brifysgol Cymru ym 1950.

Athrawes Gymraeg yw Diane Pritchard-Jones wrth ei phroffesiwn, ac mae'n gweithio mewn llywodraeth leol ers rhai blynyddoedd. Yn frodor o Ddyffryn Nantlle mae bellach yn byw yng Nghaernarfon.

UCHOD, Kate Roberts yr actores, gyda Chwmni Tonypandy yn *Cwm Glo*, 1935. Gwelir yr awdur, J. Kitchener Davies, yng nghanol y rhes flaen, a'r ail o'r dde yn y rhes ôl yw Morris T. Williams, priod Kate Roberts. (*Darlun yng nghasgliad Canolfan Cae'r Gors.*) ISOD, Kate Roberts y cynhyrchydd, gyda chwmni anterliwt Twm o'r Nant, *Tri Chryfion Byd*, 1939. (*Darlun Llyfrgell Genedlaethol Cymru.*)

Cyfrolau Cenedl 15

Kate Roberts: Tair Drama

Ffarwel i Addysg, Y Cynddrws
ac
Aros wrth Loco

Golygwyd gan

Diane Pritchard-Jones

2024

Argraffiad cyntaf – 2024

Rhif llyfr cydwladol (ISBN) 978-1-7396402-3-1

ⓗ hawlfraint ar y rhagymadrodd
gan Diane Pritchard-Jones.

Cydnabyddir yn ddiolchgar gymorth Cyngor Llyfrau Cymru
tuag at gyhoeddi'r gyfrol hon.

Cynllunio gan Nereus,
Tanyfron, 105 Stryd Fawr, Y Bala, Gwynedd, LL23 7AE.
e-bost: dylannereus@btinternet.com

Cyhoeddwyd gan Dalen Newydd,
3 Trem y Fenai, Bangor, Gwynedd, LL57 2HF.
e-bost: dalennewydd@yahoo.com

Argraffwyd a rhwymwyd gan Wasg Gomer,
Parc Menter Llandysul, Llandysul, Ceredigion, SA44 4JL.

Rhagair

Blas o ffrwyth fy ymchwil ar y testun Kate Roberts a'r Ddrama yn Ysgol y Gymraeg, Prifysgol Bangor, 2014 a geir yn y gyfrol hon. Y gobaith yw y bydd hyn o gyfrol yn symbylu'r darllenydd i feddwl o'r newydd am yr awdures wrth iddo ymdrin â llenyddiaeth Kate Roberts fel corff cyfan o waith. Cyflwynir yn y gyfrol hon dair o'i dramâu mwyaf trawiadol ac arwyddocaol: tair drama sy'n gweld eu cyhoeddi mewn print am y tro cyntaf erioed.

Hoffwn ddiolch i bawb a fu o gymorth i mi efo'r gwaith hwn ac i Dalen Newydd am gymryd diddordeb yn y gwaith ac am gytuno i gyhoeddi'r dramâu yn rhan o'r gyfres bwysig hon, Cyfrolau Cenedl.

Medi 2023   D.P.-J.

Diolch y Cyhoeddwyr

Mae Dalen Newydd yn dymuno diolch i Blaid Cymru, deiliad hawlfraint Kate Roberts, am ganiatâd caredig i gyhoeddi'r tair drama sydd yn yn gyfrol hon. Diolch i Lyfrgell Genedlaethol Cymru a'i staff am bob cydweithrediad, am ddarparu darluniau fel y nodir ac am ganiatâd i'w cyhoeddi. Diolch i Dafydd Ifans, ar y cyd â'r Llyfrgell Genedlaethol eto, am ganiatâd i ddyfynnu'n helaeth o'r casgliad llythyrau *Annwyl Kate, Annwyl Saunders*. Hefyd i CADW, sydd bellach yng ngofal Canolfan Dreftadaeth Cae'r Gors, am gael cyhoeddi un o'r darluniau.

Medi 2023   D.G.J.

Cynnwys

Rhagair	v
Diolch y Cyhoeddwyr	v
Rhagymadrodd	1
Ffarwel i Addysg	101
Y Cynddrws	155
Aros wrth Loco	180
LLYFRYDDIAETH	187

Rhagymadrodd

Pymtheg drama

Y mae llawer wedi ei ysgrifennu am fywyd a gwaith y Dr. Kate Roberts. Nid yw hynny'n syndod o gofio ei bod yn llenor toreithiog, yn ffigur diwylliannol gweithgar a'i bod wedi byw am yn agos i gan mlynedd.

Cysylltir Kate Roberts yn bennaf wrth gwrs â'r stori fer. Cyhoeddodd naw cyfrol o storïau byrion yn ystod ei gyrfa a bu'n traddodi ar y ffurf a'i thrafod yn gyhoeddus. Yr oedd yn feirniad cyson ar gystadleuaeth y stori fer yn yr Eisteddfod Genedlaethol. Cyhoeddodd yn ogystal ryddiaith ar ffurfiau amrywiol y *novella*, y stori fer hir a'r nofel, a chael gyda'r rheini hwythau sylw a llwyddiant.

Yn wyneb hynny y mae'n rhyfedd mai ychydig iawn a wyddys yn gyffredinol am ei dramâu. Ceir ambell sylw arnynt gan feirniaid mewn 'nodyn wrth fynd heibio' wrth drafod ei ffuglen, ond prin yw'r cyfeiriadau hynny, o gofio'n enwedig am y toreth sydd wedi ei ysgrifennu amdani ac am ei rhyddiaith. Ni cheir unrhyw gyfeiriad at ei dramâu yn ei chyfrol deyrnged (1969), ac nid oes sôn amdanynt ychwaith yn *Cydymaith i Lenyddiaeth Cymru* (1986) nac yn *Gwyddoniadur Cymru* (2008). Un o brif amcanion y gyfrol hon yw dwyn y dramâu i olau dydd, i'w gwerthfawrogi a'u mwynhau.

A hithau wedi ei geni ym 1891, ni ellir anwybyddu'r cyd-daro perffaith rhwng blynyddoedd mebyd Kate Roberts a throthwy'r hyn y cyfeirir ato gan feirniaid fel 'oes aur y ddrama' yng Nghymru. Profodd Kate dwf y symudiad fel y digwyddai ac ni ellir peidio â myfyrio ynghylch y posibilrwydd mai dyma wreiddyn ei deffroad llenyddol hi.

Ni raid chwilio ymhell yn ei gweithiau poblogaidd i ddarganfod prawf diamheuol o ddylanwad y mudiad drama ar ei gwaith. Yn *Laura Jones* daw Loli i gyfarfod â drama am y tro cyntaf yn ferch ifanc a hithau'n gweini ar fferm y Garreg Lwyd. Dadl wedi ei dramaeiddio yn dwyn y teitl *Dic Siôn Dafydd* oedd honno. Perfformiad naïf ac amaturaidd a gafwyd ohoni, hyd yn oed wrth safonau'r dydd, ond yr oedd Loli wedi ei phlesio, ac ymhellach yr oedd swyn y posibiliadau wedi cydio ynddi. Ceir ail ddrama yn *Laura Jones*, sef yr anfarwol *Beddau'r Proffwydi* gan W.J. Gruffydd. Dyma gyfarfyddiad cyntaf Loli â byd y llwyfan go iawn, a pherfformir y ddrama yn ei holl ogoniant gan gadw'n driw i'r hanfodion rheini a ddaeth yn rhan o gynhysgaeth y ddrama Gymraeg. Yna yn *Tegwch y Bore* mae Ann Owen yn addasu rhan o gyfrol Winnie Parry, *Y Ddau Hogyn Rheiny*, yn ddrama ar gyfer cyfarfod Nadolig y plant yn festri'r capel, a hynny gyda chryn lwyddiant. 'Yr oedd y gymeradwyaeth ar y diwedd yn gynnes a hir.' Er gwaethaf y dadlau o du swyddogion y capel ynghylch addasrwydd Ann i baratoi'r plant am ei bod yn newydd-ddyfodiad, daw ysbaid o lawenydd iddi yn sgil y llwyddiant hwnnw cyn i'r oerni mawr gydio ynddi yn nes ymlaen yn y nofel. Nid annhebyg yw'r ddrama a geir yn *Tywyll Heno*. Drama at y Nadolig ac ar gyfer plant y capel yw hon hefyd, wedi ei chyfansoddi gan Bet Jones, gwraig y gweinidog y tro hwn. Ymchwilir y tensiynau rhwng Bet ac aelodau Cymdeithas y Gwragedd cyn iddi ymroi i gyfansoddi, ond ysywaeth ni wêl Bet benllanw ei hymdrechion oherwydd ei hanhwylderau. Drwy gydol ei salwch ac yng nghanol ei meddyliau duon dyfnaf, daw'r ddrama â llygedyn o oleuni i Bet. 'O'r tu allan yr oedd cannwyll bach yn goleuo fel y golau trydan uwchben y drws ffrynt a'r tŷ yn dywyll – y ddrama oedd honno.'

 Anodd yw rhoi ffigwr hollol bendant ar nifer y dramâu a ysgrifennodd Kate Roberts yn ystod ei gyrfa faith fel llenor. Gwyddys i sicrwydd ei bod wedi llunio un ddrama yn gynnar iawn ond nad oes copi ohoni wedi goroesi ; gwyddys amdani yn unig oherwydd bod adroddiad arni mewn papur newydd lleol o'r cyfnod. Yr hyn na wyddom yw faint o ddramâu eraill sydd wedi eu colli. Erys ambell ddrama ganddi ar ffurf braslun yn unig, wedi ei diogelu yn y Llyfrgell Genedlaethol. Y mae eraill mwy gorffenedig wedi goroesi ar ffurf llawysgrifau a theipysgrifau, ond na chawsant erioed eu cyhoeddi. Hefyd mae dwy ddrama o leiaf, ac efallai dair, yn gyfieithiadau o waith dramodwyr eraill. O ystyried hynny, gyda pheth petruster y gwneir datganiad i'r perwyl hwn sef y priodolir i Kate Roberts bymtheg drama.

1. *Y Botel*. Tua 1910. Cyfieithiad o *The Bottle*, T.P. Taylor.
2. *Yn Eisiau, Howscipar*. Tua 1915. Copi heb oroesi.
3. *Y Fam*. 1920. Cyhoeddwyd. Cywaith rhwng Kate Roberts a Betty Eynon Davies.
4. *Y Canpunt*. 1923. Cyhoeddwyd. Cywaith rhwng Kate Roberts, Betty Eynon Davies a Margaret Price.
5. *Wel! Wel!* 1926. Cyhoeddwyd. Cywaith rhwng Kate Roberts, Betty Eynon Davies a Margaret Price.
6. *Ffarwel i Addysg*. 1931. Darlledwyd ar y radio. 1950.
7. *Arian ac Aur*. 1937. Cyhoeddwyd. Cyfieithiad o *Gold and Silver*, Betty Eynon Davies.
8. *Y Cynddrws*. 1954. Darlledwyd ar y radio.
9. *Y Byw Sy'n Cysgu*. 1956. Darlledwyd ar y radio.
10. *Modryb a Nith*. 1959. Darlledwyd ar y radio.
11. *Aros wrth Loco*. Tua 1960 ?
12. *Y Gwas*. 1961. Darlledwyd ar y radio.
13. Di-deitl. Tua 1965. Drama am chwarelwr o'r enw Wil Evans.
14. *Yr Angladd*. Tua 1967. Addasiad o stori fer gan Johan August Strindberg.
15. *Bore Sul yn Nhŷ'r Jonesiaid*. 1970. Cyhoeddwyd yng nghylchgrawn *Y Wawr*.

Fel arfer priodolir *Arian ac Aur* i Betty Eynon Davies, ond ceir nodyn yn y gyfrol yn diolch i Kate Roberts am 'Gymreigio'r ddrama'. Diogel felly yw ei phriodoli'n rhannol i Kate.

Cynhwysir *Y Byw sy'n Cysgu* yn y rhestr uchod gan iddi hithau gael ei darlledu ar ffurf drama gyfres radio ym 1956. Nid yw'n hollol glir pa un ai'r nofel ynteu'r ddrama a ysgrifennwyd gyntaf. Efallai bod llythyr byr Saunders Lewis ar 5 Mai 1956 yn torri'r ddadl.

> F'annwyl Kate,
>
> Gwrandewais ar gychwyn eich nofel a chefais gymaint o fwynhad fel na fedraf beidio ag anfon nodyn byr i'ch llongyfarch. Cymraeg cyfoethog y dialog a aeth â'm serch i yn bennaf. Yr oedd yr actorion yn dda hefyd, yn arbennig Nesta Harris.
>
> Diolch yn fawr,
> Saunders.

'Eich nofel,' meddai, gan roi lle i gredu mai addasiad gan y cynhyrchydd Emyr Humphreys oedd y ddrama a ddarlledwyd. Rhaid mai'r nofel ddaeth gyntaf, er y darlledwyd y ddrama ychydig cyn cyhoeddi'r nofel.

Cyd-destun a chychwyniad

Dywedodd y dramodydd W.S. Jones (Wil Sam) unwaith mai apêl fawr y ddrama lwyfan iddo ef oedd y wefr o weld y llenni trymion yn ymwahanu'n araf ar y dechrau – yr eiliadau hynny o ragflasu disgwylgar cyn i'r set ddod i'r golwg. Ac fel hyn y disgrifia Dafydd Glyn Jones ei brofiad cyntaf yntau yn gwylio drama:

> Ac ymhen y funud, fwy neu lai, diffoddodd goleuadau'r llawr, daeth golau ar y llenni, ac ysgubodd y rheini, un hanner bob ochr, i ddatgelu ... ie, ystafell ... cegin fyw, rywbeth yn debyg i'n cegin ni, ond yn wahanol. Ac *yno*, erbyn deall, yr oedd y ddrama i ddigwydd! Rhyfeddol! Ysblennydd!

Gellid tybio fod y rhan helaethaf o Gymry Cymraeg hanner cyntaf yr ugeinfed ganrif yn medru dwyn i gof atgofion melys tebyg, am y cyfnod a gydnabyddir bellach yn 'oes aur' y ddrama Gymraeg. Dyma oes pan oedd cwmni drama bron ym mhob pentref a thref yng

Nghymru, a thorfeydd yn heidio i'w gwylio'n gyson mewn neuaddau pentref, festrïoedd capeli neu unrhyw fan cwrdd addas arall, cyn bod llawer o theatrau pwrpasol. Yn ei gyfrol *Codi'r Llen* mae Hywel Teifi Edwards yn cynnwys nifer fawr o luniau o wahanol gwmnïau drama a oedd yn bodoli ar hyd a lled Cymru, a'u gogoniant yw eu bod yn dystiolaeth ddiamheuol o boblogrwydd y ddrama Gymraeg hyd at ganol yr ugeinfed ganrif.

Erbyn diwedd y bedwaredd ganrif ar bymtheg yr oedd y ddrama hon wedi ennill ei lle yn nannedd gwrthwynebiad piwritanaidd, ond daliai rhai Cymry i ofni dwyn gwarth arnyn nhw'u hunain drwy ymwneud â'r ddrama o gwbl. Edrydd Kate Roberts fel yr oedd ei mam yn byw wrth yr egwyddor hon. 'Ond soniaf am yr amhosibl, yr oedd tipyn o ddramâu yn dyfod i Rosgadfan weithiau, ond nid aeth erioed i weld yr un. Yr oedd ymblesera yn bechod ganddi.' Rhoddodd ei thad, ar y llaw arall, fenthyg ei het silc i gwmni drama ar ymweliad â'r pentref. 'Gellwch benderfynu beth a ddigwyddodd wedyn,' meddai, 'diofalwch a pheidio â'i dychwelyd.'

Yr ysgogiad mwyaf i dwf y ddrama o'r 1880au ymlaen fu cyfaddasu gwaith Daniel Owen, ac yn arbennig *Rhys Lewis*, ar gyfer y llwyfan. Yn ei ysgrif 'Daniel Owen ar y Llwyfan, 1909-1937' eglura D. Tecwyn Lloyd fel y bu iddo ddod ar draws llyfr cyfrifon – *'Cash Book'* – pan ymgymerodd â swydd Rheolwr Cwmni Hughes a'i Fab yn Wrecsam ym 1956, ffynhonnell hynod o werthfawr o ran gwybodaeth ynghylch trwyddedu perfformiadau dramâu a gyhoeddwyd gan y cwmni. A hynod ddifyr yn y cyd-destun y mae a wnelom ni ag ef yw fod y cyfrif 'yn dechrau gyda pherfformiad o *Rhys Lewis* yn Maladeulyn, Dyffryn Nantlle ar y 30ain o Dachwedd 1909.' Dilynodd tri pherfformiad arall yn y Dyffryn y flwyddyn honno. Byddai Kate Roberts yn ddeunaw oed erbyn hynny ac ar drothwy ei chyfnod yng Ngholeg y Brifysgol ym Mangor. Os na ddaliodd un o'r perfformiadau yn ardal ei mebyd, tybed a fyddai wedi dal un ym Mangor ?

At ei gilydd, digon syml ac arwynebol o ran ffurf a chynnwys oedd y dramâu poblogaidd cynnar, ond gocheler rhag meddwl mai gwendid oedd hynny. Meddai Roger Owen yn ei ysgrif 'Y Theatr Amatur a'r Fro':

> Nid yn ôl ei chelfyddyd y dylem farnu'r theatr amatur ond, yn hytrach, yn ôl ei chyfraniad i'w bro. Camp y theatr amatur erstalwm oedd iddi greu perthynas glòs iawn rhwng y gynulleidfa a'r actorion ac ymdeimlad cryf o berthyn i'r fro, a bu'r ymdeimlad hwnnw o berthyn yn allweddol bwysig wrth glymu'r gymdeithas Gymraeg ynghyd.

Ac mae Ioan M. Williams yn gofyn, ac yn ateb:

> ... sut y mae esbonio ymddangosiad disymwth y Mudiad Drama a ddatblygodd yn fudiad diwylliannol â'i wreiddiau'n ddwfn ledled y cymunedau Cymraeg? Y cam cyntaf tuag at ateb y cwestiwn hwn yw cydnabod mai mudiad cymdeithasol oedd y Mudiad Drama, yn hytrach na mudiad llenyddol.

Dengys y cyfrifiadau bod nifer y siaradwyr Cymraeg yn uwch ym 1900 nag erioed o'r blaen. Yr oedd gwasg briodol a adroddai ar bopeth cymdeithasol a ddigwyddai mewn pentrefi ar hyd a lled Cymru, a nifer fawr o gylchgronau a phapurau newydd Cymraeg wythnosol a chwarterol ar gael. Ni ellir llai na chytuno ag Adrian C. Roberts fod '... iechyd llenyddiaeth iaith, wrth gwrs, ynghlwm yn annatod wrth iechyd iaith bob dydd y genedl y mae'n perthyn iddi ac sy'n cael ei dysg, ei gwybodaeth a'i newyddion am y byd trwyddi.' Câi'r Cymro cyffredin ymhyfrydu yn y ddarpariaeth ddiwylliannol, Gymreig a oedd yn ei amgylchynu.

Gogoniant hen ddramâu Cymraeg yr oes aur oedd eu diniweidrwydd a'u gallu i dynnu'r torfeydd. Yr oeddent yn ffraeth ac yn ffres, ac yn mynd dros ben llestri yn aml, ac yn fwy na dim yn gwneud i rywun chwerthin beth bynnag fo'i safle cymdeithasol. Yr oedd y theatr amatur hon hefyd yn pontio'r bwlch rhwng y to ifanc a'r rhai hŷn. Gydag ambell eithriad fel mam Kate Roberts, âi pawb o bob oedran i weld y ddrama – yr oedd yn ddigwyddiad cymdeithasol a theuluol. Merch ifanc ydyw Loli o hyd yn *Laura Jones* a phan glyw fod drama am gael ei chynnal yn lleol, fel hyn yr ymetyb:

"Bedi drama ?" ebe Loli.
"Dynion yn dynwared dynion erill ar ben stej," ebe Andreas.

Caed hwyl aruthrol ar noson y ddrama, gydag Andreas, cydweithiwr i Loli, yn un o'r prif actorion. 'Am ddyddiau wedyn, holai a stiliai Loli Andreas ynghylch y ddrama. A gai merched ddyfod i ddrama ? Nid oedd yr un yn "Nic Sion Dafydd." Os oedd a gai hi ddyfod i berthyn iddi ? Yr oedd yn sicr y medrai smalio gwneud yr un fath a rhywun arall.' Ymhellach ymlaen gwireddir dymuniad Loli, er ei bod yn gorfod penderfynu pa un ai dod i berthyn i'r dosbarth llenyddiaeth ynteu i'r ddrama a wna, gan y byddai ymhel â'r ddeubeth yn bwyta gormod i'w hamser gwaith. Nid yw'r dewis yn un anodd iddi. 'Penderfynodd hithau yn ei meddwl y buasai'n well ganddi berthyn i'r ddrama nag i'r dosbarth llenyddiaeth ...', a hynny er gwaethaf ei diddordeb mawr mewn storïau a llyfrau.

Merch ifanc oedd Kate Roberts pan luniodd ei drama gyntaf. Ym 1904 wedi iddi ennill ysgoloriaeth, aeth i Ysgol y Sir yng Nghaernarfon. Bu'n lletya gyda'i hanner chwaer, Jane, a briododd George Robinson ac a fu'n cadw siop dda-da o dan y Cloc Mawr yn y dref. Meddai Kate, 'Yr oedd yn rhaid imi letya yn y dref gan fod y tair milltir i stesion Dinas, ddwywaith y dydd, yn ormod imi, yn enwedig yn nyddiau tywyll y gaeaf.' Ac yno yr oedd pan ddaeth cais gan ei brawd-yng-nghyfraith, a oedd yn perthyn i gwmni drama yng Nghaernarfon, iddi drosi drama T.P. Taylor, *The Bottle*, i'r Gymraeg. Bu'n ddisgybl yn Ysgol y Sir Caernarfon o 1904 hyd 1910 a gellir damcaniaethu'n eithaf saff ei bod wedi trosi'r ddrama yn bedair ar bymtheg oed neu cyn hynny. Nodir fel a ganlyn ar y dudalen deitl:

> Drama Ddirwestol Boblogaidd
> Wedi ei chyfieithu trwy ganiatad
> (cyfieithedig gan Miss Kate Roberts, Caegors, Rhosgadfan)
> (Yr hawl i'w pherfformio i'w gael yn unig gan Mr S. G. Robinson,
> Maesincla Farm, Ffordd Bethel, Caernarfon)

Cyfeiria Alan Llwyd at *Y Botel* fel 'drama ddirwest wael, henffasiwn'. Nid yw Geraint Wyn Jones yn cael ei blesio ganddi ychwaith:

> Y mae'r iaith yma, yn amlwg, yn drwm o dan ddylanwad traddodiad rhyddiaith y bedwaredd ganrif ar bymtheg. Y mae'r darn yn Feiblaidd ei rediad a'i eirfa; ac yn areithiol ei ruthmau. Nid yw'n perthyn i'r ugeinfed ganrif.

Ni ellir dadlau yn erbyn ei ffaeleddau wrth edrych arni drwy sbectol heddiw, ond yn ei dydd fe ellir tybio y byddai'r testun yn boblogaidd iawn. Ni ellir osgoi'r ffaith fod i'r dialog sŵn hen oes, fel y gwelir yng nghlo'r geiriau hyn:

> Morfudd. – Gwaith, gwaith, gwaith, ac eto i ddim pwrpas, neith o ddim clirio'r tlodi sydd o nghwmpas i ffwrdd. Mae'r bygythiad ofnadwy o fynd a'r ychydig betha ma oddi arnaf, a'r ofn o gael fy nhroi drwy'r drws yn ddigartref yn rhwystro pob bwriad selog, ac yn herio pob ymdrech weithgar.

Credir y seiliwyd testun gwreiddiol T.P. Taylor, *The Bottle*, ar gyfres o ddarluniau gan George Cruikshank (1792–1878). Cartwnydd, darlunydd llyfrau ac engrafwr oedd Cruikshank wrth ei waith, yn enwog am iddo wneud y lluniau ar gyfer nofelau poblogaidd Charles Dickens, yn fwyaf nodedig *Oliver Twist*. Bu ef ei hun yn byw bywyd anfoesol ar sawl ystyr, yn or-ddibynnol ar alcohol, a chanddo un ar ddeg o blant anghyfreithlon. Ond ar draws pedwardegau'r bedwaredd ganrif ar bymtheg llywiodd ei holl ymdrechion i gyfeiriad y Mudiad Dirwest a oedd yn prysur ennill cefnogaeth frwd. I'r pwrpas hwnnw cynhyrchodd nifer o gyfresi o engrafiadau ar blatiau copr, *The Drunkard's Children* (8 plât, 1848) a *The Bottle* (8 plât, 1847). Edrydd y gyfres hon o engrafiadau stori am deulu cyffredin a'r effaith andwyol y mae gor-ddibyniaeth y tad ar y ddiod gadarn yn ei chael ar aelodau'r teulu. Yn hwylus iawn mae i bob plât gapsiwn eglurhaol:

I   The bottle is brought out for the first time: the husband induces his wife "just to take a drop."

II   He is discharged from his employment for drunkenness: they pawn their clothes to supply the bottle.

III An execution sweeps off the greater part of their furniture: they comfort themselves with the bottle.

IV   Unable to obtain employment, they are driven into the street to beg.

V   Cold, misery and want destroy their youngest child: they console themselves with the bottle.

VI   Fearful quarrels, and brutal violence are the natural consequences of the frequent use of the bottle.

VII The husband, in a state of furious drunkenness, kills his wife with the instrument of all their misery.

VIII The bottle has done its work.

Dilyn y patrwm uchod a wna'r ddrama gyfieithedig. Pan gyfyd y llen ar yr olygfa gyntaf cyflwynir y gynulleidfa i ystafell daclus ac i sefyllfa arferol, a'r pwyslais ar ba mor hapus yw'r teulu hwn cyn i'r tad estyn am y botel y tro cyntaf. Ond erbyn diwedd yr olygfa cawn wybod bod Rhisiart Llwyd, y prif gymeriad, wedi bod yn esgeuluso'i waith oherwydd ei fod yn yfed gormod. Personolir y botel, ac ymddengys fel cymeriad ychwanegol yn y ddrama o'r dechrau – rhyw ddiafol sy'n temtio dynion da ac yn eu hudo i'w tranc.

Ruth. – ... yr ellylles felldigedig – y ddiod.

Mae Llwyd yn colli ei waith a buan y mae pethau'n dirywio wedyn. Anfonir y plant allan i gardota ac i ddwyn o bocedi yn y traddodiad a ddarluniodd Charles Dickens mor wych yn *Oliver Twist*. Mae un o'r plant yn marw, wedi llwgu tra bod y tad yn gwario'r arian prin ar y botel. Mae'r tŷ yn wag ac yn oeraidd, y plant yn llwgu ac yn wylofain, a Ruth y fam a'i gŵr yn ymladd. Nawr ac yn y man mae Rhisiart Llwyd yn ceisio ymwahanu oddi wrth y botel.

> Llwyd. – ... Dowch, Ruth, rydw i'n dwad ataf fy hun rwan. Mi a i fyny i wneud pethau'n iawn yn y gwaith a mi fyddwn mor ddedwydd ag y buom ni rioed.

Ond ofer yw'r cyfan. A'r wers i'w dysgu yw:

> ... osgowch o fel tae o'n neidr, os gafaelith y cariad marwol am y ddiod yno fo bydd popeth da a phur yno fo yn siwr o wywo dan effaith y nwyd deifiol.

Daw'r cyfan i uchafbwynt rhyfeddol yn 'Golygfa VIII' pan yw'r tad yn ymosod ar y fam â'r botel ac yn ei lladd. Erbyn yr olygfa olaf mae Rhisiart Llwyd mewn cadwyni yn y gwallgofdy, a'i blant yn edrych arno drwy'r drws.

Melodramataidd, heb os. Nid yw ychwaith yn perthyn yn ddestlus i'r hen ddramâu cegin Cymreig, er mai o amgylch aelwyd y teulu Llwyd y mae'r ddrama'n digwydd. Perthyn i'r dramâu a berfformiwyd dan nawdd y capeli pan welsant fod y llwyfan yn bulpud arall i bregethu arno.

Gadawodd Kate Roberts Ysgol y Sir, Caernarfon ym 1910 gyda llond ei hafflau o wobrau am ei hymdrechion academaidd, ac eisoes wedi cyhoeddi cyfrol o'i gwaith. Trodd ei golygon tuag at Goleg y Brifysgol, Bangor – mangre a roes iddi syniadau ar gyfer drama arbennig fel y gwelir yn y man.

Magwyd Kate Roberts fel yr oedd y ddrama Gymraeg hithau yn dyfod i oed, a naturiol ddigon ydoedd iddi droi ati fel ei chyfrwng llenyddol cyntaf. Yn ei thro profodd y ddrama yn wythïen ffrwythlon iawn iddi hithau.

'Y Tair B.A.'

Ym mis Chwefror 1915, yn bedair ar hugain mlwydd oed, a chanddi beth profiad fel athrawes erbyn hyn, derbyniodd Kate swydd Athrawes Gymraeg a Daearyddiaeth yn Ysgol y Sir, Ystalyfera, Cwm Tawe. Dyma bentref diwydiannol, ond gwahanol iawn i bentrefi diwydiannol y Gogledd:

> Euthum i Ystalyfera ym mis Chwefror 1915, i gymryd lle dyn a aethai i'r rhyfel. Ni wyddwn fod y fath le yn bod cyn cael telegram i'm galw yno yn sydyn. Yr oedd y daith yn bell ac yn ddieithr, a'r iaith yn ddieithr.

Er gwaetha'r ffaith fod popeth yn newydd ac yn ddieithr, yr oedd hon yn ddalen lân yn hanes Kate Roberts. Ac wrth i ni fanteisio ar ein sefyllfa freintiedig ni fel sylwebwyr o'r unfed ganrif ar hugain a chymryd golwg yn ôl dros gwrs ei bywyd, dyma ddechrau pennod dra phwysig – pennod na chafodd lawer o sylw hyd yma. Daeth yn arferiad gan feirniaid gyfeirio at ddau brif gyfnod llenyddol yng ngyrfa Kate Roberts, 'Cyfnod Arfon' a 'Chyfnod Dinbych'. A bod yn gwbl fecanyddol gellid dal bod hynny'n gamarweiniol a bod cyfnod Kate yn Arfon wedi dod i ben pan roes ei throed ar y trên i Ystalyfera ym mis Chwefror 1915. Ni ddychwelodd i Wynedd i fyw fyth wedi hynny. Ond wrth gwrs cyfeirio y mae'r label 'Cyfnod Arfon', yn ddigon rhesymegol, at duedd ei gwaith mewn cyfnod neilltuol i bortreadu cymunedau gwledig-ddiwydiannol fel rhai Arfon ei mebyd. Ond nid oes lawer o sôn am 'Gyfnod Ystalyfera' Kate, na'i 'Chyfnod Morgannwg', na hyd yn oed ei 'Chyfnod yn y De', a thrueni hynny yw i hanes difyr a ffurfiannol y cyfnod hwn yn ei bywyd lithro drwy'r rhwyd. Gwna Mihangel Morgan y pwynt hwn yn ei erthygl 'Kate yn y Cwm':

> Ond er ei bod yn wir taw rhyw fath o Arfon yw lleoliad y rhan fwyaf o storïau'i thri chasgliad cyntaf fe luniwyd cyfran uchel ohonynt pan oedd yr awdures yn byw yn y de. Oni ddylid sôn am ran gyntaf ei gyrfa fel cyfnod Morgannwg?

Dyma, mewn gair, gyfnod mabinogi Kate y llenor. Wrth drafod dramâu Virginia Woolf a Kate Roberts yn *Cultural Translations: A Comparative Critical Study of Kate Roberts and Virginia Woolf*, dadleua Francesca Rhydderch nad gwyriad oddi wrth gynnyrch arferol y ddwy awdures yw'r dramâu cynnar gan y ddwy ond yn hytrach, 'literary starting-points, the co-ordinates of which have hitherto remained unplotted.'

Elfen hollbwysig yn neffroad llenyddol Kate Roberts oedd y ffaith iddi ddod yn gyfeillgar iawn yn fuan wedi cyrraedd Ysgol y Sir, Ystalyfera â dwy ferch arall. Er nad oeddent o'r un cefndir â hi, roeddent yn bur sicr o'r un anian. Betty Eynon Davies a Margaret (neu Nancy fel y'i gelwir weithiau) Price oedd y merched hyn a daethant yn ffrindiau pennaf ymhen dim. Dyma'r tair a ffurfiai'r drindod y rhoddwyd arni'r enw 'Y Tair B.A.' gan frodorion Ystalyfera. Rhaid cofio fod merched a chanddynt addysg Brifysgol yn brin yn y cyfnod hwn. Erbyn i Kate Roberts gyrraedd Coleg Bangor ym 1910 yr oedd dwy flynedd ar bymtheg ers i Brifysgol Cymru nodi yn ei siarter fod merched i'w trin yn gyfartal â dynion ar draws y Brifysgol. Er hynny, lleiafrif bychan oedd merched mewn Prifysgolion yn gynnar yn yr ugeinfed ganrif, yn staff gweinyddol, darlithwyr a myfyrwyr.

Meddai Katie Gramich am 'y drindod':

> These were the two collaborators with her on the plays that the Red Dragon Society performed in the Tawe valley during the war. According to Nia Williams, the three young women were well known locally as 'y tair B.A.' (The three BAs), which indicates the unusualness in those days and in that place of university-educated women.

Yr oedd newid ar dro, er mor fychan, ac roedd y tair hyn gyda'r llif cyntaf o ferched i fanteisio ar y newid agweddau a welwyd yn y cyfnod. Mae lle i gredu hefyd yn ôl Francesca Rhydderch fod y tair hyn wedi elwa ar fod yn byw mewn cyfnod o newid cenedlaethol:

However, it is probable that Kate Roberts and her fellow dramatists were also influenced, however obliquely, by the concerns and spirit of the English suffragette and feminist playwriting collectives of the time.

Daeth Kate felly yn rhan o chwaeroliaeth a oedd yn ffrwythlon ei chynnyrch creadigol gydag addysg ymysg y nodweddion a oedd yn ei thynnu ynghyd.

Merch i Timothy Eynon Davies, gweinidog gyda'r Annibynwyr, oedd Betty Eynon Davies (1883-1960), a chafodd bob braint yn ystod ei magwraeth, gan gynnwys addysg o'r radd flaenaf mewn ysgolion bonedd yn Lloegr. Yr oedd yn ferch hyderus a diwylliedig, yn hyddysg mewn sawl maes, yn enwedig mewn Ffrangeg a llenyddiaeth Ewrop. Maen tramgwydd Betty ydoedd na allai siarad Cymraeg er ei bod yn ceisio dysgu, yn ôl tystiolaeth Kate mewn llythyr at Saunders Lewis. 'Ond mae Betty Davies yn mynd i sgrifennu i'r Ddraig Goch nesaf. Ond rhaid imi gyfieithu. Mae hithau yn prysur ddysgu Cymraeg.'

Awgryma Alan Llwyd fod Kate Roberts yn ddiweddarach yn ei gyrfa yn seilio rhai o'i chymeriadau mwyaf cofiadwy ar Betty Eynon, er enghraifft Miss Williams, un o gyd-athrawesau Ann yn *Tegwch y Bore*, a'r anfarwol Melinda yn *Tywyll Heno*. Un peth y medrir ei gymryd yn ganiataol yw bod y ferch soffistigedig a diwylliedig hon, a oedd wedi teithio llawer ac a oedd wyth mlynedd yn hŷn na Kate, wedi ennyn ei hedmygedd hi. Athrawes Ffrangeg, Lladin a Saesneg oedd Betty Eynon ac er bod y ddwy o gefndiroedd am y pegwn â'i gilydd roedd eu diddordeb mewn llenyddiaeth yn dir canol rhyngddynt. Meddai Alan Llwyd:

> Agorodd Betty Eynon feddwl yr athrawes ifanc o'r Gogledd; ehangodd ei gorwelion, a helpodd, yn ddiarwybod i Kate, i greu llenor ohoni, neu o leiaf i roi iddi lawer iawn o gefndir ar gyfer y dyfodol. Hi a'i cyflwynodd i rai o glasuron mwyaf yr iaith Saesneg, a thrwy'r blynyddoedd, mewn sawl llythyr o'i heiddo at Kate, byddai Betty yn cymeradwyo llyfrau yr oedd wedi eu darllen iddi.

Dadleua Katie Gramich, hithau, na ellir osgoi'r dylanwad a gafodd Betty Eynon ar y ferch ifanc o Ddyffryn Nantlle:

> ... Betty Eynon Davies was an important influence on her younger collaborator: she had graduated from the University of London in 1905, was widely read and sophisticated in comparison with the girl from Snowdonia, and was already an experienced English-language playwright by the time she came to Ystalyfera in 1913.

The Four-leaved Clover: A play in one act (1920) oedd un o'r dramâu cynharaf i Betty Eynon Davies eu cyhoeddi. Enillodd hon wobr gydradd gyntaf yn y gystadleuaeth dan nawdd yr Arglwydd Howard de Walden y flwyddyn flaenorol, gan rannu'r wobr ariannol o £100 â chyd-enillydd. Fel y digwyddodd pethau, daeth yn gydradd gyntaf eto gydag *Y Fam*, ei chywaith â Kate Roberts. *The Matchmaker, A play in one act* (1922), oedd y ddrama nesaf iddi ei chyhoeddi, ac yna *Home: A play in one act* (1925). Yn fwy nodedig efallai, mae *Gold and Silver* gan Betty Eynon yn dra diddorol oherwydd ei chysylltiad uniongyrchol â Kate. Tasg anodd yw dyddio'r gwreiddiol Saesneg gan nad oes copi wedi goroesi. Yn yr argraffiad o *Arian ac Aur* gan Wasg Aberystwyth ym 1937 nodir: 'Dymunaf ddiolch i Miss Kate Roberts am ei chymorth gwerthfawr yn Cymreigio'r ddrama hon.' Digon diogel yw deall 'cyfieithu' am 'Gymreigio' yn y cyswllt hwn. Fodd bynnag, yn ei erthygl 'Ideoleg ac Estheteg yn y Mudiad Drama' a gyhoeddwyd ar y wefan *Gwerddon.com*, mae Ioan M. Williams yn tynnu sylw at lith gan 'T.Ll.' dan y teitl 'Cyn Agor y Llen' ar raglen tymor 1937-8 Cymdeithas y Ddrama Gymraeg yng Ngholeg Bangor:

> Traddodiad rheolaidd Chwaraewyr Coleg y Gogledd fu perfformio cyfieithiadau o ddramau Seisnig... Eleni, fodd bynnag, meiddiasom ymddihatru oddi wrth y traddodiad hwn trwy lwyfannu drama Gymraeg wreiddiol ... Y mae'r amser wedi dod, ni a gredwn, i geisio llunio a datblygu'r Ddrama Gymraeg ; dyna paham, yn un rheswm, y dewisasom "Arian ac Aur."

Ymddengys nad oes gan T.Ll. unrhyw amheuaeth ynghylch iaith wreiddiol y ddrama, gan ei fod yn defnyddio hynny i wneud pwynt penodol ynghylch y defnydd o gyfieithiadau. Tybed a ddarllenwyd 'Cymreigio' fel 'cywiro' ganddo ac nid fel 'cyfieithu'? Ac wrth gwrs, enw Betty Eynon Davies yn unig sy'n ymddangos ar argraffiad 1937; nid yw enw Kate Roberts i'w weld ar y clawr a hynny'n groes i'r arfer gydag awduron cyfieithiadau.

Merch o Frycheiniog oedd Margaret Price, neu Nancy Price, ffrind arall Kate yn yr ysgol. Athrawes Saesneg oedd hithau, a chanddi ddiddordeb mawr mewn llenyddiaeth a diwylliant. Ychydig a wyddys amdani mewn gwirionedd; tebyg ei bod yn medru'r Gymraeg, er ei bod yn fwy cyfforddus yn siarad Saesneg.

Serch fod ganddi gyfeillion ar staff yr ysgol, cyfeillion y bu iddi gadw mewn cysylltiad â hwy am flynyddoedd wedi iddi adael byd addysg, nid oedd Kate yn hapus yno, fe ymddengys. Efallai fod a wnelo hyn rywbeth â'r ffaith nad oedd yn athrawes naturiol, reddfol. Yng Ngholeg Bangor roedd yn cael blas mawr ar y gwersi Cymraeg o dan ofal yr Athro John Morris-Jones, a gwelir ei ddylanwad ef ar ei meddylfryd a'i hysfa am gywirdeb yn y Gymraeg flynyddoedd yn ddiweddarach. Ac meddai'r Athro Ifor Williams amdani, 'I looked upon her as the most brilliant student we had … Her Welsh prose was excellent.' Gwahanol oedd yr adroddiadau arni fel athrawes:

> *Final Estimate*
> Has done respectably in her degree work but has a dull and melancholy voice and manner, poor narrative power, and a lack of imagination. Her lessons are carefully prepared and she will always reach a certain level of accuracy, she has also some idea of method, but lack of animation tends to mar all her work. However, it must be remembered that she has no previous experience. C+

Medrid dadlau, wedi myfyrio ynghylch y geiriau hyn, fod peth gwirionedd ynddynt wrth ystyried ei champweithiau llenyddol diweddarach ; deialog ac nid naratif sy'n arwain yn aml ac mae Kate yn dueddol o ddibynnu ar y cof yn hytrach nag ar ei dychymyg, ac yn gefndir i'r cyfan y llais digalon unigryw hwnnw. Mae'r llyfr adroddiad yn frith o sylwadau cyffelyb. Ar ei phrofiad ymarfer dysgu cyntaf yn ysgol Alexandra, Wrecsam, 1911, nodir fel hyn: 'Is anxious to do well but has a depressing manner which is anything but cheerful ... Had not thought out difficulties girls were likely to find.' Erbyn mis Rhagfyr 1912 ni welir fawr o gynnydd. Wrth sôn am Yr Aifft mae hi yn 'lacking in imagination' ac mae hyd yn oed yn baglu wrth geisio disgrifio'r hyn a ddaw yn y man yn ail natur iddi. 'Not clear in her mind what constitutes a paragraph, and chn. [= children] left in confusion.'

Wrth iddi gofio am ei chyfnod yn Ysgol y Sir, Ystalyfera flynyddoedd yn ddiweddarach nid oes dim amwysedd. Mewn llythyr at Saunders Lewis ar y cyntaf o Hydref 1928 sy'n trafod salwch ei brawd Evan, meddai :

> Fe aeth ei weled â mi yn ol ddeudдеng mlynedd at amser y meddyliwn fy mod wedi ei anghofio – pan oedd pedwar o'm brodyr yn y fyddin, nhad oddicartre, mam yn edrych ar ol y tyddyn ei hunan, a minnau yn Ystalyfera mewn uffern o ysgol.

Afraid dweud bod y Rhyfel Mawr yn rheswm arall dros ei digalondid yn Ystalyfera. Dyma gyfnod pryd yr oedd pobl yn byw dan gysgod du heb wybod beth oedd hynt eu brodyr a'u tadau a'u gwŷr a oedd yn ymladd rhyfel annirnadwy mewn gwledydd dieithr. Yn y gyfrol gyfansawdd *Atgofion I* (1972) edrydd Kate am effaith bellgyrhaeddol y Rhyfel, a hynny ar y pethau mwyaf elfennol. 'Yr oedd y bwyd mor brin fel y byddai arnaf eisiau bwyd yn wastadol.' Yn goron ar y cyfan roedd tensiynau rhyngddi a phrifathro'r Ysgol ar y pryd sef Henry Rees. Yn ôl Alan Llwyd roedd gan Henry Rees ragfarn yn ei herbyn am mai Gogleddwraig oedd hi ac roedd ei agwedd tuag ati 'yn drahaus'. Roedd Kate, yn ôl ei chofiannydd, yn chwilio am swydd arall, gan wneud cais am swydd darlithydd Cymraeg yn y Coleg Normal ym Mangor.

Ysywaeth, bu'n aflwyddiannus.

Ffactor pwysig arall yw sut y bu i Dei, brawd ieuengaf Kate, ymrestru â'r fyddin ym 1916 gan ei hysgwyd hi a'i rhieni. Yn sydyn roedd y Rhyfel a'i beryglon yn fyw iawn iddi ac ymroddodd i sicrhau ei bod yn gwneud a allai dros y milwyr a'u teuluoedd yn ei chartref mabwysiedig yng Nghwm Tawe. Un o'r gorchwylion hynny oedd cymryd rhan yn y gweithgareddau i godi arian er mwyn anfon parseli o fwyd i filwyr oddi cartref – profiad sy'n cael ei gofnodi yn *Tegwch y Bore* pan yw Ann ac yn enwedig ei ffrind a'i chyd-athrawes yn yr ysgol, Bess Morris, yn gweithio 'yn ddiflino ym mhwyllgorau cysuron y milwyr'. Yn wir y mae Bess yn ymroi cymaint i'r gwaith hwn nes bod y gwaith caled yn newid ei chymeriad, a bron â'i gyrru o'i chof.

Yn sicr yr oedd ymroi i fywyd cymdeithasol a diwylliannol yn rhywbeth a apeliai at Kate. Bu iddi ymddiddori'n llawn cyn hynny ym mywyd cymdeithasol y Coleg ym Mangor. At hynny mae'n adrodd yn *Y Lôn Wen* fel yr oedd yn Rhosgadfan ei mebyd gylchoedd diwylliannol a llenyddol, gan amlaf ynghlwm wrth y capel. Yr oedd yn gam naturiol iddi ymaelodi â Chymdeithas y Ddraig Goch yn fuan wedi ymgartrefu yn Ystalyfera, cymdeithas lenyddol fyrlymus a fuasai'n rhan o'r bywyd diwylliannol yng Nghwm Tawe ers troad y ganrif. Trwy hynny câi wrando darlithoedd, clywed barddoniaeth a gwylio dramâu. Mewn gwrthgyferbyniad llwyr â'i theimladau am ei hysgol, wrth hel atgofion flynyddoedd yn ddiweddarach am y Gymdeithas, ysgrifenna gydag arddeliad:

> Tu allan i'r ysgol yr oedd digon o bethau i fynd â'n bryd. Cymdeithas y *Ddraig Goch*, er enghraifft, cymdeithas o ryw 400 o aelodau a gynhelid yn Gymraeg un wythnos ac yn Saesneg wythnos arall. Caem ddadleuon a darlithiau a phob math o gyfarfodydd, ac yr oedd yn gymdeithas hyfryd.

A chyda ffurfio cangen o Gymdeithas Cynilo'r Rhyfel yn Ystalyfera ymroddodd Kate a'i chyd-athrawesau i'r gwaith o godi arian. Drych union i'r olygfa a geir yn *Tegwch y Bore*:

> "Wyddoch chi," meddai Ann un nos Iau yn y Festri wrth Mrs. Huws y gweinidog, a'r plant wedi mynd adre, "'dwn i ddim pam mae'n rhaid inni gael yr hen ddadleuon dirwestol yma o hyd yn y cwarfodydd plant."
>
> Sôn yr oeddynt am beth i'w gael mewn cyfarfod arbennig a oedd i'w gynnal cyn y Nadolig.
>
> "'D wn innau ddim chwaith," ebe'r llall, "fu gen i 'rioed fawr ddim i'w ddweud wrth ddirwest. Ond mae yna rai heb sôn am ddirwest ynddyn nhw."
>
> "Nid meddwl am y dirwest yr oeddwn i," meddai Ann, "ond meddwl am y ddadl. Dau yn cwarfod â'i gilydd ar y lôn, a chyn y medrwch chi gyfri dau, yn dadlau a ffraeo ynghylch rhywbeth. Nid felly y bydd pobl wrth gyfarfod â'i gilydd."
>
> "Ond be gewch chi yn i lle nhw?"
>
> "Meddwl yr oeddwn i y basa posibl troi rhyw stori yn ddrama bach, a chael y plant i'w hactio hi."
>
> Yr oedd Mrs. Huws ar ben ysgol fechan yn cadw llyfrau yn y cwpwrdd llyfrau, a dyma hi'n troi rownd yn sydyn ac yn edrych ym myw llygad Ann.
>
> "Dyna chi wedi hitio'r hoelen ar i phen. Lle bûm i cŷd na faswn i wedi meddwl am beth fel yna, a mi'r oedd yn rhaid i chi ddwad i'r ardal yma i nysgu fi..."

A dyma, meiddir datgan, a esgorodd ar yrfa lenyddol Kate Roberts. Fel hyn ym 1915 a hithau'n bedair ar hugain oed, a fan hyn yn Ystalyfera, Cwm Tawe y bu i hynny ddigwydd.

Mae peth amwysedd ynglŷn â threfn cyfansoddi'r dramâu cynnar a hynny efallai am na chawsant eu cyhoeddi'n syth, ac i ddrysu pethau ymhellach nid yw'r dramâu o reidrwydd wedi eu cyhoeddi yn y drefn y cawsant eu cyfansoddi. Mae Katie Gramich yn eu gosod yn y drefn ganlynol: *Y Fam, Y Canpunt* a *Wel! Wel!* Ond y tebygrwydd yw mai trefn eu cyhoeddi yw hon.

I geisio mynd at wraidd y broblem a gweld trefn y cyfansoddi rhaid dibynnu ar adroddiadau o bapurau newydd y cyfnod a bodloni ar y dyddiadau perfformio. Dyna hefyd a wna Francesca Rhydderch:

> Although it is true that of the three plays which Kate Roberts wrote with members of her female collective it was *Y Fam* [The Mother] which was published first, in 1920, *Y Canpunt: comedi o Gwm Tawe* [The £100: a comedy from the Tawe Valley] was first performed on 1st March 1916 by the Red Dragon Society (and was subsequently published only in 1923), while *Wel! Wel!: comedi* [Well! Well!: a comedy] although not published until 1926, was performed as early as Februaury 1920, by Aberdare Cymmrodorion drama company.

Y mae'n bur sicr, o ddefnyddio'r fformiwla uchod, mai'r ddrama gyntaf i gael ei hysgrifennu gan Kate Roberts, a hynny ar ei liwt ei hun, oedd *Yn Eisiau, howscipar* a berfformiwyd gan aelodau o Gymdeithas y Ddraig Goch, gan gynnwys Kate ei hun, ar 30 Tachwedd, 1915. Yn anffodus ni oroesodd na llawysgrif na theipysgrif o'r ddrama hon ac ni chafodd ei chyhoeddi, ond gwyddys amdani am i adroddiad ar y perfformiad ymddangos yn y papur newydd *Llais Llafur* yn fuan wedyn; yr oedd yn rhan o noson i anrhegu Peter Jones, cyn-reolwr glofa Tir-bach, a'i deulu ar achlysur eu hymadawiad â'r ardal.

> The programme shows that there was an inexhaustible amount of talent in the church for it was practically all contributed by the members – the chief sketch of the evening being composed and dramatized by Miss Roberts, B.A. ... "Wanted, a Housekeeper by a Bachelor." The role of bachelor was taken by Mr. John Morgan, B.Sc., and the applicants were Misses M. Price, B.A., K. Roberts, B.A., and Mrs Taliesyn Lloyd. The sketch and the natural manner in which it was acted evoked much merriment.

Perfformiwyd y ddrama fechan hon eilwaith, flwyddyn i'r mis, fe ymddengys, yn Nhachwedd 1916.

> The proceedings were brought to a close by a very amusing sketch written by Miss Kate Roberts, B.A., entitled 'Wanted, a housekeeper'. The parts were taken by Mr. John Morgan B.A., as the Bachelor, while the characters of the aspirants for the position of housekeeper were filled by Miss M. Price B.A., Miss Kate Roberts (the authoress), Mrs. H. Morgan, L. and P. Bank ; and Mrs Taliesyn Lloyd. The sketch had already aroused considerable interest.

Y Canpunt

Ymgais gyntaf y drindod, neu'r 'Tair B.A.' oedd *Y Canpunt* a luniwyd gyda golwg ar ei pherfformio yn y Coliseum yn Ystalyfera fel rhan o ddathliadau Gŵyl Ddewi Cymdeithas y Ddraig Goch ar 1 Mawrth 1916. Hysbysebwyd hi o flaen llaw yn *Llais Llafur* ar 26 Chwefror, 1916:

> Heblaw yr adrodd a'r canu fe roddir perfformiad o ddrama newydd – "Y Can'punt." Y mae'r ddrama newydd hon wedi ei hysgrifennu gyda'r amcan arbennig iddi gael ei chwarae yn nghyfarfod Nos Gwyl Dewi. Barnwn y dylai'r ardal deimlo dyddordeb neillduol yn y ddrama hon, am y rheswm fod ei hawdwyr yn trigo yn ein plith, ac yn adnabyddus i bawb bron. Cyfansoddwyd hi gan dair o aelodau ffyddlonaf y Ddraig Goch, sef Miss K. Roberts, B.A., Miss Margaret Price, B.A., a Miss Betty Davies, B.A., y tair fel y gwelir yn athrawesau yn yr Ysgol Sir.

Ac yn dilyn y perfformiad adroddwyd yn yr un papur fod y cynhyrchiad wedi bod yn llwyddiant ysgubol:

> Miss Jessie Williams as "Meri Myfanwy" evoked roars of laughter, while the stately dignity of "Mrs. Davies" (Miss M. Price), and the superior qualifications of "Angelina" (Miss Kate Roberts) will not soon be forgotten.

Ar 12 Ionawr 1926, a'r tair drama fer wedi eu cyhoeddi erbyn hynny, ymddangosodd erthygl ddiddorol yn y *South Wales News* yn dwyn y teitl 'Humour in Welsh Life "Cwm Tawe" Comedy of a South Wales town'. Edrydd yr erthygl hon am natur y dramâu o eiddo'r tair athrawes gan ganolbwyntio ar y cynnwys ysgafn a hwyliog a'r troeon trwstan. Sonnir yn arbennig am un perfformiad o *Y Canpunt* lle benthyciwyd dresel a llestri te tsiena bendigedig ar gyfer y set ond fel y bu i bethau fynd o chwith braidd '... towards the end of the scene, and the precious china lay in pieces on the stage.' Ceir cofnod iddi gael ei pherfformio yn ogystal ar 2 Ebrill 1946 (tair blynedd ar hugain wedi ei chyhoeddi ym 1923) yn Theatr Garthewin gan gwmni Aelwyd Betws-yn-Rhos. Dyma ddrama ac iddi apêl sydd bron â bod yn oesol, gyda'r briodas rhwng yr elfen ddigrif a'r ffaith fod y gorchfygedig yn ennill y dydd yn un sydd wrth fodd cynulleidfaoedd.

Ffaith bwysig arall am y cyfnod hwn yw fod Kate Roberts yn ffodus o'r ddarpariaeth ddiwylliannol a newyddiadurol a oedd yn bodoli yn ugeiniau a thridegau'r ganrif ddiwethaf. Degawdau o gyni ac o ansicrwydd rhwng dau ryfel, bid siŵr, ond cyfnod ffodus hefyd i lenorion a chyw-ddramodwyr, oblegid dyma gyfnod euraidd y wasg Gymraeg. Ceid sawl papur newydd, rhai dyddiol Saesneg a rhai wythnosol Saesneg a Chymraeg, yn adrodd ar bob math o ddigwyddiadau llenyddol a diwylliannol drwy Gymru benbaladr, o'r cynulliadau mwyaf lleol a gwerinol i'r cyngherddau mwyaf mawreddog. Roedd yna ddiddordeb ac ymateb i'r gweithgarwch. Gellir tybio fod y gefnogaeth hon wedi bod yn anogaeth o fath i ddal ati.

Comedi ysgafn, hyfryd yw *Y Canpunt*. Ymddengys enwau Margaret Price, Kate Roberts a Betty Eynon Davies yn y drefn honno ar glawr y gyfrol a gyhoeddwyd ym 1923. Mae'n gorlifo o'r confensiynau poblogaidd, gyda'r cybydd yn wastad yn gocyn hitio. Mae Mrs. Davies, er yn amlwg yn gyfoethog iawn, yn hel esgusion rhag rhoi i'w nai tlawd, Jim, y canpunt a addawodd ei gŵr iddo. Mae

Jim a'i gariad, Mari, wedi dod i geisio creu argraff dda ar y fodryb ac i ddatgan eu bwriad i briodi yn y gobaith y gwelan nhw'r canpunt. Wedi inni ddioddef rhagfarn a rhagrith Mrs. Davies a'i merch ddi-liw (ond cyfoethog, cofier) Adelina, yn sydyn daw'r catalydd, sef Sam Price, pennaeth glofa Cors-y-Bryniau, i'r golwg. Mae popeth yn cael ei wyrdroi ac mae'r cardiau yn llaw Mari a Jim yn edrych dipyn yn fwy ffafriol, er nad yw Jim druan yn ymwybodol o hynny ar y pryd. Mae'n amlwg fod Mrs. Davies â'i bryd ar gael Sam Price yn fab-yngnghyfraith iddi ac mae Mari, y ferch sylwgar a chraff ag ydyw, wedi sylweddoli hyn ac yn llwyr fanteisio ar y sefyllfa. Ymddengys ei bod hi'n adnabod Sam Price eisoes a gwna'n fawr o'r cyfle i fflyrtio ag o er mawr anesmwythyd i Jim ac i Mrs. Davies:

> ADELINA: (yn ceisio ennill edmygedd): Siwgr a llaeth, Mr. Price?
> SAM PRICE: Thank you. Tri lwmp os gwelwch yn dda. (Yn troi at Fari M.) Rwi'n moin llawer o bethe melys achos wi mor sur yn hunan!
> MARI M. (yn chwerthin): O nagych, Mr. Price. Ych chi'n ddigon melys i fi, ta beth.

Llwydda Mari, drwy gynllwyn craff, i ennill y canpunt. Yn wir, bron nad yw Mrs. Davies yn ei daflu atynt i gael gwared ar Mari o'r tŷ ac o olwg Sam Price. Y mae'r 'da' wedi trechu'r 'drwg' yn unol â chonfensiwn yr oes, a'r gynulleidfa yn hapus fod pawb wedi derbyn ei haeddiant. Dyfarna Katie Gramich:

> The play is genuinely funny... as its title indicated, and in spite of its broad comedy, turns on economic realities and class differences ... Its comic tone and structure, though, ensure that the characters are not ground down by poverty and hardship but triumph over it through their down-to-earth wit.

Saith mlynedd a deugain wedi cyhoeddi *Y Canpunt* ymddangosodd dramodig fechan gan Kate Roberts yng nghylchgrawn *Y Wawr* yn dwyn y teitl *Bore Sul yn Nhŷ'r Jonesiaid*. Ceir cynllwyn cyfrwys yn y ddrama hon hithau. Y mae Pegi yn golchi'r ci yn y parlwr ac yn esgeuluso'i gwaith o wneud brecwast i'w modryb a'i Nain. Drwy gynllwyn craff, nid annhebyg i'r cynllwyn a geir yn *Y Canpunt*, llwydda'r fodryb i gael ei brecwast yn y diwedd:

> MODRYB JANE: Does yna ddim newydd yn yr hen bapurau yma, dim ond rhyfel a streic a mwrdro [mae hi'n darllen ymlaen]. O'r nefoedd fawr! Oes, clywch, newydd ofnadwy. Mae'r clwy yna ar gŵn wedi dwad i'r wlad yma, clwy y cŵn cynddeiriog – rabies maen nhw'n i alw fo. [Mae'n sbelio'r gair "rabies" yn araf].
> A mae gorchymyn wedi mynd allan nad oes neb i fod i olchi i gi. Dyna'r peth gwaetha'n bod, ac mae pob ci gaiff ei olchi yn debyg o fynd yn gynddeiriog, a bydd yn rhaid i ddifa fo, er mwyn cŵn eraill.
> PEGI: [Yn brysio tynnu'r ci o'r dŵr yn gynhyrfus ac yn ei sychu]. Clyw Tobi bach, gobeithio mod i'n ddigon buan. [Mae hi'n rhedeg allan].
> MODRYB JANE: [Yn chwerthin yn uchel] Mi gawn frecwast rŵan siawns.
> NAIN: [Yn chwerthin yn aflywodraethus].

Mynn Katie Gramich a Francesca Rhydderch fod yma bwysigrwydd i *Y Canpunt* ar wahân i'r ffaith ei bod yn gomedi a ysgrifennwyd gan dair merch ifanc, sef ei bod yn torri tir newydd drwy bleidio hawl y ferch mewn cymdeithas. Meddai Francesca Rhydderch:

> All the qualities which Mrs. Davies abhors in Mari, her country ways and her inability to speak English, become in the play the markers of the audience's emotional investment in Mari as an anti-heroine. Unlike her unscrupulous aunt, she has not internalised English values; true to her language, and to her culture, she is true to herself. Thus her sexual self awareness and power become

amalgamated into her cultural and linguistic superiority, forging in
Y Canpunt an image of Welsh womanhood which is radically at
odds with Victorian notions of femininity which still held sway in
Nonconformist Wales following the First World War.

Er efallai nad oedd y tair awdures yn ymwneud yn uniongyrchol â
mudiad y swffragetiaid, yr oeddent yn sicr yn gwneud eu rhan drwy
herio rhai confensiynau, ac yn cyfranogi o'r don newydd o egni
benywaidd a welwyd ar droad yr ugeinfed ganrif.

Wrth gymharu gweithiau Kate Roberts a Virginia Woolf daw
Francesca Rhydderch i'r canlyniad bod yna wahaniaeth rhwng agwedd
y ddwy awdures tuag at rôl y ferch mewn cymdeithas ac at ffeministiaeth
yn gyffredinol a hynny oherwydd i Kate fod yn ddigon ffodus i gael
addysg uwchradd ac addysg Prifysgol – rhywbeth a waharddwyd i bob
pwrpas i Virginia:

> Kate Roberts, for example ... had access not only to a formal
> secondary education but also to a university degree course. Woolf,
> by contrast, spent her youth ensconced in her father's library in
> the solitary pursuit of some kind of education ... It is clearly due
> to her lifelong feeling that she was something of an educational
> interloper, indeed an 'outsider', that Woolf's non-fiction writing on
> such questions developed into increasingly forthright and feminist
> polemic. Roberts, in the meantime, although she appreciated her
> good fortune in obtaining an education ... was profoundly attached
> to the Welsh-language culture and community despite its deeply-
> rooted patriarchalism, and never developed a feminist approach
> comparable to that of Woolf.

Wedi dweud hynny, fodd bynnag, â Francesca Rhydderch ymlaen i
ddadlau fod y dramâu cynnar hyn yn arddangos llawer mwy o elfennau
ffeministiaeth na gweithiau mwy diweddar Kate Roberts:

> Nevertheless, an exploration of the sexual politics of Roberts's

work – of her largely neglected plays and early political journalism, for example – brings to light some of the most radically proto-feminist works among Roberts's *oeuvre*.

Yn sicr mae *Y Canpunt* yn arddangos elfennau felly. Mae Mari'n ferch o flaen ei hamser. Hi, y ferch heb na modd nac addysg na chefndir cymeradwy, sy'n cael y gair olaf yn y ddrama, a hynny'n llythrennol:

> MARI M: Na, dim heno diolch. Falle gewn ni'r ride yna rywbryd eto. (*wrth* JIM) Dwedwch goodbye wrth Mr. Price, Jim. Fe ddylsech fod yn ddiolchgar iawn iddo fe. (*wrth* MRS. DAVIES) Goodbye, Modryb Mary Jane. Mi ofynnwn i chi ddod i'r briodas. Goodbye, Adelina. (*Yn cymryd braich* JIM.) Dere mlan, Jim bach. Chi ydi 'nghariad i, wedi'r cwbl, ond rown i wedi penderfynu cal y canpunt 'na!
> (*Y ddau yn mynd allan.*)

LLEN

Ar 21-2 Hydref 2012, sef cant namyn pedair o flynyddoedd wedi'r perfformiad cyntaf hwnnw yn y Coliseum ar 1 Mawrth, 1916, ac yn dilyn ychydig o drafodaeth yn y wasg ar y dramâu cynnar hyn yr oedd Kate Roberts yn rhannol gyfrifol amdanynt, perfformiodd Cwmni'r Morlan *Y Canpunt* yn Theatr y Morlan, Aberystwyth a hynny gyda gwir ddiddordeb a dilysrwydd, gan gadw at naws y gwreiddiol. Ar y noswaith gyntaf daeth Francesca Rhydderch a Katie Gramich i drafod y gwaith cyn y perfformiad, ac i hyrwyddo'r digwyddiad cafwyd erthygl fer yn *Golwg* lle'r oedd Non Tudur yn cyfweld y cyfarwyddwr, Geraint Evans:

> 'Do'n i ddim hyd yn oed yn gwybod bod Kate Roberts wedi gwneud y math yma o beth,' meddai Geraint Evans ... 'Mae hi'n ddrama hwyliog dros ben ac yn gomedi. Mae e'n wrthbwynt llwyr

i'r syniad arferol sy' gyda ni o Kate Roberts. ... R'yn ni'n mynd i'w chwarae yn union fel yr oedd hi wedi'i 'sgrifennu gan Kate Roberts. Dw i wedi newid y nesa' peth i ddim ... Mae syniad gyda ni o Kate Roberts fel gwraig ychydig yn seriws ... ond mae golwg wahanol iawn arni hi fan hyn yn y cyfnod cynnar yn ei bywyd.'

Tasg ddigon anodd, onid amhosibl, yw ceisio datgymalu union gyfraniadau'r merched unigol yn y cywaith. Tueddiad yr ychydig feirniaid sydd wedi trafod y ddrama hon yw rhesymu nad oedd gan Kate ran flaenllaw yn y fenter. Gofyn Mihangel Morgan y cwestiwn hwn yn ei ysgrif 'Kate yn y Cwm':

> ... yn *Y Canpunt* sydd â'r is-deitl 'Comedi o Gwm Tawe' ceir tafodiaith ddeheuol ac eto yn *Wel! Wel!* Y cwestiwn yw faint o Kate sydd yn y testunau Cymraeg?

Â Alan Llwyd gam ymhellach gan ddatgan yn blaen mai cyfieithu oedd unig rôl Kate Roberts:

> Betty Eynon oedd y ddramodwraig, ond nid oedd yn ddigon rhugl ei Chymraeg i lunio'r un ddrama ar ei phen ei hun, a Kate gafodd y gwaith o gyfieithu neu addasu'r ddeialog i'r Gymraeg.

Mewn llythyr at Kate ar 10 Chwefror 1927 mae Saunders Lewis yntau'n cwestiynu'n gyffelyb. 'Faint piau chi o *Wel! Wel!*?' Gresyn na fu i ymateb Kate oroesi; o'r herwydd annhebygol y ceir byth ateb boddhaol i'r cwestiwn bellach. O blaid credu fod gan Kate ran allweddol wrth lunio'r ddeialog mae'r ffaith iddi ddefnyddio tafodiaith ddeheuol mewn rhai o'i straeon byrion, a rhai cynnar at hynny. Wele 'Buddugoliaeth Alaw Jim':

> "Ti a dy hen gi," oedd geiriau cyntaf Ann, a chyn i Morgan allu casglu ateb at ei gilydd byrlymodd ymlaen:
> "Dyma fe'r crwtyn yn llefen am afu, a thithe'n gwario d'arian

a d'amser ar yr hen gi yna. 'Does dim posib iddo fe gryfhau ar y bwyd mae e'n gael. A dyna'r plant eraill mas yn yr oerni yn dryched am lo yn yr hen lefel yna, a thithe'n enjoio yn y cae rasus, a phobl yn dannod i fi 'mod i'n cael dillad newydd ar gefen dy hen gi di."

Hefyd 'Diwrnod i'r Brenin' :

> "Darro," meddai hi'n uchel pan welodd hi gorff tew di-siâp Meri Ann Price yn y drws.
> "Rych chi'n dishgwl yn fishi iawn," meddai honno.
> "Odw," meddai Rachel, "rw i'n mynd i Gardydd prynhawn yma, ac rw' i am orffen popeth yn gynnar."
> "Dyna lwcus mae rhai pobol," meddai ei chymdoges, "mae digon o arian i gael gyda nhw."
> "Na, dim digon, Meri Ann, ond fe ddigwyddws 'y nwncwl hala decswllt inni'r bora yma."
> "Dyna neis ; mae pawb yn cael gwell lwc na ni. Be ddyliech chi wnath y Mishtir gyda Jac ni yn yr ysgol ddoe ; 'r oedd e'n rhoi sgitshe'r ffynd mas, ych chi'n gweld, ac fe roes bâr newydd i Jac, ond fe roes y sgitshe oedd ar ei draed e i grwtyn arall, a dim ond y dwarnod cyn 'ny oeddwn i wedi talu hanner coron am i tapo nhw."
> "Ie, ond fe gas Jac sgitshe newydd," meddai Rachel, "ellwch chi ddim byta'ch bynsen a'i chadw hi, Meri Ann."

Ac ystyried y cyd-destun ehangach, bu llawer o drafod yn y 1930au ynglŷn â thafodiaith mewn gweithiau ffuglennol, a Kate Roberts yn arwain y fintai o blaid defnyddio tafodiaith i roi gwedd o realaeth mewn llenyddiaeth. Yn 'Rhagair' *Laura Jones* mae'n datgan:

> Weithiau, yn enwedig gan athrawon ysgolion, fe feirniedir awdur am ddefnyddio gormod ar yr iaith lafar. Hyd y gwelaf i, mae'n amhosibl gwneuthur stori'n naturiol yn Gymraeg heb ddefnyddio ffurfiau llafar pan fo pobl yn siarad â'i gilydd. ... I mi, felly, byddai rhoi Cymraeg llyfr yng ngenau cymeriadau stori, yn enwedig pobl cefn gwlad, yr un peth â mursendod yn y cymeriadau eu hunain. ... Eto, ni chlywais i erioed neb yn cwyno yn erbyn Daniel Owen am dafodiaith ac idiomau Sir Fflint a siaredir gan bobl fel Tomos Bartli.

Wrth adolygu *Laura Jones* yn *Y Llenor*, 1931, dadleua Iorwerth Peate nad oes rhaid ysgrifennu mewn tafodiaith bur i gyfleu sgwrs mewn ffuglen. Ond yn yr un rhifyn o'r *Llenor* deil Kate ei thir dan y pennawd 'Tafodiaith mewn Storïau':

> Ar ôl darllen gwahanol adolygiadau ar *Laura Jones*, temtir fi i ysgrifennu beirniadaeth lem iawn ar yr adolygwyr hynny a gondemnia'r defnydd a wnaf o dafodiaith. ... Nid oes dim o'i le, hyd y gwelaf i, mewn ysgrifennu nofel bob gair mewn tafodiaith os dewisa'r awdur wneuthur hynny. Ond sôn yr ydwyf yn awr am storïau lle yr ysgrifennwyd y darnau disgrifiadol mewn iaith lyfr a'r siarad mewn tafodiaith.

O gymryd y dadleuon uchod i ystyriaeth gellir dadlau fod y dramâu cynnar wedi rhoi cyfle iddi ymarfer y grefft o ysgrifennu deialog mewn tafodiaith ac efallai hyd yn oed ymberffeithio mewn tafodiaith nad oedd yn eiddo iddi hi ei hunan. Mae *Wel! Wel!* hithau mewn tafodiaith ddeheuol.

Wel! Wel!

Yn *Wel! Wel!*, yr ail ddrama i lifo o ysgrifbinnau'r tair, awn am dro i siop Mr. a Mrs. Jenkins. Geilw awdur ysgrif yn y *South Wales News* y ddrama hon yn 'A study of gossip', ac mae yn llygad ei le. Ni ellir osgoi cymharu'r ddrama fechan hon ag 'astudiaeth' arall y byddai Kate Roberts yn ei chyhoeddi flynyddoedd yn ddiweddarach, sef *Stryd y Glep*. Mae tebygrwydd elfennol rhwng y ddwy: nid yn unig y lleoliad statig ond hefyd yr 'hel straeon', neu glebran am gymdogion. Dyma *Stryd y Glep*:

> Mai 8
> Dyma Enid wedi bod a phobl eraill lawer wedi bod. Mae'r tŷ yma'n waeth na thŷ capel ar nos Sul am hel straeon. Yr oedd Liwsi

Lysti yma, Dan, Enid, yr hen Lowri'r Aden, John ni, wrth gwrs, a
Besi. Ond ni roddais fawr o sylw i ddim a ddywedai neb gan mor
gyforiog oeddwn o'r hyn a ddywedasai Enid. Y newydd mawr a
oedd ganddynt hwy oedd bod Rhys Glanmor wedi marw cyn y
capel y noson honno, ac fel arfer, neb, ag eithrio'r hen Lowri, yn
meddwl dim am ei enaid, ond sôn am ei arian.

Yn wir, mae'r siop yn *Wel! Wel!* yn lle diddorol. Mae Mrs. Jenkins
yn datgan ar ddechrau'r ddrama: '… dw i byth yn gwrando ar hen
glecs am fy nghymdogion, a phan fydda i yn clywed rhywbeth dyw e
byth yn mynd ym mhellach.' Mae'n gwneud, wrth gwrs, yn hollol i'r
gwrthwyneb. Try'r ddrama o amgylch y straeon di-sail a edrydd Mrs
Jenkins a'r siopwyr a ddaw yno ynghylch Dulyn Jones, y Gweinidog.

> MRS. J.: Sharad am briodi, odi chi, Joseph Hughes wedi
> clywed fod Dulyn Jones yn gadel i lodgings, achos i fod e'n
> meddwl am briodi?
>
> *J. Huws yn eistedd i lawr yn gymffordus ar un o'r bocses fel*
> *pe am aros yn hir.*
>
> J. HUWS: Ych chi ddim yn gweud!
> MRS. J.: Odi, glywodd Mair hynny.
> MAIR (yn protestio): O, Modryb Gwen!

Mae Mrs. Jenkins yn gwbl argyhoeddedig fod Mr. Jones yn dangos
arwyddion ei fod am briodi; mae'r hyn sy'n datblygu o'r pwynt
cychwynnol hwn yn gamddehongli disylfaen ac yn ymylu ar fod
yn lloerig. Yng nghanol hyn oll mae Mamgu druan a'i hebychiadau
ymataliol 'Wel! Wel!' hithau yn ychwanegu at elfen swrrealaidd y
ddrama. Tyf y celwydd yn gaseg eira fawr ac mae pawb sy'n ymweld
â'r siop yn cael modd i fyw wrth glywed am y ffars ac ychwanegu
ati. Dau eithriad yw cymeriadau Mair a Tom Jenkins, nith a gŵr Mrs.
Jenkins, ac mae'r ddau yn ymdrechu'n lew i ddal pen rheswm â'r
cymeriadau eraill, er mai ofer pob ymgais.

Rhyw ychydig cyn y llen, daw Dulyn Jones ei hunan i'r siop ac yn araf bach daw'r gwir i'r golwg. Ar y naill law sylweddola pawb iddyn nhw fod yn rhy fyrbwyll ac y dylen nhw fod wedi dal dant ar eu tafodau rhwydd. Ar y llaw arall, nid ydynt yn barod i dderbyn y bai am eu diofalwch, eithr yn unig gydnabod eu bod wedi eu temtio i hel clecs gan 'dafode chi'r gwragedd.'

Mae'r is-blot yn plethu'n daclus â phrif ffrwd y digwyddiadau. Bradycha Mair ei theimladau tuag at y gweinidog yn fuan yn y ddrama pan yw'n ceisio achub ei gam:

> MRS. J. : Nagyw – itha gwir. Ac odd Rachel John Price yn gweud wrtho i taw un itha clos yw e. Odd hi'n gweud nag yw e bron byth yn prynnu cig; y mae e'n byta lot o'r hen feans na a porridge – ag, am i socks e, wel, mae hi wedi blino i cwyro nhw. Ac odd Rachel yn gweud i fod hi'n hen bryd iddo fe brynnu rhai newydd.
> MAIR : Wedodd Mr. Jones wrtho i i hunan nag yw e ddim yn lico cig. A dy'n nhw ddim yn rhoi shwd gymaint i'r gweinidog yn Gerizim fel y gall e ffordio prynnu socks newydd o hyd. Lot o hen screws i nhw.

Nid yw'n taro ar feddwl ei modryb y gallai fod gan Mair ddiddordeb rhamantus yn y gweinidog ifanc, nac ychwaith y byddai gan neb ddiddordeb felly ym Mair. Ond ychydig a wyddai hi, er mawr fwynhad i'r gynulleidfa, fod bryd Dulyn Jones ar ei nith hi ei hunan. Sieryd Dulyn Jones â Mair 'yn betrusgar' ac mae'n cael trafferth ffurfio ei eiriau. 'Miss Mair y-y-y gobeithio eich bod chi'n dod i'r Cwrdd Llenyddol nos yfory. Dych chi ddim wedi bod os amser nawr.' Mae Mair hithau ar ben ei digon. Nid yw hyd yn oed y ddeialog nesaf yn codi amheuon Mrs. Jenkins ynghylch y posibilrwydd o garwriaeth rhwng Mair a'r gweinidog.

> D. JONES : Rw i wedi gweld ych colled chi yn fawr. Cofiwch ddod tro nesa.

MAIR : O rwi'n siwr o ddod, Mr. Jones.

Diwedd y gân, ac ergyd y ddrama, yw nad yw Mrs. Jenkins a'i thebyg yn adnabod dim ar bobl, gan gynnwys y rheini sydd agosaf atynt. A'r jôc fwyaf ydyw, pan fydd y gweinidog yn dewis ei wraig (ac mi fedrwn gymryd o'r awgrym sydd yma mai Mair fydd honno) mai Mrs. Jenkins fydd yr olaf i wybod.

'Sleisen fach fyw a digrif a gwir o fywyd Cymreig,' meddai Saunders Lewis am y ddrama fach hon mewn llythyr at Kate ym 1927, a hawdd deall ei hapêl. Nid bod yma lenyddiaeth fawr o gwbl. Adloniant chwareus ydyw, ac felly y gwêl Saunders Lewis bethau: '... â'ch llaw chwith y byddwch yn helpu'r ddwy arall, ac yn cadw'ch llaw dde i'ch straeon a'ch nofelau, a da y gwnewch, meddaf i.' Roedd *O Gors y Bryniau* a *Deian a Loli* wedi ymddangos pan luniwyd y llythyr hwn a'r rheini, fel y gwyddai Saunders Lewis yn iawn, yn drysorau a fyddai'n sefyll prawf amser.

Ymhen y rhawg daw Kate Roberts i fireinio'r grefft o drafod merched parod eu tafod a'u straeon. Gellid cymharu'r ffigur mamol a geir yn y ddrama hon yn burion â'r modd y mae Kate Roberts yn disgrifio'i mam ei hun yn *Y Lôn Wen*, er enghraifft:

> Anaml y byddem ni yn tewi â siarad ar yr aelwyd, a chredaf, os rhoed imi unrhyw ddawn i greu deialog mewn stori, mai dysgu a wneuthum ar yr aelwyd gartref, a mam fyddai'r prif siaradwr.

Er na phortreedir Catrin Roberts, mam Kate, fel dynes breplyd, edrydd Kate yn ei hunangofiant am ei ffraethineb:

> Dywedai wrth y gweddill ohonom: 'Poerad un ohonoch chi er mwyn i rywun arall gael siarad.' Y hi fyddai rhywun arall bob tro. Traethai ei barn am bawb a phopeth yn ddiwahaniaeth, pethau enllibus yn aml. 'Yn y cwat y byddi di,' meddai fy nhad dan chwerthin. 'Yn fan'ma yr ydw i yn i ddeud o,' meddai hithau.

Y Fam

Os mai comedïau ysgeifn oedd y dramâu cyntaf hyn a ysgrifennwyd gan y merched ieuainc, aiff y ddrama nesaf, a'r olaf o ddramâu cyfnod Ystalyfera, i gyfeiriad newydd. *Y Fam* yw ei theitl. Yn ei herthygl 'Cyrff yn Cyffwrdd: Darlleniadau Erotig o Kate Roberts', mae Francesca Rhydderch yn tynnu sylw at bwysigrwydd y ddelwedd a geir yn *Y Lôn Wen* o fam Kate Roberts a sut mae'r ddelwedd honno'n plethu'n rhwydd â'r portread ystrydebol, delfrydol o'r Fam Gymreig. Byddai Kate Roberts, efallai drwy ei mam, a fyddai wedi dod i oed yng nghyfnod cylchgronau megis *Y Gymraes* ac *Y Frythones*, wedi bod yn ymwybodol o'r darlun o'r fam fel merch rinweddol a phur a weithiai'n galed er lles y teulu.

Mae dwy fam yn y ddrama hon, sef y fam gyntaf, ddelfrydol a fu farw, a'r llysfam sy'n gwyro'n gwbl groes. Lluniwyd *Y Fam* tua 1917 ac yn sicr cyn 1919 gan iddi, fel y soniwyd eisoes, ennill gwobr dra chwenychedig Howard de Walden o £100 am ddrama orau'r flwyddyn honno yn erbyn trigain o gystadleuwyr. Dwy ffrind a ddaeth i'r brig – Betty Eynon Davies gyda *Four Leaved Clover*, a Kate a hithau gydag *Y Fam*.

Cywaith a geir yn *Y Fam* eto ond gwaith dwy ac nid tair y tro hwn. Tybed ai hynny sydd i gyfrif am y newid yn acen y cymeriadau? Ni ellir ond dyfalu fod a wnelo diflaniad Margaret Price o'r darlun rywbeth â'r naid at dafodiaith y Gogledd. Mae'r ddeialog yn ystwyth ac yn llyfn ac yn ein hatgoffa o ddeialog debyg y straeon byrion. Awgryma Mihangel Morgan mai rôl cyfieithydd yn unig oedd gan Kate yn yr achos hwn, eithr onid oes yma flas tra chyfarwydd; cymeriadau benywaidd cryf, y treiddio i fyd y plentyn? Ac onid yw ei llais digalon a thrist hi i'w glywed yn glir drwy'r cyfan?

Lleoliad y ddrama yw 'Cegin mewn ffarm unig, Ty'n Mynydd', a cheir dyddiad penodol ar gyfer y digwydd sef noson G'lan Gaeaf. Synhwyrir yn fuan fod rhywbeth sinistr ar droed a noda'r cyfarwyddiadau ar gyfer y set: 'Rhaid i'r gegin awgrymu unigedd'. Heb unrhyw amheuaeth mae hon yn fath gwahanol o ddrama, gyda'i gwreiddiau ynghlwm wrth hen chwedlau am y byd arall. Sylwa awdur anhysbys erthygl yn y *South Wales News* ym 1926: 'This is based on a story taken from Welsh folk-lore.' Yn *Y Lôn Wen* eglura Kate Roberts atyniad yr hen chwedlau hyn gan ddatgan bod rhai pobl wedi eu clymu'n dynnach wrthynt nag eraill. 'Byddaf yn credu fod yna ddarnau o'r wlad lle mae naws ei phobl yn fwy parod i dderbyn argraffiadau crefyddol, a bod yna ddarnau eraill lle mae'r bobl fel petaent o'r ddaear yn ddaearol, a bod chwedloniaeth yr oesoedd cynnar heb adael eu cyfansoddiadau.'

Wrth gwrs am lenyddiaeth yn y cywair lleddf yr adnabyddir Kate yn gyffredinol. Nid nad oes hiwmor i'w ddarganfod yn ei gweithiau rhyddiaith diweddarach. Byddai anwybyddu hynny'n gwneud cam â hanfod ei gweledigaeth. Ond dyma dro arall yn y rhod lenyddol a cham cyntaf i'r cyfeiriad dwys a difrifol. Ymhen blynyddoedd, cyfeiria Bobi Jones at 'Y Frenhines Ddioddefus', a cheir cyfrol John Emyr, *Enaid Clwyfus*. Wrth adolygu *Ffair Gaeaf* yn *Y Llenor* ym 1938 arbeda T. J. Morgan gam Kate a feirniadwyd am bortreadu byd rhy ddu a llwm:

> A beth sydd ar ddynion yn cwyno bod storïau Kate Roberts yn drist? Nid oes neb yn cwyno am dristwch Llyfr Job. ... Y ffaith i'w chofio yw mai bywyd a phrofiad o'i chwmpas yn gyffredinol sy'n troi'n ddefnydd arbennig i'r storïau hyn, a dau beth sydd yn y bywyd hwnnw yn eu hargraffu eu hunain ar Kate Roberts, caledi a ffyrdd dyn i gyfarfod â'r caledi neu i ddianc rhagddo.

Drama yw *Y Fam* am yr helynt a ddaeth i ran Gwyn ac Eiry, brawd a chwaer ifanc, ifanc, wedi i'w mam farw. Y mae Ifan, y tad, wedi ailbriodi â Nano, 'gwraig dlos', ond 'afler ei gwisg'. Ac yn y traddodiad Sindarelaidd, y mae'r llysfam yn cam-drin y plant a'u hesgeuluso. Cymeriad gwan yw'r tad (fel sy'n nodweddiadol o 'ddynion' Kate Roberts), yn gweld fod ei blant yn dioddef, ond yn mwynhau gormod ar fwythau Nano ('a chwaraeai gyda'i wallt') i fynnu gwell triniaeth ohonynt ganddi. Ar y noson y caiff y gynulleidfa ffenestr i'w bywyd yng nghegin ffarm Tŷ'n Mynydd (ie, yr hen ffrind, y tŷ ffarm) y mae'n saith o'r gloch yr hwyr ar ddiwedd mis Hydref a'r plant yn dychwelyd o fod yn mofyn torth. Maent 'yn wlyb ac yn garpiog eu dillad', ac yn amlwg mae ganddynt ofn Nano ('ymdroant o gwmpas y drws'), mae gan Gwyn 'atal dweud', ac mae Eiry yn 'wylo ac yn tynnu yng nghôt ei thad'. Cânt eu hanfon i'w gwely ar 'ryw grystyn o dorth'.

Ond wedyn yn yr olygfa nesaf mae'r awyrgylch yn newid. Dim ond y ddau bach sydd ar y llwyfan yn awr. A dyma Kate Roberts ar ei gorau, yn adnabod ac yn deall enaid pobl. Y mae Gwyn ac Eiry yn breuddwydio am fyd gwell yn union fel ag y gwna Winni Ffinni Hadog yn *Te yn y Grug*.

> EIRY: Ond O! Gwyn, ma'n nhw'n mynd i'r ffair. Faswn inna'n licio mynd i'r ffair hefyd.
> GWYN: O hitia befo, bach – hen le annifyr ydi ffair. Ma Siencyn yn deyd na tydi ffair yn lle i blant bach fel ni, ond i bobl fawr. Clyw! (*Yn cau un llygad.*) Mi awn ni i'r sgubor, a mi nawn ni siglan fawr, fawr, fel hyn (*yn dangos â'i ddwylo*).
> EIRY: (*yn siglo i fyny ac i lawr ar y gwely*): O! Gwyn, mi fydd hynny'n hwyl iawn! (*Yn stopio ac yn newid ei llais.*) O! Tro diwetha wna hi mo'n gadal ni.
> GWYN: Wn i be' nawn ni – mi ddengwn i ffwr' hefo'n gilydd – i – ffwr yn bell bell. Gorfadd i lawr, Eiry bach.
> EIRY: I lle gawn ni fynd, Gwyn?
> GWYN: Yn bell – bell – yn bellach na deng milltir. A mi nawn ni fyw mewn tŷ bach hefo'n gilydd. Mi na i weithio i ddwad ag arian inni gael bwyd.
> EIRY: A mi 'na i llnau'r tŷ, a gneud y bwyd yn barod –
> GWYN: A mi 'na i balu'r ardd –
> EIRY: A mi 'na i olchi'r dillad –

Cameo o bortreadau. Yn yr olygfa nesaf mae cnoc ar y drws, a phan agorir ef daw Mair, gwraig gyntaf Ifan a mam y plant, i mewn. Y mae wedi ei gwisgo mewn gwyn (i gyfleu nad ydi hi o'r byd hwn), ac yn derbyn croeso mawr gan y ddau. 'Mi glywis Eiry yn galw arna i, a dyma pam y dois i,' meddai, ond mae yma dro sinistr. Mae'r fam â'i bryd ar fynd ag Eiry yn ôl 'dros y mynydd', ac 'i'r Llan' efo hi, ac wrth gwrs mae Eiry yn mynd 'dan ddawnsio'. Yn yr olygfa olaf mae Ifan yn darganfod corff marw'r ferch fach ar y grisiau y tu allan i ddrws y ffrynt. Mae'n stori wirioneddol drist, er ychydig yn felodramataidd i gynulleidfa'r unfed ganrif ar hugain efallai. Mae'r ymdriniaeth â cholli plentyn yn fwy cynnil yn y ddwy stori fer 'Y Man Geni' ac 'Yr Athronydd', fel petai'r brentisiaeth eisoes wedi ei bwrw gan y dramodydd.

A yw *Y Fam* yn perthyn i draddodiad yr 'hen ddramâu'? Wel ydi ... fwy neu lai. Mewn cegin tŷ fferm y mae'r cyfan yn digwydd ac yn sicr y mae yma draethu ar foesoldeb Nano. Ond mae naws hon yn wahanol i'r rhan fwyaf o ddramâu poblogaidd yr oes. Mae Kate a Betty wedi rhoi eu stamp eu hunain arni.

Cynnyrch eu cyfnod yw'r dramâu cynnar hyn, wedi eu llunio i bwrpas penodol ac ar gyfer cynulleidfa arbennig. Ond camgymeriad fyddai peidio â'u hystyried yng nghyd-destun gyrfa lenyddol Kate Roberts. Dyma ddechrau'r daith.

Gyda symud i Aberdâr ym 1917 trodd Kate ei golygon at bethau eraill. Yr oedd dull newydd o ddweud stori wedi gafael ynddi yn ffurf y stori fer, a gellir tybio bod ei phrofiad cynnar â'r ddrama wedi rhoi hyder iddi droi ei llaw at y ffurf newydd hon. Nid yw'n dychwelyd at gyfrwng y ddrama hyd ddechrau'r tridegau, a phan yw'n gwneud hynny y mae'n amlwg fod llenor tra gwahanol ar waith.

Dadlau, cystadlu, actio a chynhyrchu

Erbyn i'r Eisteddfod Genedlaethol ddod i Fangor ym 1931 yr oedd Kate Roberts eisoes yn llenor pur brofiadol a llwyddiannus. Ychydig yn annisgwyl efallai yw ei gweld yn troi at gyfrwng y ddrama eto, gan gyflwyno i gystadleuaeth yr Eisteddfod ddrama mewn tair act. Ei ffugenw oedd 'Ednowen Bendew' a'r ddrama oedd *Ffarwel i Addysg*.

Beth, tybed, a'i hysgogodd i fentro'n ôl i fyd y ddrama? Fe ddichon fod a wnelo hyn rywbeth ag ymddangosiad erthygl ar dudalennau papur *Y Genedl Gymreig* ar 9 Chwefror 1931 gan Thomas Parry, darlithydd yn Adran Gymraeg Coleg Bangor ar y pryd – yntau'n hannu o Ddyffryn Nantlle fel Kate Roberts. Dan bennawd 'Sêl y Myfyrwyr', meddai:

> Diamau mai tra hysbys bellach i bawb o ddarllenwyr "Y Genedl" yw gwaith Chwaraewyr Coleg y Gogledd. Cwmni o fyfyrwyr ydynt sy'n caru celfyddyd drama pob gwlad, a llwyddiant drama Cymru yn arbennig. Gyda'r ddwy nwyd hyn i'w cymell, buont wrthi ers blynyddoedd rai yn dyfal ymarfer ac yn perfformio dramau ym Mangor ... Beirniedir hwy'n aml am fynd dros Glawdd Offa, ac yn wir dros Fôr y Gogledd i geisio dramau. "Nid ydynt hwy," ebe'r cyfaill beirniadol, gyda dicter cyfiawn (o'i safbwynt ef ei hun), "yn cefnogi dim ar ddramodwyr Cymreig. Pa ddisgwyl cael drama fawr yng Nghymru, a'r cwmniau yn anwybyddu pob ymgais greadigol gan ein dynion ni ein hunain? 'Choelia i byth nad oes rhyw ddrama Gymraeg y gellir ei hactio ym Mangor yna. Beth am A a B ac C? Rhyw agwedd academig, ffroenuchel a thrahaus yw peth fel hyn." Cymer dy wynt frawd.

Â Thomas Parry rhagddo i achub cam cwmni'r coleg drwy nodi nad oedd drama fawr i'w chael yn y Gymraeg, dim i'w gymharu â drama Lloegr a gwledydd eraill. 'Nid oes neb gweddol glir ei lygad na wêl fod bron bob gwlad yn Ewrop yn curo Cymru am ddrama.' A dyna'r rhesymeg y tu ôl i gyfieithu dramâu i'w perfformio gan Gymdeithas y Ddrama Gymraeg. Yr oedd y rhod wedi troi erbyn dechrau tridegau'r ganrif, a'r hen ddramâu cegin a fu unwaith mor hynod o boblogaidd yn dechrau nychu. Nid actiwyd yr un ohonynt gan Chwaraewyr Coleg y Gogledd.

Yn wyneb y fath feirniadaeth lem, ni ellid disgwyl dim llai na ffrwydrad o ymatebion. A dyna a gafwyd. Yn ei dull dihafal ei hun nid ymatalia Kate Roberts rhag herio barn yr ysgolhaig:

> Syr. – Ni fedraf weld bod grym o gwbl yn nadl T.P. dros drosi dramau o ieithoedd eraill i Gymraeg o hyd ac o hyd. Nid oes dim o'i le mewn cyfieithu unrhyw waith llenyddol o iaith arall er mwyn ei wneuthur yn batrwm, ond mae dal ymlaen i gyfieithu ac i roddi gwaith cyfieithiedig o flaen cynulleidfaoedd y naill flwyddyn ar ol y llall, yn niweidiol iawn. ... Nid yr un peth yw bywyd cenhedloedd eraill a'n bywyd ni ; ac o weld bywyd cenhedloedd eraill o hyd ac o hyd, yn union fel y gwelir bywyd cenhedloedd eraill yn y darluniau byw, daw'r Cymry i feddwl nad oes dim bywyd ond un fel yna.

Nid dadl unwaith ac am byth yw hon gan Kate Roberts. Bedair blynedd yn ddiweddarach, ym 1935, ymddengys ei bod yn parhau i ofidio am gyflwr y ddrama Gymraeg, ac yn benodol am y duedd gyffredinol i drosi i'r Gymraeg ddramâu nad oedd a wnelont ddim oll â bywyd pobl gyffredin Cymru. Casglodd papur *Y Brython* ynghyd rai o'i dadleuon :

Y DDRAMA YNG NGHYMRU
Geiriau Plaen Kate Roberts

Dywaid Kate Roberts lawer o bethau miniog am y sawl sy'n ymhel â'r ddrama yng Nghymru yn y "North Wales Times". Wele rai o'i sylwadau:

Ni wn am unrhyw bwnc yr ysgrifennwyd mwy arno na mudiad y ddrama yng Nghymru, ac ni wn am fudiad a aeth drwy gymaint o wahanol gyfnodau mewn amser mor fyr. Ni wn chwaith am fudiad a adawyd fel hwn i ymdaro drosto'i hun, ac i fod at drugaredd pob gwynt. Ar ôl y rhyfel, dechreuwyd cael wythnos o gystadlu – mewn dramâu Cymraeg, cofier. Ond byr fu hoedl yr wythnos ddrama Gymraeg. Y peth nesaf a gafwyd oedd cael wythnos ddrama, a hanner y dramâu yn Gymraeg, a hanner yn Saesneg, a dyna ddechrau'r diwedd. Mae lleoedd lle y bu hyn unwaith yn cael wythnos o ddramâu Saesneg yn unig, erbyn hyn.

Trychineb

Dyma'r peth mwyaf trychinebus a ddaeth i Gymru erioed ; trychineb i'w drama a thrychineb i'w diwylliant. Bywyd Lloegr a bortreadir, ac iaith Lloegr a ddefnyddir ; ie, a dulliau Lloegr o gynhyrchu drama a ddynwaredir. Ac mae'r holl beth mor ddieithr i'n gwlad â changarŵs ... "Ond," meddai rhywun, "'does gyda ni ddim dramâu Cymraeg gwerth eu hactio." Lol botes maip! Fe glywsoch hwnyna mor aml onid aethoch i'w gredu. Mae'n well i chwi chwarae dramâu ailraddol Cymru na dramâu ailraddol Lloegr. Bydd yn well i chwi edrych ar eich bywyd eich hunain mewn drych heb fod o'r gorau na rhythu ar fywyd na wyddoch ddim amdano byth beunydd barhaus.

O edrych ar raglenni Chwaraewyr Coleg y Gogledd yn y blynyddoedd cyn i'r ddadl dorri ar dudalennau'r *Genedl* ym 1931 gwelir yn sicr duedd, neu draddodiad hyd yn oed, o gyfieithu dramâu gan staff Adran y Gymraeg. Ym 1926 llwyfanwyd *Tŷ Dol*, cyfieithiad Ifor Williams o ddrama Henrik Ibsen ; ym 1927 *Gadael Tir*, cyfieithiad R. Williams Parry o *Outward Bound*, Sutton Vane ; ym 1929 ei gyfieithiad ef eto, *Jane Clegg* o waith St.-John Ervine ; ac ym 1930 cafwyd *Hedda Gabler* sef cyfieithiad Thomas Parry ac R.H. Hughes eto o waith Ibsen. Ar raglen y Gymdeithas Ddrama y tymor hwnnw, 1930-31, ceir nodyn o gyfiawnhad dros weithredu yn y modd hwn :

> Oherwydd prinder dramâu Cymraeg, ni phetrusa y Gymdeithas gyfieithu dramâu cenedlaethol eraill, cyfansoddiadau a ystyrir yn safonol gan feirniaid a chan y lliaws sydd â'u chwaeth yn ddigon disgybledig i fwynhau a gwerthfawrogi drama dda.

Mae'n amlwg nad yw Kate Roberts yn cytuno â'r meddylfryd uchod. Yn ei llythyr yn *Y Genedl Gymreig* a anelwyd at Thomas Parry cynigia deitl dwy ddrama ddilys ac addas yn ei thyb hi i'w perfformio ar lwyfan y Coleg sef *Gwaed yr Uchelwyr*, Saunders Lewis ac *Ephraim Harris*, D.T. Davies. 'Paham nad actia Bangor y ddwy hyn?' Dwy ddrama wreiddiol Gymraeg a oedd yn fwriadol wedi ceisio ymryddhau oddi wrth draddodiad y mudiad gwerinol poblogaidd oedd y rhain.

Etyb Thomas Parry y cyhuddiad mai niweidiol oedd edrych dros Glawdd Offa a thu hwnt am ddramâu i'w llwyfannu drwy restru dylanwadau estron ar lenyddiaeth Cymru, gan bwysleisio mor llesol y bu'r arferiad i lenorion mwyaf Cymru. A chydag aneliad personol i gyfeiriad Kate Roberts ei hunan y mae'n datgan eu bod yn gwneud hynny 'am yr un rheswm yn union ag y mae pencampwyr y stori fer yn darllen Maupassant a Tchecov, yn lle eu cyfyngu eu hunain i'r Mabinogion.'

Ymboetha'r ddadl mewn llythyr pellach gan Kate:

> Eto, hoffwn ofyn i Gwmni Bangor gan eu bod yn mynnu actio cyfieithiadau, paham na pherfformiasant ddim o Molière? Onid y ffaith ydyw mai dylanwad y West End sy'n gryf ar Fangor? Onid dramâu – Saesneg ac eraill – a fu'n boblogaidd yn y West End a gyfieithir ganddynt? ... Yr hyn sydd wedi difetha achos Bangor ydyw i T.P. ysgrifennu ysgrif ar y pwnc i gychwyn. Yn yr ysgrif honno fe roes y gwrthddadleuon cyn bod dadl – ffaith a ddengys ynddi ei hunan fod yna deimlad o euogrwydd tua Bangor. Mae i ddyn gyfarfod â gwrthddadleuon cyn bod dadl yr un peth ag ymddiheurad.

Y mae'n werth crybwyll yma nad yw Kate Roberts yn nodi ar unrhyw adeg nad yw'r dramâu cyfieithiedig hyn yn werth eu llwyfannu. Yr oedd hi'n gyfarwydd iawn â llenyddiaeth Lloegr ac yn agored i'r hyn yr oedd y math gwahanol o fywyd a diwylliant yn medru ei gynnig. Yn ei chasgliad yn y Llyfrgell Genedlaethol mae llyfr nodiadau bychan sy'n dyddio o'i chyfnod yn Ysgol y Merched, Aberdâr (1917-28) ac yr oedd yn parhau i'w ddefnyddio hyd ganol y tridegau. Ynddo mae'n rhestru nifer fawr o ddeunyddiau darllen sy'n ymestyn dros nifer o ddudalennau gyda'r nodyn 'llyfrau i'w cael' ar ben y rhestr. Ymysg y myrdd cyfrolau a grybwyllir mae *Short Plays Translated from the French* (1935), *No Time like the Present* gan y nofelydd benywaidd Storm Jameson (a ddaeth yn ffrind gohebol iddi yn nes ymlaen), *A Room of One's Own* gan Virginia Woolf, a *Wonder Hero*, J.B. Priestley.

Ymunodd ambell un arall yn nhrafodaeth *Y Genedl*. Wythnos ar ôl i lythyr Kate Roberts ymddangos, dadleua'r dramodydd Elinor Hannah Thomas (Awena Rhun) fod rhyw newid ar ddod:

> Y mae'r werin yn galw am adloniant, ac fe ddylai ei gael. Dylid cydnabod fod ein dramâu wedi gwella llawer yn ddiweddar, a byddai gobaith am fwy o berffeithrwydd pe cawsai'r cyfansoddwyr Cymreig fwy o chwarae teg. Y mae'r rhwystr ar ffordd ei thyfiant bron yr un mor gryf heddiw eto, er mewn dull gwahanol.

A'r awgrym yw fod yr academyddion ym Mangor yn mygu'r dramodwyr Cymreig gyda'u harferiad o gyfieithu.

Tybed nad fel adwaith yn erbyn y drefn hon yn ei hen goleg ym Mangor yr aeth Kate Roberts ati ym 1931 i ysgrifennu'r ddrama *Ffarwel i Addysg*? Y mae lle i gredu hynny yn ôl Ioan M. Williams. 'Ymgais oedd ei drama nesaf hi i fynd i'r afael â'r union ffenomen gymdeithasol a lesteiriodd ddatblygiad y Mudiad Drama, sef y ffaith fod yna rwyg yng Nghymru rhwng trwch y boblogaeth ar y naill law ac ar y llall yr ysgolheigion a hawliai'r fraint o'u harwain.' Yn sicr y mae'r ddrama'n ymchwilio rôl y Brifysgol ym mywyd ac yn natblygiad ei myfyrwyr gan fynd mor bell â chwestiynu gwerth addysg ffurfiol. Ni ellir llai na chytuno ag Ioan M. Williams pan ddywed mai 'prif amcan Kate Roberts yn *Ffarwel i Addysg* yw dangos amherthnasedd yr addysg a gynigid yng ngholegau Cymru i fywyd dosbarthiadau gwerinol Cymru.'

'A solitary rebellion' meddai Francesa Rhydderch am y ddrama hon, *Ffarwel i Addysg*. Ar un wedd y mae Gwen, prif gymeriad y ddrama, yn gwrthryfela yn erbyn sawl ffactor sydd â dylanwad dros ei bywyd, ond ar wedd arall gellid dadlau fod y ddrama ei hunan yn wrthryfel pur, wedi ei llunio gan ddramodydd i herio beirniaid llenyddol ac academwyr y cyfnod. Yn ôl Ioan M. Williams, 'mae angen cydnabod y ddrama fel ymgais wironeddol onest i wynebu'r gwacter brawychus a welodd Kate Roberts yng nghnewyllyn bywyd Cymru gyfoes – a hynny trwy uniongyrchedd drama.' Yn sicr y mae'r ddrama'n mynd ran o'r ffordd i lenwi'r bwlch hwnnw rhwng cynffon oes aur y dramâu cegin a dechrau cyfnod newydd yn hanes y ddrama sef y cyfnod rhwng *Gwaed yr Uchelwyr*, 1922, a *Buchedd Garmon*, eto gan Saunders Lewis, a ddarlledwyd ar y radio ym 1937.

Fel arfer, yr oedd bys Kate Roberts ar byls pethau ac yn fwriadol a chydwybodol, yn union wedi'r ddadl gyhoeddus hon fe aeth ati i ysgrifennu'r ddrama, a'i galw'n *Ffarwel i Addysg*.

Pa lwyddiant a gafodd hi yn y gystadleuaeth ddrama yn Eisteddfod Bangor? Roedd yn un o'r goreuon, yn ôl y beirniad D.T. Davies: 'Fe wêl y cyfarwydd ynddi waith un â llaw gelfydd', a 'gellir disgwyl gwaith gwych oddiwrthi eto.' Ac meddai adolygiad *Y Brython* yn Hydref 1932:

> Dylai'r ddrama rymus hon gael croeso mawr gan garedigion ein drama. Bydd y sawl nad ymgydnabydda â hi yn dlotach o gymaint â bod *Ffarwel i Addysg* yn un o'r dramâu hynny sy'n gam bras ymlaen tuag at greu ysgol i'r ddrama yng Nghymru.

Yn ddiau, byddai Kate Roberts wedi cofleidio'r fath groeso i'w drama, yn enwedig o gofio'r dadleuon efo gwŷr y Coleg. Ond ysywaeth nid oedd *Ffarwel i Addysg* yn ddigon 'celfydd' na 'gwych' i fod yn fuddugol. Cynan a aeth â hi gyda *Hywel Harris*. 'Gobeithiaf mai gwaith un yn dechrau yw hon, gan gymaint yr addewid a welaf ynddi,' meddai'r beirniad am ddrama Kate. Rhaid gofyn y cwestiwn a yw'r ddrama yn argyhoeddi? Fel hyn yr ysgrifennodd awdur anhysbys adolygiad *Y Brython* wedi'r Eisteddfod: 'Pan yn dechrau ei darllen meddyliem y byddai'n rhaid inni wneuthur hynny ar ddwy-waith oherwydd diffyg amser, ond cafodd gymaint o afael ynom, nes methu ohonom ei throi o'n llaw nes cyrraedd y diweddglo.'

Pan berfformiwyd y ddrama am y tro cyntaf ym mis Rhagfyr 1932 yn Y Rhondda, ymatebodd y gynulleidfa'n gadarnhaol dros ben yn ôl adroddiad *Y Darian*:

> Yn y Pentre, Rhondda, nos Fercher diwethaf, cafwyd ateb pur bendant i'r bobl hynny a fyn ddweud na wrendy pobl De Cymru ar ddramâu Cymraeg. Yn Neuadd Canon Lewis, perfformiwyd "Ffarwel i Addysg" (Kate Roberts) am y tro cyntaf, gan Gymdeithas Hyrwyddo Dramau Cymraeg. Fel gwyddis bu i'r ddrama hon ddod yn agos i gipio'r wobr yn Eisteddfod Genedlaethol Bangor, a delia a bywyd coleg a helynt merch a anfonwyd o'r coleg am garu. Profodd chwerthin a chymeradwyaeth "pobl y glo" bod y ddrama wrth fodd eu calon er iddi ddelio â bywyd gwahanol i'w bywyd hwy. Teimlwn wrth wrando'r ddrama nad oes un esgus dros fynd allan o Gymru i chwilio am ddeunydd ein dramâu, a chawn ddigon o ddeunydd meddwl a mwynhad wrth chwerthin yn drugarog am ben ein gwendidau ein hunain.

Dyma brofi i Thomas Parry ei bod yn bosibl cael drama uchelgeisiol a drama'n cynnwys nodweddion a oedd yn fyw i Gymry Cymraeg y tridegau, ac nid yng nghadarnleoedd yr iaith yn unig ychwaith, a hynny drwy ychydig o ymdrech. Er na chipiodd *Ffarwel i Addysg* y wobr yn yr Eisteddfod bu arbrawf Kate Roberts, fe ymddengys, yn gwbl lwyddiannus.

Yn ddifyr iawn, tua'r un cyfnod mae Coleg Bangor (nid y Gymdeithas Ddrama y tro hwn) a Kate Roberts yn amlygu dwy farn sydd am y pegwn â'i gilydd ar fater arall. Edrydd Ioan M. Williams fel y bu i Chwaraewyr Coleg y Gogledd ym 1935 wneud ymgais i gyflwyno

rhywbeth ychydig yn wahanol i'r norm ond fel y gorfu iddynt ymwrthod
â'r syniad yn fuan. Y syniad oedd llwyfannu *Cwm Glo*, J. Kitchener
Davies, y gwrthodwyd gwobr Eisteddfod Genedlaethol Castell Nedd
iddi'r flwyddyn cynt. Camodd awdurdodau'r coleg ymlaen i wahardd
y ddrama, a chafwyd *Gwyntoedd Croesion*, sef y cyfieithiad Cymraeg
o *Cross Currents* J. O. Francis, yn ei lle.

Drama yw *Cwm Glo* sy'n mynd i'r afael â chanlyniadau
cymdeithasol dirwasgiad mawr tridegau'r ugeinfed ganrif heb unrhyw
arlliw o ramantu diwylliannol. Y mae'n trafod agweddau anghynnes
ar fywyd gweithwyr pyllau glo De Cymru a'u teuluoedd, – agweddau
megis tlodi, budreddi a phuteinio. Er iddi gael ei chydnabod fel yr
ymgais orau yng nghystadleuaeth y ddrama ym 1934 ataliwyd y wobr,
a hynny oherwydd y feirniadaeth gymdeithasol gignoeth a oedd ynddi.
A'r cwmnïau a feiddiodd ei chyflwyno, fe wnaethant ymyrryd ag
elfennau craidd y ddrama yn ôl Manon Rhys, merch yr awdur:

> Yn ôl mwy nag un adolygiad o berfformiad Cwmni Drama
> Gymraeg Abertawe o *Cwm Glo*, cymeriad doniol oedd y Dai
> Dafis a actiwyd gan Clydach Thomas. I ddyfynnu 'Cerddetwr'
> yn yr *Amman Valley Chronicle*, 14 Chwefror 1935, 'Fe gadwodd
> Mr. Clydach Thomas, drwy droi cryn lawer o drasiedi'r ddrama
> yn rhywbeth tebyg iawn i ffars, y cwbl rhag mynd yn boenus o
> ddiflas i'r neb sydd yn anwylo cymeriad glöwr de Cymru. Diolch
> am hyn!' Tybed a deimlodd yr awdur yn flin ynglŷn â hyn? Ai
> dyna oedd un o'r rhesymau a'i hysgogodd i godi ei gwmni ei hun
> i gynhyrchu'r ddrama, a hynny'n syth ar ôl cynhyrchiad cwmni
> Abertawe?

Gan fynd yn groes i'r hyn y byddid wedi ei ddisgwyl ganddi, o gofio'r
darlun ystrydebol ohoni fel gwraig foesol a chul, dadleuodd Kate
Roberts yn gyhoeddus o blaid *Cwm Glo* fel drama gyfoes a gonest.
Pan gyhoeddwyd y ddrama ym 1935, anfonodd air amdani i'r *Brython*:

Un o'r dramâu a sgrifennwyd i geisio torri ar yr undonedd yw "Cwm Glo" (J. Kitchener Davies), a greodd gymaint o gynnwrf yn Eisteddfod Castell Nedd, dros flwyddyn yn ôl. O'r diwedd daeth siawns i'r cyhoedd i'w darllen, canys fe'i cyhoeddwyd yn gyfrol ddestlus gan Wasg "Y BRYTHON" am hanner coron, a diau y bydd mynd mawr arni. Cafwyd llawer o siarad a beirniadu ffôl ar y ddrama hon eisoes – gan ei chanmolwyr a'i chondemnwyr. Nid oes amheuaeth nad yw "Cwm Glo" yn torri tir newydd, a'r cwestiwn i'w benderfynu yw, a yw'n dweud y gwir mewn ffordd argyhoeddiadol ac yn diddori'r dyrfa?

Pam y Condemnio?

Yn rhyfedd iawn, y mae cenedl yn barod i wrando ar ddramâu Saesneg, a'u canmol, ond os ceir yr un ddrama yn Gymraeg fe ddywedir ei bod yn anfoesol. Y mae "Cwm Glo" yn bregeth ar foesoldeb o'i chymharu â llawer o'r ffilmiau a ddangosir ar hyd a lled ein gwlad. Y mae yng "Nghwm Glo" gymeriadau anllad ac aflan: y mae ynddi hefyd, gymeriadau glân a duwiol – yr un gymysgedd ag a geir yn ein bywyd bob dydd ...

Erbyn i'r geiriau hyn ymddangos yn *Y Brython* yr oedd Kate Roberts a Kitchener Davies wedi dod yn gyfeillion da, yn troi yn yr un cylchoedd diwylliannol ac yn weithgar iawn gyda Phlaid Cymru. Yr oedd Kitchener Davies wedi actio yn y cynhyrchiad cyntaf hwnnw o *Ffarwel i Addysg* yn y Rhondda ym 1932, a thalodd Kate Roberts y gymwynas yn ôl gan gymryd rhan yng nghynhyrchiad Cwmni'r Pandy o *Cwm Glo*. Edrydd Manon Rhys hanesion y cwmni hwn a glywodd gan ei mam a oedd hefyd yn aelod:

Ie, yr atgofion ... Buont yn hofran ar y cyrion drwy'r misoedd hir. Nid fy rhai i, ond y rhai y soniwyd amdanynt mor aml gan fy mam a'm modryb – Bet Lewis a Marged yng nghynhyrchiad cwmni'r Pandy. Atgofion oedden nhw am gyfnod hapus, cyffrous pan reolai menter ac asbri a direidi ieuentid dros gallineb. Straeon am lwytho ceir hyd at y to â phrops llwyfan, am y ceir hynny'n diffygio neu'n mynd yn sych o betrol cyn cyrraedd pen y daith. Panig wrth golli'r ffordd, a chyrraedd theatrau'n hwyr. Cynulleidfaoedd yn gweiddi anghymeradwyaeth, neu'n chwerthin lle na ddylai chwerthin fod. (Hyn oll a olygai fy nhad wrth sôn am 'amaturiaeth' ym myd y ddrama Gymraeg yn ei erthygl yn y *News Chronicle* rai misoedd wedyn!) Y 'Prima Donna' Kate Roberts (Mrs Davies), yn mynnu mai ei chawl-cartref hi ddylai fod yn jwg Bet Lewis, ac yn dodrefnu'r llwyfan â'i bwrdd a'i chadeiriau derw moethus, a'i lliain les a'i chanwyllbrennau pres – a'r cyfan yn hollol anaddas i gegin y glöwr tlawd ac '… yn gweddu'n well i balas goludog na chell lom ellyll' yn ôl yr *Amman Valley Chronicle*, 21 Ionawr 1936. Weithiau, byddai'n rhaid chwilio'n sydyn ac ar fyr rybudd am brops newydd – pan fyddai Kate yn pwdu. Ond fel arfer byddai pawb, gan gynnwys Morris Williams, ei gŵr, yn ei gweld hi'n haws ufuddhau iddi na chodi ei gwrychyn.

Difyr fod Kate Roberts yn parhau i actio mewn dramâu yng nghanol y tridegau a hithau erbyn hynny yn llenor pump a deugain oed. Dyma ddarganfod gwedd arall arni sy'n chwalu'r darlun ystrydebol.

A dyma wedd arall eto. Yn Awst 1939 daeth yr Eisteddfod Genedlaethol i Ddinbych. Fel un o ddigwyddiadau cyhoeddi'r Eisteddfod honno llwyfannwyd cynhyrchiad arbennig o anterliwt gan un o feibion hynod Dyffryn Clwyd, sef Thomas Edwards neu Twm o'r Nant. *Tri Chryfion Byd* oedd yr anterliwt, a Kate Roberts oedd y cynhyrchydd.

Dramâu mydryddol gwerinol, poblogaidd iawn yn y ddeunawfed ganrif, oedd yr anterliwtiau, ac arferent gael eu chwarae mewn ffeiriau ac ar wyliau. Ceid elfen gref o ffars a dychan ynddynt, ac fe'u defnyddid gan eu hawduron i dynnu sylw at anghyfiawnderau'r oes. Diflanasant oddi ar lwyfannau agored Cymru am dros gan mlynedd, a thebyg mai'r cynhyrchiad hwn gan Kate Roberts oedd yr ymgais gyntaf i atgyfodi'r anterliwt yn yr ugeinfed ganrif. Gan gymryd popeth i ystyriaeth gellid dadlau efallai fod *Tri Chryfion Byd* yn ddewis

annisgwyl ar gyfer achlysur mor amlwg ac mor fawr â chyhoeddi'r
Eisteddfod Genedlaethol, ac yn sicr roedd yn ddewis llai traddodiadol.
Er hynny, ac er ei bod wedi costio llai na £10 i'w llwyfannu, yr oedd,
yn ôl y wasg ar y pryd, yn llwyddiant ysgubol.

Ffarwel i Addysg

Er ei bod yn hyderus iawn wrth ddadlau'n gyhoeddus gan gyflwyno'i
barn yn ddiflewyn ar dafod, fe ymddengys nad oedd Kate mor ffyddiog
yn cyflwyno'i gwaith ei hun heb yn gyntaf ei anfon at ei hathro
llenyddol. Meddai wrth Saunders Lewis mewn llythyr dyddiedig 3
Ebrill, 1931: 'Ni thyf fy nrama ddim, am fy mod wrthi'n glanhau'r ty
– glanhau'r Gwanwyn. Awn i'r Gogledd yfory hyd ddydd Mercher – a
gobeithiaf fedru mynd ymlaen yn chwyrn gyda hi wedyn. Wedi imi ei
gorffen, a fyddwch garediced a'i darllen imi? "Ffarwel i Addysg" yw
ei theitl.' Bu ymateb Saunders Lewis i straeon byrion Kate Roberts yn
hynod o ffafriol. 'Pe bawn i yn olygydd *Y Llenor*,' meddai yn Ionawr
1923, 'byddai stori gennych ym mhob rhifyn, a llyfr ohonynt yn ddigon
buan.' Ond nid oedd ei ymateb i'r ddrama mor glodforus:

> F'Annwyl Kate Roberts,
> Daeth y gomedi, agorais y parsel, darllenais hi, ac wele hi'n ôl.
> Mi ddywedaf fy marn yn ddiweniaith amdani, er mai gwell fyddai
> gennyf ddweud rhywbeth a fyddai'n eich plesio. Ond cofiwch hyn
> yn gyntaf – yr wyf yn sgrifennu o fewn deg munud i'r foment y
> darllenais y gair olaf, ac felly nid barn a ystyriwyd yw hon, na barn
> wedi cael hamdden i ddychmygu sut yr actiai'r ddrama, – ond barn
> fyrfyfyr yr argraff gyntaf.
> Fe all yn hawdd ennill gwobr eisteddfod genedlaethol, ac felly,
> os yw'r arian yn brin gennych anfonwch hi. (Ni raid imi geisio bod
> yn siwgraidd?) Ond nid yw hi ar lefel ystorïau byrion eich enw
> – (fwy nag yw dramâu degau o nofelwyr mewn ieithoedd eraill).
> Y mae ynddi lawer o sylwadau miniog a threiddiol a dyfnion,
> llawer hefyd o gryfder mewn rhannau – ond nid yw'n ddramatig.

Er enghraifft, yn yr act olaf y mae llawer o'r pethau gorau a dyfnaf oll, ond ymddengys i mi mai drama arall yw'r act olaf, nid rhan o ddrama'r act gyntaf a'r ail. (Gyda llaw gwnai'r cwbl nofel fendigedig). Mewn drama ni ddylid dechrau gydag Annie, gwneud ei gweithred hi'n brif ffactor, ac yna ei thaflu o'r neilltu. Beth ddylai fod yn destun y ddrama? Os bywyd y coleg, dylai'r olygfa fawr fod yng nghyfarfod y senedd, – yr athrawon oll, yr eneth o'u blaen, y warden faleisus, a'r bachgen, yna Annie'n torri i mewn yn ei hysteria, a chymeriadau'r athrawon gwrryw a benyw yn ymddangos drwy'r cwbl. Felly, ni byddai ond dau brif bwnc (1) serch ifanc a chenfigen a (2) awyrgylch colegau Cymru, a'r genfigen yno hefyd, cenfigen yr hen o rai iengach a chenfigen hen ferch o eneth synhwyrus.

Gormod, – deunydd nofel, – sydd yn eich drama. Dylai drama gymryd un sefyllfa'n unig a'i dihysbyddu hi mewn tair act neu bedair, nid symud o sefyllfa i sefyllfa.

Wedi dweud hynny, unwaith eto mentraf eich atgoffa ei fod yn beth ofnadwy eithriadol cael dim yn agos at werth a llawnder y ddrama hon mewn eisteddfod genedlaethol, – anfonwch hi'n ddibetrus.

A pheidiwch â rhoi llenyddiaeth heibio fyth, fyth. Llenor ydych chwi, artist ac nid dim arall, ac nid Dic-pob-cawl fel fi.

Yn gynnes iawn,
Saunders Lewis

Yr awgrym yw y dylai barhau â'i hymdrechion yn llwybr y stori fer a'r nofel, a pheidio ag ymgiprys mwyach â'r ddrama. Barn Saunders Lewis yw nad ydyw *Ffarwel i Addysg* yn ddigon dramatig, a bod diffyg sylfaenol yn ei strwythur. Ni ellir llai na chytuno fod yma ddeunydd crai addawol ar gyfer nofel, ond ei fod rhywsut yn anaddas ar gyfer ffurf y ddrama. Serch hynny, mae i *Ffarwel i Addysg* rinweddau pwysig eraill. Cawsai ei chyfansoddi mewn ymateb i'r argyfwng ym myd y ddrama Gymraeg ddechrau'r 1930au, ac er efallai nad felly y bwriadwyd iddi fod, y mae'n ddrama hanesyddol o fath. Ceir ynddi bortread eglur o fywyd merch mewn Prifysgol yn y cyfnod ac ymdriniaeth hynod sensitif o deimladau a rhwystredigaeth pobl ifainc ar ddechrau eu taith drwy fywyd. Ei gogoniant pennaf, fel y gellid disgwyl, yw'r ddeialog lefn a'r defnydd cwbl naturiol ond trawiadol o'r Gymraeg.

Ymddengys y ddrama fel petai wedi tyfu o'r paragraff hwnnw yn *Atgofion 1*:

> Pan euthum i'r hostel yn fy ail flwyddyn y dechreuais fwynhau bywyd cymdeithasol y coleg. Yr oedd nifer y merched yn llai na chant, a deuai pawb i adnabod ei gilydd. Yr oedd y bwyd yn dda, ac yr oedd digon o amrywiaeth ynddo. Wrth gwrs yr oedd y rheolau'n gaeth iawn. Ni chaem aros allan ar ôl saith, ac yn y coleg ei hun ni chaem siarad gyda'r dynion ddim hwy na'r deng munud rhwng darlithoedd. Trwy gydweithrediad myfyrwyr eraill yn datgloi ffenestri byddai rhai merched yn medru aros allan yn hwy na saith ambell dro.

Ar ddechrau'r act gyntaf y mae criw o ferched yn dychwelyd i'w llety o bicnic, eithr nid yw Gwen yn eu mysg. Fe ddysgwn mai allan efo'i chariad, Dafydd, y mae hi. Myfyriwr diwinyddol yw Dafydd a'i fryd ar fynd yn bregethwr wedi graddio. Fesul ychydig, fodd bynnag, datgelir gan y merched fod Dafydd yn dipyn o dderyn, a nodant eu pryderon ynghylch addasrwydd y berthynas.

> OLWEN. Nid hynny ydy'r pwynt. Wyddoch chi ar y ddaear sut y basa hi ar ôl priodi. Rydw i'n credu y gwnâi Gwen wraig dda i unrhyw un, pregethwr neu ryw ddyn arall, os basa hi'n caru'r dyn. Ond mi ddweda i hyn wrthoch chi, mi fasa'n rhaid iddi gael yr un faint o gariad yn ôl ; ac mae arna i ofn na châi hi mo hynny gan Dafydd.
> ANNIE. Pam ydych chi'n dweud hynny ?
> OLWEN. Am mai fflyrt ydy o.

Portreedir Gwen i'r gwrthwyneb yn gwbl fwriadol, gydag unrhyw ffaeleddau posibl yn ei chymeriad yn cael eu cyflwyno yn y fath fodd fel na all y gynulleidfa wneud dim ond ei hoffi.

Yn y cyfnod a bortreedir yn y ddrama yr oedd arferion a meddylfryd cymdeithasol yn geidwadol iawn, a rheolau'r Brifysgol yn adlewyrchu hynny. Ni chaniateid i ferched a bechgyn gymysgu o gwbl y tu allan i ddarlithoedd a gwae unrhyw un a gâi ei ddal yn dychwelyd yn hwyr i'w hostel. Fel hyn y mae Kate Roberts yn atgofio mewn ysgrif, 'Coleg Bangor – 1910':

> Yr oedd y rheolau yn ddigon caeth o'u cymharu â rhai heddiw. Yr oedd yn rhaid i bawb fod i mewn am saith y nos. Caech ganiatâd i ddyfod i mewn yn hwyrach os byddai gennych reswm digonol dros hynny. Weithiau byddai merched yn dianc allan i garu, os byddai ganddynt ffrindiau i agor ffenestri iddynt i ddychwelyd. Delid ambell un weithiau a byddai cerydd a chosb. Ni chaech siarad yn rhy hir gyda dyn o fyfyriwr am ragor na'r deng munud rhwng darlithiau, a gwneud hynny'n aml, yna fe gaech gerydd gan warden y neuadd. Saesnes oedd hi. Caem fynd i'r Gymdeithas Gymraeg ar nos Wener, ond byddai'r warden yno rhag ofn i chi fynd allan gyda bachgen yn lle mynd i'r Gymdeithas, neu gael eich hebrwng yn ôl gan un o'r bechgyn.

Nid oes lle i amau nad yw *Ffarwel i Addysg* yn seiliedig ar y profiadau a gawsai Kate Roberts yn fyfyrwraig ym Mangor ac yn fwy penodol fel lletywraig yn hostel Cae Derwen. Eto fe ddywed: 'Mwynheais bob munud o'm dyddiau coleg. Yr oeddwn yn ifanc ac yn wirion, a'r dyfodol heb fod yn poeni dim arnaf.'

Mae Francesca Rhydderch o'r farn bod yr un thema i'w gweld yn *Ffarwel i Addysg* ag a welwyd yn *Y Canpunt* flynyddoedd ynghynt sef safiad o du'r ferch yn erbyn trefn gymdeithasol gul. Comedi ysgafn oedd *Y Canpunt* gyda chic sydyn tua'r diwedd o blaid y ferch fodern. Tra gwahanol yw *Ffarwel i Addysg* gyda'i phlot dwys a myfyriol a'i chwestiynu cyson ynghylch 'y drefn'. Medd Francesca Rhydderch:

> Like *Y Canpunt*, 'Ffarwel i Addysg' is subtitled 'a comedy'; like *Y Canpunt* it focuses unflinchingly on the social dynamics

of relationships between the sexes, in a dramatic analysis which is concentrated upon the interaction of a young courting couple, Gwen and Dafydd. However, while in the earlier play these discussions were light-hearted, and even farcical, in 'Ffarwel i Addysg' the allegedly 'comic' element is almost non-existent. The sexual innuendo is still there – and is in fact less subtle than it was in the earlier play – but it is here infused with a cynical sarcasm as opposed to ironic jest.

Pwynt o ddiddordeb yn ogystal pan edrychir ar gyd-destun y ddrama hon yw iddi gael ei chyfansoddi pan oedd Kate Roberts newydd briodi â Morris Williams, a'i bod felly, yn unol â'r drefn bryd hynny, wedi gorfod rhoi'r gorau i'w swydd fel athrawes – dyma 'ffarwel' arall i 'addysg'. Ond gwêl Katie Gramich y cysylltiad hwn yn un chwithig. 'It is a strange play for a newly married woman to write, perhaps. ... It is almost as if Roberts is revisiting her own youth and exploring alternative paths in life.' Ai ei gweld ei hun yn Gwen a wna Kate Roberts? A fyddai hi wedi dymuno rhoi'r cyfan heibio fel ag y gwna Gwen er mwyn byw bywyd tawelach ac o ran hynny dedwyddach?

Yng ngolygfa agoriadol y ddrama mae'r merched sy'n lletya yn hostel Bryn Afon yn trafod y tensiynau sy'n bodoli rhwng merched a bechgyn a'r gwahaniaethau yn y dull y trinir y ddau ryw gan swyddogion y Coleg a chan gymdeithas. Dywed adolygydd anhysbys yn *Y Brython*:

> Dadleniad celfydd o ffurfioldeb caethiwus bywyd mewn hostel coleg a'i ddylanwad alaethus ar fywydau geneth a rhai o'i pherthnasau a'i chydnabod a geir yn y gomedi. Ond y mae ynddi fwy na hynny. Ceir ynddi feirniadaeth lem ar ein cyfundrefn addysg ac ar y syniadau poblogaidd am serch a phriodas.

Y mae'r sylwebaeth hon yn graff ac yn arddangos dealltwriaeth o'r hyn sydd gan y dramodydd yn ei meddwl. Gwelir hefyd dreiddgarwch a chraffter Kate Roberts wrth iddi gynnwys sawl cyfeiriad at 'ddrama' yn y sgript. 'Yn y fan yna mae'r ddrama'n dechrau – dŵad i gyfadde mai hi glicedodd y ffenest wnaeth hi.' 'Ffaith i ti. Mae o'n swnio'r un fath â darlun y *Cinema*, ac mae'r hyn oedd wrth wraidd y weithred lawn mor ddramatig.' 'Chlywais i 'rioed siwd beth. Pwy fasa'n meddwl y baset ti, Dafydd Edwards, pregethwr parchus efo'r Anghydffurfwyr, wedi dy landio mewn ... mewn drama mor ogoneddus rhwng ddoe a heddiw.' A cheir jôc fechan rhwng yr awdur a'r gynulleidfa pan ddywed Dafydd, 'Rydw i'n teimlo fel petawn i'n actio mewn drama.'

Mae Dafydd yn ffitio'n ddestlus i'r ddelwedd o bregethwr a geir yn fynych yng ngweithiau'r awdures. Ffigur cysgodol ydyw, fel Gruff, gŵr Bet yn *Tywyll Heno* ; ei brif bwrpas, fe ymddengys, yw bod yn gyfrwng diriaethol allanol i gyfleu'r cynyrfiadau seicolegol mewnol a ddaw i ran y prif gymeriad.

Thema bwysig arall a ymchwilir yn y ddrama yw caru a chariad. Ym myd Kate Roberts ymddengys fod dau fath o gariad yn bodoli. Cariad pwyllog a thrwyadl yw'r cyntaf, a ddigwydd rhwng dau sy'n parchu ei gilydd. Cariad tanbaid, meddwol sy'n disgyn fel dewiniaeth yw'r llall. Gall y math cyntaf ddigwydd rhwng dwy chwaer fel yn *Modryb a Nith*, rhwng ffrindiau fel yn 'Y Trysor', neu rhwng gŵr a gwraig fel yn 'Rhigolau Bywyd' ac 'Y Condemniedig'. Mae'n gariad aeddfed, sy'n nythu yn y berthynas rhwng dau dros gyfnod o amser. Caru 'â chariad distaw, cyson' chwedl Mair yn 'Torri Amod'. Ond nid yw'n fêl i gyd ychwaith. Dyma gariad sy'n cloi pobl wrth ei gilydd, doed a ddelo. Megis yn *Modryb a Nith*, meddai Sara am ei chwaer Elin y bu'n ei nyrsio am flynyddoedd, 'Mi fuo Elin a finna cyd efo'n gilydd nes bod ein bywyd wedi mynd yn un.' Marwolaeth un o'r pâr yn aml yw'r unig ryddhad a geir oddi wrtho.

Daw'r ail fath o gariad ar amrantiad fel petai, gan daflu llwch hud i lygaid, yn union fel y gwna Puck yn *A Midsummer Night's Dream*. Ond peidier â synied yn rhy isel amdano ; cariad neu serch grymus a nerthol na ellir ei wrthsefyll yn hawdd, os o gwbl, yw hwn. Ei ddioddef a wna rhywun, fel twymyn, cyn dod ato'i hun neu wella, ac ailafael yn ei fywyd wedyn.

Cofier i'r ddrama hon gael ei llunio yn ystod hanner cyntaf tridegau'r ganrif ddiwethaf. Dyma gyfnod eithriadol o ddifyr o bersbectif archwilio'r enaid ac o ystyried iechyd emosiynol mewn goleuni newydd. Dechreuwyd rhoi pwyslais arbennig mewn llenyddiaeth a barddoniaeth ar ystyr 'cariad' fel emosiwn, ac ymchwilio i bosibilrwydd 'gwir garu'. Yr oedd D.H. Lawrence wedi cyhoeddi *Women in Love* ym 1920 gan gyflwyno themâu herfeiddiol er peth syndod a ffieiddiwch i nifer o ddarllenwyr y cyfnod. Yng Nghymru hefyd yn nauddegau'r ugeinfed ganrif bu llenorion yn gwthio ffiniau themâu llenyddiaeth a barddoniaeth. Yn ei ysgrif ar *Troi a Throsi*, sef nofel anghyhoeddedig Morris Williams – gŵr Kate Roberts yn y man – dywed Peredur Lynch: '... o safbwynt hanes llenyddiaeth Gymraeg y dauddegau, o safbwynt newydd-deb trawiadol rhai o'r themâu ar y pryd, y mae *Troi a Throsi*, mi gredaf, yn waith tra arwyddocaol.' Stori led-hunangofiannol sydd yma am Meurig Prisiart yn archwilio'r berthynas sydd rhyngddo a'i gyfaill Arthur Morgan. Datgelir fod yr hyn sydd rhyngddynt yn fwy na chyfeillgarwch agos. Y mae'n rhywbeth y gellir ei deimlo 'yn ei waed' ac yn 'rhywbeth dirgel yn myned allan o'r naill a'r llall.' Arbrofa Meurig Prisiart â chariad cnawdol a hynny gyda phuteiniaid ym Mharis, ond anfoddhaol ac annigonol yw'r profiadau hynny. Y mae'r 'gwir gariad' y mae'n ei ddeisyfu uwchlaw'r cnawdol a theimla'n rhwystredig a chlawstroffobig yn y Gymru oedd ohoni. Fel Gwen yn *Ffarwel i Addysg* y mae'n anelu at rywbeth amgenach. Yr oedd pryddest 'Atgof' Prosser Rhys wedi ennill coron Eisteddfod Genedlaethol Pont-y-pŵl ym 1924 gan danio dadleuon oblegid natur yr ymdriniaeth â chariad hoyw ynddi. Ceir yma eto gariad a gyfyd uwchlaw'r cnawdol. 'Yr holl ymddiried gonest, a'r afradlon / Arfaethu glân a wnaethpwyd ger y lli.' Ond fe'i handwyir. Nofel arall a feirniadwyd am ei 'hanfoesoldeb' oedd *Monica* gan Saunders Lewis, a gyhoeddwud ym 1930. Gwerthfawrogwyd hi gan Kate Roberts gan ysgrifennu at yr awdur:

> Ym mha le y dechreuaf? Yn gyntaf, gadewch imi ddiolch yn fawr iawn i chi am *Fonica* drosom ein dau. Eisteddais wrth y tân un prynhawn ac fe'i darllenais yn drwyadl. Credaf ei bod yn nofel fawr iawn. Safasoch yn onest wyneb yn wyneb a dau gymeriad ac fe roisoch inni du mewn un ohonynt, beth bynnag, yn drwyadl.

Nid yw gwaith Kate Roberts mor fentrus â gweithiau ei chymheiriaid gwrywaidd efallai ; er hyn dengys fod ganddi gydymdeimlad â'r themâu sy'n britho gweithiau heriol y cyfnod.

Rhydd Gwen ei gyrfa yn y coleg, ei pherthynas â'i thad, ei dyfodol sicr a'i chyfeillgarwch â'i chyd-letywyr mewn perygl er mwyn Dafydd. Cyll ei gafael ar 'reswm' am ychydig:

> LIZZIE. Wel Gwen bach, beth pe tase ti'n cael d'expelio?
> GWEN. Dim ods. Mi'r oedd heddiw yn werth hynny.

Wedi'r gwirioni, daw'r dadrithio ; dechreua Gwen weld gwir fesur Dafydd: 'Dyna chi, yn meddwl amdanoch ych hun yn gynta.' O hyn ymlaen y mae eu gorwelion yn chwyddo a dargenfydd ein harwresau fod y byd mawr yno yn aros amdanynt. Canlyniad y caru nwydwyllt, byrbwyll yma yw bod Gwen yn ffarwelio â'i haddysg, ond yr eironi yw iddi dderbyn, drwy hynny, wers fawr ei bywyd. Y mae synnwyr yn trechu a gall Gwen ddechrau pwyso a mesur ei dyfodol eto.

Ychydig iawn sydd yma i beri inni chwerthin er mai 'Comedi mewn Tair Act' yw is-deitl y ddrama hon. Y mae'n 'gomedi' yn y traddodiad bod yma gymodi o fath ar ddiwedd y ddrama efallai. Ond yn sicr nid diweddglo 'hapus' sydd yma. Y mae rhwyg sylweddol wedi digwydd ac mae gan Ddafydd dagfa yn ei lais ar ddiwedd y ddrama a Gwen, hithau, 'bron â thorri i lawr', heb sôn am boen y tad. Y mae awdur adolygiad *Y Brython* yn cytuno:

Prin yr etyb i'r cwbl a olygir wrth y term "comedi." Tuedda i fod yn rhy drom, a dadleuai'r sawl a lŷn yn gyndyn wrth draddodiad y dylai ei ddiweddglo fod yn un hapus.

Eto i gyd nid trasiedi sydd yma ychwaith gan mai gobaith sy'n gorchfygu. Tybed nad yw'r allwedd i'w gael yn llyfr nodiadau bychan Kate Roberts? Yno mae'n diffinio:

> Trasiedi – gwrthryfel aflwyddiannus yn erbyn amgylchiadau – ffawd – etifeddeg – cymdeithas.
>
> Comedi – yn delio a ffolineb a gwendid dynol ryw a'n gwneud yn chwerthinllyd.

Mae *Ffarwel i Addysg* yn gweddu i'r disgrifiad hwn yn burion. Ar ei symlaf, y mae Gwen yn ffôl am iddi roi ei bryd ar Ddafydd. Ac mae yntau yn ei dro yn enghraifft o wendid dynol ryw.

Nid oedd Kate Roberts ei hun yn siŵr a oedd y ddrama hon yn taro deuddeg, fe ymddengys. Yn ei cholofn 'Radio Cymru' yn *Y Cymro* ychydig wedi darlledu *Ffarwel i Addysg*, dyma a ddywed Enid Parry:

> Yr oedd llawer o bobl yn edrych ymlaen i glywed drama o waith Kate Roberts, a oedd yn newydd i'r rhan fwyaf ohonom. Yn union o flaen y ddrama, clywsom sgwrs fer gan yr awdur yn rhoi ei rhesymau paham nad oedd yn ystyried "Ffarwel i Addysg" yn ddigon da i'w darlledu. Credaf fod yr awdur yn llawer rhy lawdrwm ar ei drama. Fe ddichon bod y mân wendidau ynddi yn fwy amlwg pan chwaraeid hi ar lwyfan. Ond fel rhaglen radio, yr oedd yn bleser i'r gwrandawr. Yr oedd y ddeialog mor naturiol a'r actio mor fyw, nes i'r awr fynd heibio yn ddiarwybod.

Hyd yn hyn, ni ddaeth y sgwrs hon i'r golwg, ac erys yn ddirgelwch resymau Kate Roberts dros fod ychydig yn ansicr o'i drama. Eto i gyd, fe ymddengys ei bod yn awyddus i'w chyhoeddi. Bu'n ystyried ei hanfon at W.J. Gruffydd i'r *Llenor* i'w chyhoeddi fesul act, ond penderfynwyd yn erbyn hynny oherwydd ei bod yn ddrama faith.

> Annwyl Kate Roberts,
>
> Diolch yn fawr am anfon imi gopi o'r ddrama. Ni chefais amser eto i ddarllen mwy na'r act gyntaf, ond edrychaf ymlaen am gael ei gweld ar y llwyfan ar ôl imi gael hamdden i'w gorffen. Yr ydych yn gwneuthur yn ddoeth ynglŷn â'i chyhoeddi, yr wyf yn meddwl ; buasai'n amhosibl ei chynnwys yn y *Llenor* oherwydd ei hyd.
>   Byddaf yn disgwyl am stori neu erthygl i'r *Llenor* pan gewch hwyl, ac yn fwy na diolchgar amdani pan ddaw.
>
>   Cofion cynnes atoch eich dau,
>   Yr eiddoch byth
>   W.J.G.

Yr hyn a wyddys yw i Kate Roberts ddyblygu copïau o'r ddrama ar gyfer eu gwerthu. Ceir nodyn llawysgrifen ar y deipysgrif: 'Gellir cael copiau yn rhad drwy'r post am 1/6 oddiwrth yr awdures, 7 Kenry Street, Tonypandy, Rhondda.' Am ba bynnag reswm ni welodd *Ffarwel i Addysg* y llwybr i'r cyhoeddwr. Efallai mai dyna sydd i gyfrif paham y mae Kate Roberts erbyn 1966 yn sôn am lunio drama arall, nid annhebyg iddi:

> Dechreuais i ar ddrama rhyw dair blynedd yn ôl, ac wedi gwneud tua chwarter o'r act gyntaf methais fynd ymlaen. Gofynnodd Ysgrifennydd yr Academi i mi siarad ar rywbeth sy gennyf ar y gweyll yn y gynhadledd nesaf, a thybiais os addaw-wn, y buaswn yn siŵr o fynd ymlaen. Ond er cael syniad am ei chynllun, nid euthum ddim pellach na gwneud nodiadau ar ei chyfer. "Dau hen ffrind" yw ei theitl ; gŵr gweddw a hen lanc, cyfeillion oes, yn byw drws nesa i'w gilydd ; merch y gŵr gweddw yn priodi efo bachgen sydd wedi ei droi allan o'r coleg am wastraffu ei amser a methu pasio ei arholiadau, y bachgen yma yn ceisio lladd gwraig sydd wedi dyfod i gadw tŷ i dad ei wraig.

Ni welodd y ddrama hon ben y daith ychwaith, ond ymddengys mai hi yw'r drafft y byddwn yn cyfeirio ato fel 'Drama Wil Ifans' yn nes ymlaen. Yr hyn sy'n ddiddorol yw bod Kate Roberts, am ysbrydoliaeth newydd, yn ailymweld â hen ddeunydd na chawsai ei gyhoeddi.

I gloi, hawdd fyddai dadlau nad yw *Ffarwel i Addysg* yn ddrama sy'n cynhyrfu'r dyfroedd, er gwaethaf yr argyfyngau sydd ynddi. Profwyd geiriau D.T. Davies yn wir: 'Ni fydd Ffarwel i Addysg yn boblogaidd iawn, efallai.' Pluen yn cosi yw *Ffarwel i Addysg*. Efallai mai hynny a rydd iddi ei diddordeb.

Y Cynddrws a dramâu 'tu hwnt i'r llen'

Dilyn traddodiad hir gan lenorion a wnaeth Kate Roberts wrth droi at yr arallfyd, y byd tu hwnt i'r byd hwn, yn destun i'w drama, ac mae *Y Cynddrws* yn enghraifft wych o lenyddiaeth yn y *genre* hwn.

Yr oedd *Ffarwel i Addysg* wedi ei darlledu ym 1950, a thebyg mai yn dilyn hynny y daeth cais gan y BBC am ddrama newydd. Mewn llythyr at Saunders Lewis mae Kate Roberts yn rhoi mewnwelediad inni o'r hyn a'i cymhellodd ac o'r neges yr oedd yn awyddus i'w chyflwyno:

> Nid ceisio rhoi fy syniad am Y Purdan a wneuthum, dim ond am ran ohono, neu agwedd arno – gweld yr wyf fi mai'r meddiannu yma sy'n gwneud pobl yn anhapus, meddiannu cyfoeth, meddiannu plant, meddiannu cariadon, a meddiannu hapusrwydd ei hun ... Yr oeddwn i yn ddigalon iawn pan ysgrifennais hi, ac yn waeth na digalon, mewn anobaith. Ond fe wnaeth les imi gael dweud y pethau yna. Ceisiais er hynny roi ffurf ar y ddrama, yn lle gadael i'r siarad redeg a'r ffrwyn ar ei war ...

Mae *Y Cynddrws* yn waith sy'n sefyll yn gwbl ar wahân i'w dramâu cynharach, er mor ddifyr ydoedd y rheini, ac nid yw'r dramâu a ddilynodd *Y Cynddrws* ychwaith yn cymharu â hi. Er gwaethaf neu efallai oblegid ei gofid a'i gwewyr, llwyddodd yma i lunio campwaith dramayddol ei gyrfa.

Cyflwynir y gynulleidfa yn yr olygfa agoriadol i sefyllfa ryfedd iawn mewn math arbennig o ystafell aros. Ymddengys mai yma y daw unigolion wedi iddyn nhw farw am nad oedden nhw'n fodlon neu'n hapus yn y byd cynt. Disgrifir y fangre hon gan y cymeriadau fel 'jêl', 'pedair wal lwyd, wastad', 'yr un fath yn union â waliau capal', 'dim ffenest o gwbl', 'dau ddrws, un tuag at y byd a'r llall at y byd arall', 'bob dim mor lân, dim gwe pry cop na llanastr', 'dim amser', 'dim ogla chwaith', 'lle segurllyd, mwrllyd', 'lle llwyd lle nad oes yna ddim gobaith, dim byd, dim dim'.

Ni cheir eglurhad sut mae cyrraedd y Cynddrws. Mae iddo ddau ddrws, a thrwy un o'r rhain y mae'r unigolion yn cyrraedd. Nid oes modd dychwelyd drwy'r drws hwn, eithr yn unig ymadael drwy'r drws arall. Nid oes yma, fel sydd i'w cael mewn enghreifftiau eraill o'r *genre* hwn, nac arholwr, na phoenydiwr na gweinyddwr i weithredu'r penderfyniadau. Ond gwyddys fod yna rywbeth yn rhywle sy'n penderfynu pwy sy'n mynd a phwy sy'n dod. Y mae cymeriadau'r ddrama fel petaent yn gwybod hynny'n reddfol. Gwyddant yn ogystal pam eu bod yma ; nid cael eu cosbi y maent, eithr cael eu dysgu. Ond nid oes neb yno i gyflwyno'r wers, fel sy'n digwydd mewn llenyddiaeth gyffelyb, a dydi Pedr ddim wrth y porth. Amrywiad ar y thema a geir yma ; y cymeriadau eu hunain sy'n dysgu ac yn cyfarwyddo'i gilydd. Sefyllfa therapi grŵp sydd yma, nid gwers athro-disgybl. Mae fel petai Kate Roberts yn mynnu fod y cymeriadau yn dysgu o'u camgymeriadau, gan fynd drwy'r broses o ddatod y clymau drostynt eu hunain.

Chwe chymeriad sydd yn y ddrama. Maent oll yn rhai sobr a chymedrol a hyd y medrir ei gasglu yn eu llawn bwyll. Nid ymddengys yr un o'u plith yn erwin, yn wallgof nac yn dreisgar. Mân bechodau a briodolir iddynt. Does dim un llofrudd yma. Gellid galw un cymeriad, Siôn Llwyd, yn dipyn o 'glown' efallai fel y gwelwn yn y man, ond ni waeth cyfaddef y gwir, chi a fi yw'r cymeriadau yn *Y Cynddrws*.

Anodd yw dyddio'r hyn a ddigwydd, ac er bod sawl cyfeiriad at amser mewn hanes, amhenodol yw'r cyfeiriadau hynny. Siôn Llwyd, y crwydryn, yw'r olaf i ymuno â'r criw ac ef hefyd sy'n rhoi inni ryw lun o oleuni ar ddyddiad y digwyddiadau yn y ddrama. Siôn sy'n gwneud y datganiad pwysig hwnnw, fod pobl wedi anghofio am y rhyfel y bu i feibion Leusa Huws a'i thebyg golli eu bywydau ynddo, a'u bod yn 'paratoi am un arall'.

> LEUSA HUWS. O, peidiwch â siarad mor wamal, a sôn am hel yn ych bolia mewn byd mor llwm ag oedd hi adeg y rhyfal.
> SIÔN LLWYD. Mae pawb wedi anghofio am hwnnw rŵan ac yn paratoi am un arall.

Un set o ddyddiadau yr ydym yn sicr ohonynt yw rhai Goronwy Owen, 1723-69. Mae Goronwy felly wedi bod yn yr ystafell am tua chant a phedwar ugain o flynyddoedd. Syniad cyffredin yn y *genre* yw'r syniad o 'amser yn aros yn llonydd', a hefyd nad oes neb yn heneiddio yn yr arallfyd – syniad a fabwysiadwyd yma.

Sali'r Sgallan, merch a fu farw'n ifanc, yw'r cymeriad cyntaf i siarad. 'O pam na ddaw o?' yw geiriau agoriadol y ddrama. Yr 'o' hwn, fe ymddengys, yw Wil, y sawl y bu Sali'n cydfyw ag o ar y ddaear. Edrydd Sali fel yr oedd ganddi hi a Wil nythaid o blant, a phan yw'n sôn am ei bywyd yn magu ac yn cadw tŷ gwna hynny mewn modd annwyl iawn.

> SALI. Cymryd fy mwyniant fel y dôi o y byddwn i. Eistedd yng nghanol fy ngwaith a mwynhau fy hun ar y munud. Mynd allan i'r haul ac eistedd ar stôl i roi fy mron i'r babi. Peth braf oedd 'i weld yn cymryd sbel ar hanner sugno ac agor ei geg i chwerthin a rhoi slap ar fy mron i. Fyddwn i byth yn edrach ymlaen at orffan eu magu nhw.

Ychydig iawn o arian a welodd Sali'r Sgallan ar y ddaear ond nid yw'n dannod hynny. Ymresyma mewn dull stoicaidd, '... ond pan mae pobl yn byw yn gytûn efo'i gilydd, mi allan ddal llawar o dlodi.' Mae yma debygrwydd rhwng Sali a'r fam yn nrama gynnar *Y Fam*. Caiff y ddwy ferch ifanc hyn eu cipio gan angau yng ngwanwyn eu hoes gan adael plant a chymar ar ôl.

Dywed Sali nad oedd hi, mwy na Goronwy Owen, wedi byw trwy ryfel. Rhydd hyn yr argraff inni mai hi yw un o'r cymeriadau cynharaf yn yr ystafell, wedi marw ac wedi dyfod i'r Cynddrws cyn y Rhyfel Byd Cyntaf. Sonia hefyd amdani ei hun fel merch ifanc yn cofio gweld dyn oedd wedi bod yn Rhyfel y Crimea. I oes Gwen Tomos y perthyn hi felly. Ac meddai Jane Aaron yn ei herthygl 'Y Flodeuwedd Gyfoes: llên menywod 1973-1993': 'Er dyddiau'r Llyfrau Gleision, ffordd unionsyth i ddamnedigaeth oedd rhywioldeb merched dibriod ym marn crefyddwyr y bedwaredd ganrif ar bymtheg; diarddelwyd o'u capeli ferched a ddrwgdybiwyd o amharchu anrhydedd priodas a'r gwely dihalogedig.'

> SALI. Do, mi wn. Mae digon o sôn am rywun a fentrodd fyw efo dyn mewn priodas heb 'i briodi fo, a hynny pan oedd capeli Cymru yn llawn. 'Sali byw tali' oeddwn i ar lafar gwlad.

Ond, yn groes i'r disgwyl cymdeithasol, ond nid efallai i'r sawl sy'n gyfarwydd â gwaith Kate Roberts, nid dyma'r pechod a roddodd docyn unffordd i'r Cynddrws i Sali. Yn hytrach:

> MISS CITI. Wedi caru Wil y Sgallan yn rhy dda mae Sali, ac mae hi'n methu byw hebddo fo yn y fan yma.

Gan nad oedd cwlwm priodas yn eu clymu wrth ei gilydd roedd Sali'n ofni y byddai Wil yn mynd a'i gadael hi 'gan fod gynno fo berffaith ryddid i fynd'. Ond fel y digwydd pethau, Sali ei hunan sy'n gadael. 'Mi aeth Angau â fi oddi arno fo,' meddai Sali'n syml gan gyfeirio'n gynnil at eironi'r sefyllfa. Mae ei hofn pennaf hi wedi ei wyrdroi'n greulon.

Gyda dyfodiad Siôn Llwyd i'r ystafell caiff Sali fymryn o newydd am Wil. Cyflwyna Siôn ei hun fel 'hen drampar o Sir Gaernarfon' ac mae'n rhaid mai o'r sir honno yr hanai Sali hithau gan fod cof amdani yn parhau yn yr ardal. 'Mi'r oeddat ti'n draddodiad yn yr ardal erbyn f'amser i,' meddai Siôn. Edrydd Siôn ychydig o hanes Wil wrth Sali.

> SALI. Deudwch i mi, Siôn Llwyd, ydach chi'n nabod Wil, neu oeddach chi yn 'i nabod o?
> SIÔN LLWYD. Ydw. Oeddwn yn iawn.
> SALI. A sut y mae o?
> SIÔN LLWYD. O mae o'n fyw o hyd, yn hen greadur hen, hen, wedi colli 'i go', yn cofio dim.

Mae'r newydd yma'n peri dychryn i Sali a saetha gwestiwn at Siôn. 'Ydach chi'n meddwl i fod o wedi f'anghofio fi?' Nid yw'r crwydryn yn gwastraffu geiriau a'i ateb swta yw: 'Rydw i'n dweud wrthoch chi nad ydy o'n cofio dim.' Ceisia Leusa Huws gysuro Sali drwy ddweud y bydd Wil yn sicr o fod yn ei chofio pan ddaw ati i'r Cynddrws. Ac mae hithau'n darganfod rhyw ychydig o gysur yn y geiriau cyn i sylweddoliad arall wawrio arni, sef y gallai Wil fod wedi priodi â merch arall. Ond caiff ateb wrth ei bodd y tro hwn gyda Siôn yn cadarnhau na fu i Wil briodi. Rhydd Wmffra yntau ei big i mewn, gan gyfeirio at sut y bu i'r plant ofalu am Wil wedi iddo fynd i oed. Cyfyd hyn gwestiwn arall ym meddwl y gynulleidfa. Os oedd Wmffra'n adnabod Wil yn ddigon da i wybod fod ei blant yn gofalu amdano, yna pam na fyddai wedi sôn am hynny wrth Sali ynghynt? Does dim awgrym fod Sali'n gwybod dim am amgylchiadau Wil nes y cyrhaeddodd Siôn, ac felly dim awgrym fod Wmffra wedi crybwyll Wil yn ystod y pum mlynedd y bu ef yn yr ystafell hon. I osgoi'r blerwch hwn hawdd fyddai i'r dramodydd osod y frawddeg am ofal y plant am eu tad yng ngenau

Siôn. Byddai hynny'n haws i'r gynulleidfa ei dderbyn. Nid yw'n debygol fod Sali'n mynd i ddysgu ei gwers yn fuan. 'Pam na ddaw o?' yw ei chri feunyddiol. Yn gwbl hunanol mae'n deisyfu marwolaeth Wil er mwyn iddi hi gael ei gwmni yn y Cynddrws. Ceisia hawlio ei fywyd, ei feddiannu er ei budd ei hun. Nid yw'r posibilrwydd na ddaw Wil i'r Cynddrws yn croesi ei meddwl, nac ychwaith, petai'n dod, y byddai Wil yn hen, hen ddyn a hithau'n parhau yn ferch ifanc. Ond mae'r gynulleidfa yn ystyried y posibilrwydd hwnnw. Tybed a gaiff Sali wybod pan ddaw diwedd oes Wil ar y ddaear? Pe digwyddai i Wil groesi'n syth i'r nefoedd heb orfod galw yn y Cynddrws yn gyntaf, a fyddai Sali rywfaint callach?

Sali'r Sgallan yw'r cymeriad cyntaf hefyd i adrodd ei hymson ar ddiwedd y ddrama. Ailbobiad o'r hyn a gafwyd eisoes sydd yn y fonolog, hel meddyliau am ei bywyd ar y ddaear efo Wil a'r plant. 'Ond roedd hi'n nefoedd arnon ni, 'roeddan ni mor iach.'

Cariad sy'n achosi cwymp un arall o'r cymeriadau, sef Miss Citi. Hen ferch a chyn-athrawes yw hi, a gafodd ei siomi mewn cariad a suro wedyn efo'r byd a'i bethau. Byddai Kate Roberts yn ymwybodol y byddai'r gynulleidfa yn tynnu cymhariaeth: enw arall ar Kate yw Citi, a chofier y bu Kate yn athrawes ysgol nes iddi briodi Morris Williams ym 1928 a hithau'n tynnu at y deugain oed. Mae Miss Citi'n gymeriad diddorol dros ben ac yn gymeriad hanfodol hefyd.

  LEUSA HUWS. Y chi wedi cael poen Miss Citi? Fasa neb yn meddwl hynny.
  MISS CITI. Do ddigon, a hynny ar ddechrau fy mywyd, yn ifanc iawn.
  SALI. Ond wnewch chi ddim deud wrthon ni Miss Citi? Mi dynsoch chi fy nhu mewn i allan.
  GORONWY OWEN. Do yn wir.
  MISS CITI. O, dim ond imi gael fy nhwyllo gan y dyn ifanc oeddwn i yn 'i garu. Roeddwn i'n meddwl y byd ohono fo, ac ynta ohono inna, roeddwn i'n meddwl.

SALI. A 'doedd o ddim wedi'r cwbl?
MISS CITI. Nag oedd. Mi'r oedd o'n caru efo un arall ers misoedd, ac mi briododd hi.

Thema gyffredin yn straeon byrion Kate Roberts yw siom cariad. Daw Eban Llwyd yn stori 'Dwy Storm' i'r meddwl yn syth, enghraifft wych o fywyd yn nychu yn dilyn siomedigaeth garwriaethol. Ond mae dolur Miss Citi yn un deublyg. 'Roeddwn i wedi rhoi benthyg canpunt iddo fo, a ches i byth ddimai yn ôl.' Mae ei chalon a'i phoced yn dioddef. Mae'r swm hwn o ganpunt yn un cyfarwydd ac yn cael sylw arbennig yn y gomedi gynnar sy'n dwyn yr union deitl hwnnw. Ond yn wahanol i Eban Llwyd sy'n byw fel meudwy wedi ei siom yntau, bwrw iddi i'w gwaith gydag ymroddiad a wnaeth Miss Citi wedi iddi ddarganfod brad ei chariad.

LEUSA HUWS. ... Wn i ddim am neb wnaeth gymaint dros 'i chymdogion. Mi'r ydach chi'n Gristion, os bu Cristion erioed.

Ac ymhellach:

LEUSA HUWS. O mi'r ydach chi'n garedig Miss Citi, dwn i ddim pam yr ydach chi yn y fan yma a chitha wedi byw er mwyn pobl erill.

Ond dydi hynny ychwaith ddim yn ddigon i wneud iddi anghofio.

MISS CITI. Ond 'doeddwn i ddim yn fodlon wrth wneud hynny. Yr oedd yn llai o drafferth gwneud hynny dyna'r cwbl ... gwneud er mwyn anghofio poen yr oeddwn i.

Yn bwysicach na hynny hyd yn oed, mae'r profiad sur hwn wedi gadael blas drwg ar ei ôl ac mae'n lliwio sut y mae hi'n perthnasu ag eraill.

MISS CITI. Peidiwch chi â chamgymryd. Poen sy'n gyrru

llawer o bobl i wneud gweithredoedd da. Gwneud rhywbeth i anghofio – gweithio, dal, dal i weithio er mwyn anghofio ein siom, a dim ond cael ein siomi wedyn yn ein cyd-ddynion.

Ac yn y fan hon efallai y ceir ateb i'r cwestiwn pam fod Miss Citi yn y Cynddrws. Yn syml bu iddi golli ei ffydd; ei ffydd ym mhobl eraill. Os yw pobl yn ei siomi o hyd, nid yw'n ystyried am funud y gall fod a wnelo hynny â rhyw ddiffyg ynddi hi ei hun. Bai pobl eraill, 'yr arall' eto, thema gyffredin yng ngwaith yr awdur.

Miss Citi sy'n taflu goleuni ar ambell bwynt diddorol arall ynghylch pwrpas y Cynddrws. Fe ŵyr hi bethau. Nid yw'n datgan sut y daw i wybod y pethau hyn, a fedrwn ninnau ond dyfalu mai dysgu drwy brofiad a wnaeth.

> MISS CITI. Wel, welwch chi'r drws acw, neu'r porth acw ddylwn i ddweud, mae nhacw yn arwain i'r byd arall, ond yr ydan ni yn gorfod disgwyl yn y fan yma cyn mynd yno am ein bod ni wedi bod yn anhapus ar y ddaear.

Fe ŵyr hi rywbeth arall pwysig sef mai yno i gael eu 'dysgu' maen nhw ac nid i gael eu 'cosbi'.

> SIÔN LLWYD. ... Cael ych cosbi ydach chi felly?
> MISS CITI. Nage. Ein dysgu.

Nid yw'n manylu ar union natur y wers nac ar sut y gŵyr hi hynny ond mae hi'n ymwybodol fod yn rhaid iddyn nhw fynd drwy broses cyn cael eu gollwng drwy'r drws. Cerydda weddill y criw am beidio ag addasu eu ffordd o feddwl. Mae rhai ohonyn nhw, Sali a Siôn Llwyd yn enwedig, â'u llach ar bobl y capel, ond fe'u rhybuddir gan Miss Citi: 'Lol i gyd. 'Dydan ni ddim wedi callio dim ar ôl dŵad i fan'ma. Felna'n union 'roeddan ni'n siarad pan oeddan ni yn y byd.' Wedi hen ddechrau difaru am y penderfyniadau a wnaeth tra'r oedd ar y ddaear, mae'n cyfaddef iddi ddengid rhag ei phoen yn lle ei hwynebu ar ei phen a'i threchu. Ond ei phryder mwyaf yw iddi fynd o'r byd 'heb wneud dim'. Mae'n eiddigeddus o'r merched eraill yn y cwmni am iddyn nhw gael yr hyn yr oedd arni hi ei eisiau gymaint. 'Byw. Byw. Priodi a chodi teulu.' Nid yw'n gallu gwrando ar Sali'n adrodd ei phrofiadau yn magu ei baban. 'O Sali, peidiwch.' Ac â mor bell â datgan yn eithaf calon-galed wrth Leusa Huws, a gollodd ei dau fab yn y rhyfel: 'Mae rhyw iawn mewn colli ar ôl cael. Ond, colli heb gael dim. O na chawn i ail gynnig.'

Yn ei monolog clo, myfyria Miss Citi uwch ei phenyd, ac mae'n llwyr sylweddoli mai hi ei hun ac nid Dic, ei chyn-gariad, oedd ar fai am na fu hi'n hapus ei byd. Edrydd sut y bu iddi wastraffu ei bywyd: ' ... yn lle 'mod i wedi rhoi clec ar fy mawd a dweud fod cystal pysgod yn y môr ag a ddaliwyd. Suro wrth y byd, am fod rhyw un pysgodyn bach diasgwrn cefn wedi fy nhwyllo, yn lle mynd i bysgota wedyn.'

Yr un cymeriad yn y bôn yw Miss Citi â Bess Morris, *Tegwch y Bore*. Athrawes oedd Bess hithau, a merch ddymunol sy'n ffrind da i Ann, y prif gymeriad. 'Rhyw hogan wastad iawn i theimladau ydi hi ac yn credu mewn gwneud i dyletswydd bob amser.' Ond mae dyfodiad y rhyfel yn achosi cryn dipyn o newid yn ei chymeriad. Yng ngolwg pawb mae Bess yn 'mynd yn rhyfedd iawn'. A'r rheswm dros hynny yn ôl Richard, cariad Ann yw: 'Yn ôl pob dim glywais i gynnoch chi mae hi'n hogan sy'n credu mewn gwneud pethau i bobl eraill.' Gwneud gormod, yn syml, gan weld bai ar eraill am beidio â gwneud digon, a thrwy hynny aberthu ei hapusrwydd ei hunan. ''Dydi Bess Morris ddim yn caru neb yn fawr iawn, nag ydi?' Llwyddir i achub Ann rhag yr un dynged. Bu iddi hithau deimlo'r oerni anesboniadwy hwn yn cau amdani: '... peth poeth ydi casineb, ac mi fasa rhyw siawns inni ddwad allan ohono fo. Mae 'nheimlad i yn waeth lawer na hynny. Mae'r gwenwyn yma yn beth mor oer.' Ond yn wahanol i Bess a Miss Citi daw achubiaeth i Ann, a hynny ar yr unfed awr ar ddeg. 'Yr oedd y tangnefedd hwn a ddaethai drosti yn anesboniadwy i Ann. Fe ddaethai fel cawod o law tyner, ac yr oedd ei effaith yr un mor adfywiol, er nad oedd am frysio.' Ac mae Richard yn hynod o falch na fydd Ann yn dilyn yr un llwybr â Bess. ''Dydach chi 'rioed wedi'ch creu Ann i roi ych bywyd i ddysgu plant, nac i'ch cau ych hun oddi wrth y byd. Dyma oedd arna i ofn iddo ddigwydd i chi – ych gweld yn cefnu ar bob mwyniant ac yn gwneud peth hollol anaddas i chi – aberthu ych hun ar allor gwasanaeth.'

Gorchwyl pwysig arall sydd gan Miss Citi yn y ddrama yw cyflwyno Goronwy Owen inni, '… Bardd mawr, Goronwy Owen o Fôn'. Rhydd hyn gyflc wrth fynd heibio i Kate ddychanu byd addysg.

> MISS CITI. Wel ia, 'Goronwy' fydden ni'n galw'r bardd pan oedden ni'n 'i wneud o yn yr ysgol ers talwm.
> GORONWY OWEN. Fy ngwneud i Miss Citi?
> MISS CITI. Maddeuwch i mi Goronwy. Eich astudio a feddyliwn. Dyna'r Cymraeg sâl sy'n cael 'i siarad yng Nghymru rŵan, dim byd tebyg i Gymraeg eich llythyrau chi.

Gwyddys fod Kate yn bregethwr cyson ar y testun hwn. Cwynodd yn *Y Faner* ym 1946: 'Bratiaith flêr a siaredir yn ardaloedd gwledig Sir Gaernarfon gan y mwyafrif.' Ac eto wrth Saunders Lewis mewn llythyr ym mis Hydref 1930: 'Fel y mae rwan, mae'r Gymraeg a sgrifennir fel dwr llugoer, budr a ddefnyddiwyd i olchi llestri seimlyd. Ach y fi!'

Pe rhoid o dan y chwyddwydr am funud, y geiriau 'yng Nghymru rŵan', ar yr olwg gyntaf cyfleu y mae'r geiriau mai newydd gyrraedd y Cynddrws y mae Miss Citi. Ond tybed a oes yma ryw arwyddocâd arall? Yn aml, ceir yn y math hwn o *genre* gymeriadau sydd yn ymwybodol, drwy amryfal ffyrdd, o'r hyn sy'n digwydd ar y ddaear er eu bod hwy wedi eu trosglwyddo i 'fyd' arall. Er enghraifft, mae Estelle yn nrama Jean Paul-Sartre, *Caeëdig Ddôr*, fel petai yn gweld pobl yn ei hangladd ei hun:

ESTELLE: Ydych chi wedi ...?
INÈS: Do. Yr wythnos ddiwethaf. A chithau?
ESTELLE: Fi? Ddoe. Dydi'r gwasanaeth ddim drosodd eto.
(*Mae'n siarad yn hollol naturiol, ond fel petai'n gweld yr hyn y mae'n ei ddisgrifio.*) Mae'r gwynt yn chwythu fêl fy chwaer. Mae'n trio'i gorau i grio. Tyrd, tyrd, un ymdrech fach eto! Dyna ni! Dau ddeigryn bach yn disgleirio dan y düwch. Mae Olga Jaret yn cynnal fy chwaer gerfydd ei braich. 'Dydi hi ddim yn crïo, rhag difetha'r mascara a rhaid i mi gyfaddef petawn i yn ei lle hi ... Hi oedd fy ffrind pennaf fi.

Nid yw Kate Roberts yn mynd â'r ddyfais hon i'w phen draw, ond dengys adnabyddiaeth o'r hyn sy'n arferol yn y math hwn o lenyddiaeth.

Mae Miss Citi hefyd, fel y gellid disgwyl efallai gan gyn-athrawes, yn llawn doethinebau, a phob un ohonyn nhw'n goleuo cornel fechan o weledigaeth ganolog Kate y dramodydd. 'Y rhai sy'n cymryd cyfrifoldeb poen sy'n cael poen.' 'Twllwch y sydd oddi mewn.' 'Rydan ni i gyd wedi pechu.'

Crwydryn syml yw Siôn Llwyd ar yr olwg gyntaf. Cyfarfyddir ag ef pan yw'n glanio yn y Cynddrws, yn llythrennol felly, wedi iddo 'neidio dros ben wal'. Nid yw'n ymwybodol o gwbl o'r hyn sydd wedi digwydd iddo:

SIÔN LLWYD. Ym mhle ar y ddaear ydw i?
GORONWY OWEN. Dwyt ti ddim ar y ddaear pwy bynnag wyt ti.
SIÔN LLWYD. Ddim ar y ddaear? Lle'r ydw i ynta?

Pan ddaw i wybod y gwir, y mae'n rhyfeddu. 'Nid peth fel yna ydy marw – roedd o rhy hawdd.' Cytuna'r cymeriadau eraill ag o gan gyfaddef nad oedd o 'cyn waethed ag oedden ni yn i ofni.' Hola 'Siôn Llwyd Ddigartra' ar lafar gwlad ynghylch pwrpas y fangre hon y mae'n ei ddarganfod ei hun ynddi. Miss Citi sy'n ei ateb gan ddatgan yn ddisigl mai yno y maent oll ac un am eu bod wedi bod yn 'anhapus ar y ddaear'. Mae brawddeg nesaf Siôn Llwyd yn crisialu holl fyrdwn y ddrama: 'Fûm i ddim yn anhapus.' Am na fu Siôn Llwyd yn anhapus nac yn anfodlon ar y ddaear ef yw'r unig un i gael ei ollwng o'r Cynddrws.

Yn sgil dyfodiad Siôn Llwyd caiff y cymeriadau eraill dipyn o newyddion am y byd a'i bobl, ac ambell hanesyn am ei gilydd hefyd. Y mae ganddo ddigon i'w ddweud am Wmffra, er enghraifft, gan ei fod yn ei adnabod yn dda yn y bywyd arall. Ffermwr cefnog oedd Wmffra ar y ddaear, yn wastad ag un llygad ar y geiniog. Y mae dan y lach gan rai o'r cymeriadau eraill am iddo elwa o'r rhyfel pan oedd cymaint o ddioddef. Câi fwy am ei gynnyrch yn ystod amser rhyfel a chawsai gadw ei ddau fab gartref i weithio'r fferm. Y mae'r ffaith olaf hon yn ddraenen boenus yn ystlys Leusa Huws. Bu'n rhaid i'w bechgyn hi fynd i ymladd a chawsant eu dau eu lladd. 'Doedd neb yn malio bod fy hogia bach i wedi eu lladd dros Berlin.' Methodd Leusa Huws â dygymod â'r boen a bu'n rhaid iddi dreulio cyfnod yn y seilam. Fe'i rhyddhawyd, ond ni lwyddodd wedyn i ymdopi â'r amgylchiadau creulon a ddaeth i'w rhan, a phenderfynodd gymryd ei bywyd ei hun. 'Y penderfynu oedd yn anodd. Gweld rhai rhesymau dros beidio, ond miloedd dros imi wneud. Ond wedi penderfynu 'doedd y gweddill yn ddim byd, 'doeddwn i ddim ond fel darn o bapur yn y gwynt wedyn.' Eto i gyd, yn groes efallai i'r disgwyl ac yn sicr yn groes i'r hyn sy'n nodweddiadol o'r *genre*, nid am gyflawni hunanladdiad y caiff Leusa Huws ei hun yn y Cynddrws, eithr yn syml am ei bod yn ymdrochi'n ormodol mewn emosiynau hunanol.

Uchelgeisiol o du Kate Roberts oedd cynnwys cymeriad hanesyddol yn ei drama. Tasg anodd yw plethu'r dychmygol a'r ffeithiol, ac er nad yw'r ymgais yn argyhoeddi'n llwyr, rhaid cofio bod traddodiad mewn llenyddiaeth o'r math hwn o osod beirdd ac arweinwyr dysg yn y Purdan. Digwyddodd hynny yng ngherdd fawr Dante, a digwydd mewn llenyddiaeth Gymraeg hefyd. Ymddangosodd stori fer gan Gwilym T. Hughes yn *Y Genhinen* ym 1952 yn dwyn y teitl 'Y Gwaredigion'. Stori yw hon am aelodau o gymdeithas y Gwyneddigion sy'n darganfod eu hunain mewn 'ystafell orffwys yn y Gwynfyd'. Mae Owain Myfyr, William Owen Pughe, Twm o'r Nant, Iolo Morganwg a hyd yn oed William Shakespeare yn ymddangos yn y byd arall hwn.

    Ffaith arall ddiddorol wrth geisio deall y cymhelliad i gyflwyno Goronwy Owen yn y modd hwn yw honno sy'n clymu Kate Roberts wrth ŵr o'r enw J. Seymour Rees. Wedi iddi symud i Aberdâr bu Kate yn rhyw fath o ganlyn y Parchedig J. Seymour Rees, brodor o Aberaeron a gweinidog gyda'r Annibynwyr yn Nghefncoedycymer, yn ymyl Merthyr Tudful ac yng nghysgod Bannau Brycheiniog. Gŵr ifanc a chanddo uchelgais i fod yn fardd a llenor oedd J. Seymour Rees ar y pryd, ac efallai fod ei ddiddordeb yn y stori fer ac mewn barddoniaeth wedi apelio at Kate. Amlwg fod y *genre* lle'r ailymddengys cymeriad hanesyddol wedi apelio at Rees gan iddo'i defnyddio mewn ymgais eisteddfodol gyda chryn lwyddiant. 'Ymddiddan dychmygol rhwng Owen Glyndwr a Chymro'r dyddiau hyn' yw *Ffansi'r Ffin*, a ddaeth yn fuddugol yn Eisteddfod Genedlaethol Caernarfon, 1921. Mae'r feirniadaeth ar waith Cadwgan (ffugenw Rees) gan D. Tecwyn Evans yn hynod ganmoliaethus. Mae'n 'gampus ymhob modd', 'yn naturiol, yn urddasol', a chloir â'r geiriau 'Nid yn unig haedda Cadwgan y wobr ond haedda hi â phob anrhydedd'. Sgwrs a geir rhwng cymeriad sy'n adrodd wrth y darllenydd yn y person cyntaf a 'henwr tal, byr ei gam, a llesg ei war', a hynny ar lan yr heli yn Aberystwyth, yng nghysgod y castell, y coleg a'r eglwys. Mae'r tri adeilad hyn yn ysgogi sgwrs am hanes pob un ohonynt mewn perthynas â Chymru, a'u pwysigrwydd i'r Cymry fel cenedl. Mae'n sgwrs ysbrydoledig a chenedlatholgar ac o ystyried dyddiad y gwaith, sef yn dilyn y Rhyfel Mawr, gellir tybio fod yma ymgais gan Rees i danio ymdeimlad o hunaniaeth. Ni chawn wybod pwy yw'r cymeriad cyntaf, ond down i ddeall erbyn diwedd yr ymddiddan mai'r cymeriad y bu'n sgwrsio ag ef yw neb llai nag 'Owen Glyndwr'. Ddeng mlynedd ar hugain yn ddiweddarach, ac yn ddiddorol iawn, yn *Y Genhinen* ym 1952 eto ceir stori fer, 'Dau Alltud', gan neb llai na'r awdur hwn. Stori ydyw a adroddir gan sylwebydd anhysbys wrth iddo fod yn dyst i sgwrs rhwng Goronwy Owen a Williams Pantycelyn.

Ni chefais ddim o bwys i'w gofnodi am gyfnod gan i'r ddau gyfnewid syniadau am ŵr a fu gynt yn anamlwg iawn yn y fro hon. Dirwynodd y siarad ymlaen at y gamdriniaeth a gafodd ef gan ei Eglwys. Yna, ategwyd hyn gan y byrraf o'r ddau yn y datganiad hwn: –
"Caled yw troeon yr yrfa yn fynych i bawb ohonom. Daeth llawer o siom ar fy llwybrau innau hefyd o bryd i'w gilydd".
Distawodd ef am ychydig amser fel pe'n galw rhywbeth i gof. Yna, cododd ar ei draed gan adrodd yn doddedig:–

"Cerais fy ngwlad, geinwlad gu –
Cerais, ond ofer caru.
Mawr fy nghwynfan amdani;
Mal Seion yw Môn i mi".

Gwelais y gŵr tal ar ei draed, ac yn estyn ei law allan wrth ofyn "Ai Goronwy Ddu o Fôn ydych?"
"Ie", oedd yr ateb tawel a gwylaidd a glywais.
Siglwyd dwylo'n galonnog nes i Oronwy ofyn: "Pwy, tybed, ydych chwi"?
Mynegwyd yn syml: "William Williams o Bantycelyn".
Datganwyd balchder o'r ddeutu yn hwylus, ac eisteddwyd eto ar y boncyff deri.

Cyd-ddigwyddiad, fod Goronwy'n gymeriad yn *Y Cynddrws*? Efallai. Wrth gwrs, dylanwad posibl arall yw hoffter Syr John Morris-Jones o waith Goronwy Owen. Mewn ysgrif ym 1964 ar drothwy canmlwyddiant ei eni, mae Kate yn galw i gof ddull ei hen athro:

Nid yw'n rhaid imi sôn am ei dôn arbennig ef ei hun wrth ddarllen barddoniaeth. Mae honno'n wybyddus i bawb a fu'n gwrando arno yn beirniadu yn yr Eisteddfod Genedlaethol, lle y gallai ddal torf o wyth mil ar gledr ei law heb help unrhyw feicroffon. Y llinellau o'r ystafell ddosbarth a glywaf fi byth yn fy nghlustiau ydyw:

> "Disgwyl a da y'm dysger
> Yn araf a wnaf fy Nêr."

Ac yn *Tegwch y Bore* rhydd Ann yr un atgof mewn llythyr at ei ffrind Dora.

Collasai Goronwy ei ferch fach, Elin, pan oedd yn offeiriad yn Walton, a chanu marwnad iddi. Yn y ddrama, mae Leusa Huws yn edliw iddo anghofio am ei Elin yn fuan wedi ei cholli. Nid yw Goronwy yn anghytuno â hi fel y cyfryw, eithr dweud yn unig y bu'n rhaid iddo geisio anghofio am fod ei golledion mor fawr. Cyfeirio y mae at golli yn ogystal ei wraig, hithau'n Elin, a'i fab Owen ar y fordaith i America. 'Beth fedrwn i wneud i anghofio ond ail-briodi?' Ond meddai Leusa Huws:

> Anghofio? I beth oedd arnoch chi eisiau anghofio? Wedi i chi gyrraedd rhyw oed, 'does yna ddim byd yn digwydd ond yn y co'. Fedrai gwraig arall ddim dileu ych gwraig gynta chi a'ch plant oddi ar ych co' chi. Tasa chi'n deud fod arnoch chi eisiau rhywun i'ch cysuro.

Mewn llythyr at Saunders Lewis ym 1930 eglura Kate beth oedd pechodau Goronwy yn ei golwg hi. Ei fai mwyaf oedd 'meddiannu hapusrwydd ei hun'. Ac mewn ysgrif yn *Y Faner* ym 1957 dywed eto:

> Drwy ei lythyrau darlun o ddyn annymunol a welaf i, mae'n ddihidio wrth sôn am ei wraig, nid yw'n dosturiol wrth neb ond wrtho ef ei hun. Mae'n genfigennus o feirdd eraill, yn sbeitlyd o'r beirdd bol clawdd ac o'r hwntwyr. Y ni, bobl Gwynedd, yw hi efo fo bob tro.

Yr hyn sy'n sicr yw nad ar hap y dewiswyd Goronwy Owen yn

un o gymeriadau *Y Cynddrws*. Daw'n gyfrwng, ymysg pethau eraill, i gyflwyno barddoniaeth yn y ddrama, ac i sbarduno trafodaeth ddiddorol ar y gynghanedd ac ar safon barddoniaeth y dydd:

> GORONWY OWEN. (*Yn mwmian wrtho fo 'i hun*) Disgwyl a da y'm dysger.
> SIÔN LLWYD. Yn lle cawsoch chi afael ar y llinell yna?
> GORONWY OWEN. Fel mae'n digwydd y fi piau hi.
> SIÔN LLWYD. Rydach chi wedi ei dwyn hi oddi arna i.
> GORONWY OWEN. Y fi wedi dwyn llinell o farddoniaeth!
> SIÔN LLWYD. Dydy o ddim yn amhosibl ein bod ni wedi ei dwyn hi oddi ar ein gilydd. (*Yn siarad yn fawreddog ramadegol*) Mae gan gynghanedd fel hanes yr arferiad anffortunus o'i hailadrodd ei hun.

Ceir yn ogystal drafodaeth ar fesur y wers rydd. 'Lobscows' yw'r math hwn o ganu yn ôl Siôn Llwyd, 'rhyddni plant heb adael eu clytiau a chyn dywylled â bol buwch'. Dadleua Miss Citi fod rhai beirdd yn cael eithaf hwyl ar farddoni ar y mesur hwn, a'u bod yn cynnwys y gynghanedd yn gelfydd. Ond cymryd y cyfan yn ysgafn a wna Siôn Llwyd a datgan yn gellweirus fod y gynghanedd yn 'fyw ac yn iach'. 'Mae nhw'n 'i dirwyn hi wrth y llath yn Ymryson y Beirdd.' Mewn llythyr at Saunders Lewis rhydd Kate ychydig o oleuni ar ei safbwynt ynglŷn â hyn oll. 'Nid dyfod â barddoniaeth i mewn i glustogi a chwyddo'r ddrama a wneuthum, ond gyda'r bwriad pendant iawn, sef dangos mai clec y gynghanedd sy'n bwysig gan lawer o'r beirdd ac nid y profiad.'

Gellid disgwyl y byddai gan Oronwy, fel gweinidog a bardd crefyddol, weledigaeth ynghylch eu sefyllfa hwy oll yn y purdan hwn. Eithr nid yw'n cyffwrdd y pwnc o gwbl. O safbwynt crefyddol, ei unig gyfraniad yw datgan ei anwybodaeth: 'Seiat? Beth ydy seiat?'

Er canmol triniaeth Kate o'r cymeriadau eraill, gwêl Saunders wendid yn y portread o Oronwy, ac mae Kate ei hunan yn cydsynio:

Nid oeddwn yn hollol sicr o gymeriad GO fy hun – anodd dweud am ddyn a fu farw mor bell yn ôl. Ond wrth ddarllen ei lythyrau caf yr argraff ei fod yn snob. Cred yr Athro G.J. Williams mai ffug ysgolheictod yw ei ddiddordeb mewn hen bethau. Un peth yr oedd arnaf eisiau ei osgoi oedd y rhygnu ar ei hiraeth.

Pe byddai'n rhaid plymio, a dewis prif gymeriad mewn drama fel hon lle nad oes ceffyl blaen amlwg, mae'n debyg mai Siôn Llwyd fyddai'r dewis amlycaf, yn syml, am mai ef sy'n rhoi i'r ddrama ei strwythur. Goronwy Owen sydd, serch hynny, yn cael y fraint o gloi, a hynny gyda'i fonolog snobyddlyd. 'Pobl bach ddwl' sydd gydag ef yn y Cynddrws, meddai, ac mae'n dyheu am gael sgwrsio a ffraeo gydag ysgolheigion fel Lewis a Rhisiart Morris. am fod 'pobl fawr i gyd yn ffraeo'. Ni ellir rhagweld y bydd Goronwy yn symud o'r Cynddrws yn y dyfodol agos, ac erys un cwestiwn tyngedfennol: 'Ond sut mae dysgu bodlonrwydd i fardd, un na fu'n fodlon erioed?' Ni all hyd yn oed Oronwy Ddu o Fôn wneud dim ond derbyn ei dynged a dysgu sut i ddioddef y cymeriadau sydd gydag ef yn y Cynddrws.

Dywed Wil yn y stori fer 'Penderfynu':

> Da y dywedodd rhyw ddyn o Ffrainc mai pobl erill ydy uffern.

A dyma dystiolaeth fod Kate Roberts yn gyfarwydd â drama enwog Jean-Paul Sartre, *Huis clos* (1945), a gyfieithwyd i'r Saesneg fel *In Camera* ac i'r Gymraeg fel *Caeëdig Ddôr*. Mewn llythyr at Saunders Lewis ym 1964 ceir hi'n trafod bywyd Sartre a'i berthynas â'r ffeminydd Simone de Beauvoir:

> Fe ddarllenais ddwy gyfrol gyntaf Madame [*sic*] de Beauvoir – mwynhau'r gyfrol gyntaf yn fawr iawn, a rhannau o'r ail. Mae'n debyg fod fy magwraeth Fethodistaidd (er nad yn rhy gul yn fy hanes i) wedi fy anghyflyru i i fedru mwynhau'r disgrifiadau yna o dai drwg a neuaddau masw. Mae byw tali efo Sartre yn beth digon glân.

Cydnabyddir Sartre (1905-1980) fel meddyliwr craff a gwreiddiol a dorrodd dir newydd mewn sawl cangen o lenyddiaeth ac athroniaeth. Yn ei lyfr *The Philosophy of Sartre* mae Mary Warnock yn disgrifio sut mae unigolion yn aml yn methu â dygymod â'r sylweddoliad mawr mai hwy, a neb na dim arall, sy'n gyfrifol am eu cyflwr eu hunain:

> If one suddenly realized that one was responsible not only for what one did, but for what one felt, and how in general one saw things, one might indeed wilt under so vast a burden of responsibility. One is, after all, greatly comforted by the thought that some features of one's life are inevitable. One did not choose them; one may wish they were otherwise; but there is nothing whatsoever to be done about it, nor does one have to reproach oneself in the least for their being as they are.

Dyma'r union eiriau yn *Caeëdig Ddôr*:

> GARCIN: ...Ydych chi'n cofio: y brwmstan, y llosgi
> Wrth y stanc, y radell. Doniol yntê! 'Does dim angen
> gradell. Pobl eraill, dyna ydi uffern.

Mae Garcin, Inès ac Estelle wedi cyrraedd uffern. Arweinir hwy yno gan gymeriad od a elwir Gwas, ac yno y byddant hyd dragwyddoldeb, yn poenydio'i gilydd fel rhyw fath o dâl am bechodau eu bywyd. Felly yn *Y Cynddrws*, mae'r cymeriadau'n ymwybodol eu bod wedi marw ac nad oes modd iddynt ddychwelyd i'r ddaear. Ânt oll ati i fwrw eu perfedd ynghylch eu pechodau yn y byd, er yr ymddengys troseddau'r cymeriadau yn *Huis clos* gymaint yn fwy difrifol – llofruddiaeth, balchder, godineb a chenfigen.

> INÈZ: ...Rydym ni yn uffern, 'mach i, 'does yna byth gamgymeriad yma, a 'does yna byth neb yn cael ei ddamnio'n ddiachos.

Nid yn uffern y mae cymeriadau Kate Roberts, ond mewn porth o fath.

SIÔN LLWYD. ... Ella mai yn uffern yr ydw i. Na, dydy o ddim yn edrych yn debyg i fanno chwaith ...

Un drws sy'n arwain i'r byd arall, sylwer, nid dau, fel y gellid disgwyl efallai. Nid ystyrir o gwbl, gan y cymeriadau nac ychwaith gan y gynulleidfa, y posibilrwydd o fynd o'r cynddrws hwn i uffern. Ac euog o fân bechodau, os medrir priodoli'r oll a olygir wrth y term 'pechodau' yn y cyswllt hwn, ydyw cymeriadau *Y Cynddrws*. O'i gosod ochr yn ochr â'r anobaith llwyr a ddarlunir yn *Caeëdig Ddôr*, gellid dadlau fod *Y Cynddrws* yn ddrama led obeithiol.

Tebygrwydd arall rhwng y dramâu yw'r modd y mae'r cymeriadau'n rhyngberthnasu. Weithiau maen nhw'n gyfeillion, yn annog ei gilydd i ymbwyllo ac i ysgafnhau eu beichiau drwy arllwys eu cydwybod. Dro arall maent yn ysgyrnygu ar ei gilydd ac yn gwneud popeth o fewn eu gallu i arteithio'r lleill. Ergyd fawr *Y Cynddrws*, nid yn gwbl annisgwyl efallai, yw mai Siôn Llwyd, y crwydryn syml digartref, yw'r cyntaf i gael ei ollwng drwy'r drws i'r byd arall. Y sawl a fu byw y bywyd mwyaf syml sy'n treulio'r amser byrraf yn y purdan. Fel arall, nid oes dim byd yn digwydd yn y ddrama, heblaw bod y cymeriadau yn trafod eu tynged ymysg ei gilydd, ac yn disgwyl. Dyma a barodd i Katie Gramich ei galw'n ddrama abswrd a thynnu cymhariaeth rhyngddi ac *Wrth Aros Godot*. Annhebygol fod Kate Roberts wedi clywed neu ddarllen drama Beckett erbyn iddi gyfansoddi *Y Cynddrws*, ond yn *Tywyll Heno* mae araith ddi-atalnod Bet o ben cadair yn peri meddwl am araith Lucky yn *Godot*. A chawn sôn eto am *Aros wrth Loco*.

Ffigur dylanwadol arall a grybwyllir yn *Y Cynddrws* gan gryfhau'r elfen Ffrengig-Ewropeaidd yw'r bardd Charles Baudelaire (1821-67). Tua diwedd y ddrama edrydd yr athrawes ddysgedig Miss Citi y geiriau hyn:

> Ond mae'n rhaid inni ddioddef dipyn rhagor. Dydan ni ddim wedi dioddef digon. Ond mi ddaw cyfiawnder. Does yna neb ond y chi

yn gwrando erbyn hyn Leusa, a mi ddeuda i chi beth ddwedodd
rhyw fardd o Ffrainc.

"Bydded bendith ar ddioddef O Dad.
Nid tegan gwag yw fy enaid yn dy law.
Mae dy ddoethineb yn annherfynol".

Daw'r dyfyniad o'r gerdd 'L'imprévu'. Byddai'r cyfieithiad Saesneg 'The Unforeseen' gan William Aggeler (1954) yn newydd i law pan oedd Kate Roberts yn ysgrifennu *Y Cynddrws* ; mae'r dyddiadau'n cyd-daro'n rhy berffaith i fod yn gyd-ddigwyddiad. Ni ellir ond tybio mai cyfieithiad Kate ei hun o'r pennill cynderfynol yw'r un a geir yn y ddrama. Ni ellir peidio â myfyrio uwch pa mor arwyddocaol yw dewis dyfynnu o waith Baudelaire yn anad yr un bardd arall. O ystyried mai Miss Citi yr hen athrawes sy'n adrodd y geiriau, fe'n harweinir ar gam i feddwl mai bardd clasurol, neu efallai hyd yn oed crefyddol, sydd berchen y geiriau. Ond nid felly. O adnabod y ffynhonnell, deuir i werthfawrogi gwir ergyd y dyfyniad. Bu *Les Fleurs du Mal* (1857) o waith Baudelaire yn gyfrol hynod o drawiadol a dadleuol yn ei dydd am nifer o resymau. Un o'r prif themâu a ymchwilir ynddi yw'r berthynas rywiol rhwng pobl a'i gilydd, yn enwedig felly perthynas lesbaidd a'r berthynas rhwng puteiniaid a dynion. Tybed nad yw Miss Citi yn gweld ei hun yn un o'r dioddefwyr a bortreëdir yng ngherddi Baudelaire? Yn ôl ei chyfaddefiad ei hun ni chafodd hithau berthynas foddhaol â dyn, ac mae'n ei chondemnio'i hunan am beidio â cheisio perthynas iach ag arall wedi iddi gael ei siomi unwaith. Mae Francesca Rhydderch yn daer nad oes digon o ymchwil wedi ei wneud i'r elfen rywiol yma yng ngwaith Kate Roberts. 'Ond y mae un ardal ar fap bywyd a gwaith Kate Roberts a ddylai fod wedi denu mwy o sylw gan y beirniaid sef rhywioldeb ; rhywioldeb yr awdures ei hun, a rhywioldeb ei chymeriadau ffuglen.'

Yn ffodus mae gennym lythyr Saunders Lewis lle mae'n cloriannu gwerth *Y Cynddrws*. Gwrandawodd arni, meddai, ar radio'r car ar ôl dianc o 'at home' gwraig prifathro Coleg Caerdydd.

> Wel, mi hoffais eich drama, eich syniad chi am burdan a'r rheswm dros fod y cyfryw burdan. Do, fe'i hoffais a'i chael hi'n ddrama a dwyster a myfyrdod a phrofiad ynddi, ie a'i harddull yn gain a'i chymeriadau (oddieithr efallai Oronwy Owen) yn fyw ac yn wir. Aeddfedrwydd, dyna, mi dybiais i, rinwedd y ddrama. A drama radio iawn, oblegid tri chwarter awr o wrando tawel a gafwyd, ac nid oeddwn yn dymuno nac o gwbl yn clywed colli *gweld*. Drama i glust gyfrin atgof a myfyrdod – a barddoniaeth. Fy niolch i chi amdani.

Yr oedd Kate Roberts yn falch iawn o dderbyn sêl bendith Saunders Lewis. 'Yr oedd yn dda iawn gennyf am eich geiriau cysurlon amdani. Gyda chryn dipyn o gryndod y mentrais roi honna o flaen y cyhoedd.' Paham yr ansicrwydd tybed? Ai oherwydd ei bod yn dra gwahanol i weddill corff ei llenyddiaeth? Ynteu efallai am ei bod ychydig yn heriol o safbwynt crefyddol? Beth bynnag ydoedd ei phryderon, nid oedd sail iddynt o gwbl.

Wedi cymharu peth â drama enwog Sartre, y mae'n werth crybwyll dau waith llenyddol arall sy'n portreadu'r un math o siwrne; un yn ddrama gyfieithiedig a'r llall yn nofel fer gan gydweithiwr agos i Kate Roberts.

Drama yw *Gadael Tir* wedi ei chyfieithu i'r Gymraeg gan R. Williams Parry o'r ddrama enwog iawn yn ei dydd, *Outward Bound* gan Sutton Vane. (Cyfieithwyd hi yr eildro dan yr un teitl, gan Janet Evans y tro hwn, a'i chyhoeddi ym 1950. Gwaith arall hollol yw *Gadael Tir* gan Bob Roberts, drama hir fuddugol Eisteddfod Genedlaethol Y Bala, 1967.)

Yn nrama Sutton Vane mae criw o saith o deithwyr sy'n cyfarfod mewn bar ar long. Y mae un cymeriad, Scrubby, yn tendio'r bar. Sylweddola gweddill y cymeriadau yn fuan na wyddant paham eu bod yno. Mae'r sefyllfa y maent ynddi yn un annifyr ; mae'n annioddefol o boeth, ac mae'r cymeriadau'n gallu bod yn fileinig tuag at ei gilydd. Erbyn diwedd yr act gyntaf y mae'r gwir yn gwawrio ar un ohonynt:

> TOM : (gan grynu mewn ofn) 'Rydan – ni – 'rwan deudwch y gwir – 'rydan – ni i gyd wedi marw.
> SCRUBBY: ... Yden, syr, 'ryden – ni i gyd wedi marw. Yn hollol farw. 'Dyden-nhw ddim yn darganfod hynny mor fuan fel rheol, ag y gwnaethoch *chi*.

Mordaith yw hon sy'n cario meirwon o un byd i'r byd arall. Dysgant y byddant yn cyfarfod â'r un a elwir 'Yr Arholydd' ar ddiwedd y daith, a deellir gan Scrubby y byddant yn cael eu profi ac mai canlyniad hynny fydd penderfynu ai i'r nefoedd yr ânt ynteu i uffern. Ar wahanol adegau yn y ddrama, ac yn drawiadol iawn, ceir sŵn cefndirol, er enghraifft: 'sŵn drwm yn gwan, gwan guro, – curiad anhyglyw, lledrithiol, ac anwastad', hefyd sŵn ci yn cyfarth, sŵn corn a sŵn gwydr yn torri. Ond y mae dau gymeriad, cwpl ifanc o'r enw Ann a Henry, yn cuddio cyfrinach – eu bod wedi cyflawni hunanladdiad dwbl oherwydd grym eu cariad a'u deisyfiad i fod gyda'i gilydd yn y nefoedd. Deellir hefyd mai cymryd ei fywyd ei hunan a wnaeth Scrubby a'i fod oblegid hynny wedi ei dynghedu i deithio ar y môr rhwng y byd daearol a'r byd nesaf hyd dragwyddoldeb ; un o 'bobl hanner ffordd' fydd ef hyd byth.

Y tro yng nghynffon y ddrama yw bod Henry ac Ann yn cael eu hachub yn y byd daearol ; eu bod yn dod yn fyw yn ôl. Mae hi'n ddrama ysgubol o'i bath a hawdd deall paham y mynnai raglen y perfformiad wrandawiad teg iddi gan gynulleidfa'r coleg. 'Taer erfynnir am ddistawrwydd perffaith drwy'r perfformiad, rhag peri dileu hud y ddrama brydferth a brawychus hon.'

Un a chanddo gysylltiad agos â Kate Roberts ac a weithiai i'w gŵr, Morris Williams, yng Ngwasg Gee ac yn ddiweddarach i Kate ei hun, ydoedd y llenor o Dal-y-sarn, Dyffryn Nantlle, Gwilym R.

Jones. Enillodd ef y Fedal Ryddiaith yn Eisteddfod Genedlaethol Hen Golwyn, 1941 am 'Nofel Fer' yn dwyn y teitl *Y Purdan*. Stad dros dro yw'r Purdan i'r Pabydd, ac un sy'n cael ei hamgyffred fel cyflwr yn hytrach nag fel lle diriaethol. Cyfle i buro'r enaid cyn iddo esgyn i'r nefoedd ydyw. Gall olygu goddef cosb dros dro, neu broses o gyffesu pechod er mwyn cael glanhad. Pwynt sy'n werth ei nodi yw i Babyddiaeth ddenu rhai Cymry diwylliedig, Protestannaidd i droi ati yn nau- a thridegau'r ugeinfed ganrif. Byddai Kate Roberts, o fynych ymwneud â Saunders Lewis, wedi bod yn ymwybodol o'r cynnwrf newydd hwn o amgylch yr hen ffydd.

'Purdan' mewn ystyr braidd yn wahanol sydd gan Gwilym R. Jones: meddyliau cymysglyd dyn rhwng byw a marw am yn ail â bywyd ei deulu a'i gymdogion. Egyr y stori yng nghanol storom eira. (Nodwedd gyffredin yn y *genre*, fel y gwelwyd eisoes, ydyw tywydd anarferol; un ai mae'n annioddefol o boeth, neu mae'n dymhestlog.) Mae Siôn Wiliam ar ei wely angau, ac fel petai yn brwydro yn erbyn rhywbeth anweledig, rywle rhwng y byd hwn a'r byd nesaf. 'Ymrafeilio' yw'r term a geir yn y nofel. Pererindod ysbrydol mewn ymchwil am atebion i hen gwestiynau ei galon yw'r daith y dargenfydd Siôn Wiliam ei hun arni. Y mae'n ei boenydio'i hunan ynghylch y penderfyniadau a wnaethai a'r profiadau a gawsai yn ei fywyd. Darganfyddwn ei fod wedi ceisio meddiannu Mali ei gymar yn gyfangwbl a'i bod hithau, mewn gweithred o wrthryfela, wedi troi at ddyn arall am gyfnod. Er iddynt aros gyda'i gilydd, ni faddeuodd Siôn Wiliam ei hanffyddlondeb, a surodd y berthynas ymhellach. Yn ei feddwl, gwêl fab penfelyn. 'Adnabu Siôn y bychan fel y bachgen y dyheasai ei enaid amdano – ffrwyth ei lwynau ef a Mali, unig gynnyrch addas i'w serch, y plentyn na allent ei gael.' Yn y purdan hwn fe ddaw rhyw dynerwch i'r golwg mewn cymeriad caled, gerwin, ac mae Gwilym R. Jones yn peri i'r ieithwedd newid yn gyfatebol.

'Roedd fy synhwyrau'n dweud celwydd wrthyf. 'Llwybr cwbwl groes i natur' oedd fy llwybr innau. Yr oedd y galon fach yn gwla tra fûm ymhell o'm gwlad. Ond brathais fy nhafod, a gohirio'r gwir. Yr wyf yn ymestyn tuag at rywbeth yn awr ...

Ar ddiwedd y nofel a thra ei fod yn ymrafael yn y byd arall hwn, disgyn Siôn dros ei ben i ddŵr ffynnon. Y mae fel petai'n cael ei ddenu at y ffynnon gan rywbeth nas enwir, a chyda'r cwymp hwnnw derfydd ei fywyd yn y byd daearol hefyd.

Meddai Stephen J. Williams, y beirniad a roes y wobr gyntaf i *Gwynedd* yng nghystadleuaeth y Nofel Fer yn Eisteddfod Hen Golwyn, 1941:

> Nid pwnc newydd mewn llenyddiaeth yw dirgelwch meddwl dyn yn awr angau ... ond ffrwyth meddylgarwch cyfriniol dwys yw gwaith *Gwynedd*. Newydd, hyd y gwn i, yw'r dehongliad seicolegol a awgrymir gan y nofel hon ar ymddygiad yr isymwybod ar fin marwolaeth, a'r modd y cymodir hynny â'r hen syniadau am burdan a dydd barn.

Gydag ambell gymhariaeth, ceisiwyd dangos fod *Y Cynddrws* yn ddrama ysgubol o'i bath sy'n cyflwyno inni agwedd newydd ar waith ac ar gymeriad Kate Roberts. Y mae'n ddrama ddeallus a dirdynnol sy'n drwm dan ddylanwad rhai o lenorion mwyaf Ewrop. Gellir gweld hefyd sut y bu'r ddrama hon yn sylfaen gadarn iddi fynd ati ymhen wyth mlynedd i gyfansoddi *Tywyll Heno*.

Modryb a Nith

Mewn ysgrif yn y *Daily Telegraph*, wrth drafod llun gan Van Gogh a ailddarganfuwyd drwy ddefnyddio pelydr-X, sylwodd Harry de Quetteville:

> A new technique promises to reveal hundreds of masterpieces hidden beneath later works ... It amounts to the biggest single

art find: a host of unseen works by masters old and new, from Rembrandt to Van Gogh and Picasso. But these works can't be seen on the walls of any gallery or museum. And they are hidden not in a safe or bank vault, but on canvases which the artists themselves painted over.

Anodd amgyffred y perlau a gollwyd o waith artistiaid wrth iddynt fynd ati'n fwriadol i beintio dros weithiau cynharach. Eu gobaith wrth wneud hynny, gellid tybio, ydoedd peidio â bodloni ar dda lle gellid gwell, a chyrchu tuag at greu campwaith a oedd yn eu hargyhoeddi eu hunain ac a fyddai wrth fodd cynulleidfa'r dydd. Gwir fod ganddynt yn ogystal resymau economaidd dros ailddefnyddio eu canfasau ; roedd offer arlunio yn ddrud.

Ond nid arlunwyr yw'r unig artistiaid sy'n ailgylchu. Gwedd wahanol ar yr un math o beth yw ailddefnyddio syniad am stori, ond newid y fframwaith sy'n ei ddal. Ar ei chyfaddefiad ei hun, y cymeriadau a'r posibiliadau o'u cwmpas sy'n ymddangos gyntaf i Kate Roberts wrth iddi fynd ati i greu. Meddai mewn cyfweliad:

> Wel, 'dwi ddim yn meddwl 'mod i wedi rhoi llawer o sylw i'r grefft erioed, heblaw bod fy ngreddf i'n deud 'mod i'n anghywir. Cymeriadau – *pobl* sy'n fy niddori i, a 'falle fod y grefft yn dod i mewn rywsut, yn dianc i mewn.

O ystyried llenyddiaeth Kate Roberts yn ei chyfanrwydd gellir yn wir weld mai'r cymeriadau, gydag ychydig eithriadau, sydd o dan y chwyddwydr ganddi. Mae'r dechneg o ganolbwyntio'n gyntaf ar y cymeriadau yn ei chynnig ei hun yn berffaith ar gyfer ffurf y stori fer, a geill fod mai dyma a barodd iddi lwyddo i'r fath raddau gyda'r ffurf honno. Ceir enghreifftiau ohoni yn ymhel â sawl ffurf ar gyfer stori benodol cyn penderfynu ar y ffurf derfynol.

Dyma'n union a ddigwyddodd gyda *Modryb a Nith*. Mae hon i'w chael ymhlith papurau Kate Roberts yn y Llyfrgell Genedlaethol fel darn o ryddiaith (dim dyddiad) ac fel drama deipysgrif mewn pedair rhan a ddarlledwyd ym 1959. Ond ymhellach na hynny, a'r hyn sy'n hynod ddifyr, yw bod perthynas modryb a nith yn bodoli'n ogystal ar ffurf dwy stori fer gyhoeddedig sef 'Hen Bobl yn Caru' a 'Torri Amod' yn y gyfrol *Yr Wylan Deg* (1976). Yr oedd, fe ymddengys, yn benderfynol o gael dweud stori'r ddwy ferch hyn, y bu iddi rannu blynyddoedd yn eu cwmni cyn iddynt ymddangos yn y gyfrol honno.

Gwyddys i'r fersiwn ddrama o *Modryb a Nith* gael ei darlledu ar Radio Cymru yn wythnosol ar nosweithiau Sul rhwng 10 a 31 Mai, 1959, a'i chyfarwyddo gan Wilbert Lloyd Roberts mewn pedair rhan: (1) 'Atgof a Gobaith', (2) 'Dechrau Amheuon', (3) 'Torri Amod', a (4) 'Sŵn Priodi'. Hon felly oedd y bedwaredd ddrama ganddi a ddarlledwyd ym mhumdegau'r ugeinfed ganrif, yn dilyn *Ffarwel i Addysg* (1950), *Y Cynddrws* (1954) a *Y Byw sy'n Cysgu* (1956). Nid oes ddyddiadau unigol wrth y straeon byrion 'Hen Bobl yn Caru' a 'Torri Amod'. Hyd yn oed os mai i'r 1970au y perthyn eu ffurfiau gorffenedig, roeddent yn bodoli ar ffurf wahanol ddau ddegawd yn gynharach.

Wedi arbrawf llwyddiannus *Y Cynddrws*, gwelir gyda *Modryb a Nith* ddychwelyd at themâu ac at *genre* sy'n fwy nodweddiadol o waith Kate Roberts, rhai mwy real a diriaethol, gymaint felly fel bod lle i feddwl bod y deunydd crai yn perthyn i gyfnod cynharach. Gyda chais arall gan y BBC am ddrama, a welodd hi gyfle i gyflwyno i gynulleidfa stori'r ddwy ferch hyn a fu'n mudlosgi gyhyd?

Cnewyllyn y stori ym mhob achos yw bod merch ifanc tua'r ugain oed yn penderfynu priodi cyn iddi orffen ei chwrs coleg. Mae'r ferch yn hanu o deulu sydd wedi gorfod aberthu rhywbeth i dalu am addysg uwch iddi, a thrwy briodi mae'n mynd yn groes i'w dyletswydd tuag at ei theulu. I deuluoedd yn hanner cyntaf yr ugeinfed ganrif hapchwarae oedd talu am addysg i'w merched gan na ellid bod yn sicr o enillion ar y buddsoddiad. I bob pwrpas gwelid priodi yn syth ar ôl gadael y coleg yn wastraff o arian y tad. I wrthgyferbynnu wedyn â'r ferch ifanc hapus a ffri ceir perthynas hŷn iddi, modryb ddibriod, sy'n ceisio dod i delerau â phrofedigaeth ddofn. Y mae'r ddwy ar drothwy penodau newydd yn eu bywydau ac effeithir ar lwybr y naill gan eiriau a gweithredoedd y llall.

Y prif gymeriadau yn *Modryb a Nith* yw Let Huws, merch ifanc sy'n penderfynu priodi cyn gadael y coleg, a Sera Huws, chwaer ddibriod ei thad. Dau gymeriad pwysig arall yw Sam Goch, a gyflwynir fel cymydog ar ddechrau'r ddrama, a Bren Jones, dyweddi Let. Cymeriadau ymylol i bob pwrpas yw Ned ac Alis Huws, rhieni Let, ac Emlyn, Olwen a Morfydd, plant Sam Goch.

Yn y ddrama mae Let yn mynd â'i neges i dŷ ei modryb Sera, yn llawn bwrlwm a chyffro am ei dyweddïad a'i gobeithion ar drothwy'r bennod newydd hon yn ei bywyd. Y mae Sera hithau ar drothwy pennod newydd, gyda newid wedi ei orfodi arni o ganlyniad i farwolaeth ei chwaer Elin, y bu'n gofalu amdani drwy waeledd mawr ers blynyddoedd. Y mae'r cyfosodiad yn drawiadol rhwng y ferch ifanc a'r dyfodol yn agor o'i blaen, a'r ferch ganol oed mewn gofid a galar yn cau drws ar yr hyn a fu'n fywyd iddi ers tro byd. Dyma ddwy sy'n profi dau eithaf bywyd, a dywed Sera wrth Sam ei chymydog, ''Doedd gen i ddim awydd rhannu ei llawenydd efo hi, ac o ran hynny 'doedd arni hithau ddim eisiau rhannu fy ngofid efo minnau.'

Er nad yw Let yn llwyr ddeall argyfwng Sera y mae eu sgwrs y prynhawn hwn yn gadael cryn argraff arni. Dechreua bendroni ynghylch ei sefyllfa ei hunan ; cofia sut yr arferai fod yn hapus cyn iddi fynd i'r coleg, a cheisia feddwl sut y bydd ei bywyd wedi iddi briodi. 'Ac am y tro cyntaf, yn nhŷ modryb Sera y prynhawn yma, fe ddaeth cwestiwn imi, beth wedyn? Beth wedyn?' Ymhellach, sylweddola mai'r gwir a ddywed ei modryb, fod 'lot o bobl ifanc mewn cariad efo modrwy dyweddïo ac efo priodas ei hun', ac nad oedd hi wedi rhoi digon o feddwl i'r hyn a olygai bod yn briod. Wrth dorri'r newydd i Bren nad yw'n barod i'w briodi, daw'n glir iddi ei bod wedi bod yn fyrbwyll a bod ganddi lawer i'w ddysgu am fywyd. 'Mae arna i eisio cael gwahanol brofiadau a thyfu ... lledu fy ngorwelion a chael profiad o wahanol fywyd.' Nid ar chwarae bach y derbyn Bren ei rhesymau, a gwêl fai ar y fodryb. 'Yr unig beth sy'n fy mhoeni i ydyw, mai effaith tŷ eich modryb arnoch chi a wnaeth i chi weld hynna. Mae o'n rhywbeth afiach i mi, fel dewiniaeth neu rywbeth felly.' Drama'r gwrthgyferbyniadau yw *Modryb a Nith*, a thra mae un berthynas yn nychu wele un arall yn blodeuo. Nid yw Sam, y cymydog cyfeillgar, wedi cuddio ei deimladau oddi wrth Sera. Y mae hi'n ymwybodol ei fod yn awyddus i'w phriodi, ond yn awr yn dilyn marwolaeth ei chwaer dyma hi'n rhydd i'w dderbyn. Dywed Let wrthi y dylai briodi Sam a chael bywyd diddorol a chynhyrfus gydag o, bywyd 'fel Maud Gonne' yr arwres Wyddelig. Erbyn diwedd y ddrama y mae Sera wedi dyweddïo i briodi, a Let yn tynghedu bywyd sengl iddi ei hun.

Y mae'r ddwy stori fer, 'Hen Bobl yn Caru' a 'Torri Amod' yn dweud yr un stori am ing cwpwl ifanc wrth iddynt dorri eu dyweddïad, ac am hapusrwydd cwpwl hŷn sy'n priodi yn hydref eu bywyd. Yn wir 'Torri Amod' yw'r teitl a roes Kate Roberts ar drydedd ran ei drama radio. Egyr y stori yn union fel y ddrama:

> Yr oedd Mair wedi dyfod adref o'r coleg ar ôl ei blwyddyn olaf a modrwy dyweddïad ar ei bys. Yr oedd ar ben ei digon ; ond yr oedd un peth bach yn ei phoeni ; yr oedd yn rhaid iddi fynd i dŷ ei Modryb Sera i gydymdeimlo â hi ar farw ei chwaer Elin, oedd yn byw gyda hi, ac a fuasai'n orweiddiog ers blynyddoedd. Teimlai'n drwsgl a chwithig wrth fynd i dŷ galar unrhyw amser, ac yn sicr heno byddai'n anodd iawn iddi sôn am ei dyweddïad mewn tŷ felly.

Mae'r stori'n dilyn union lwybr *Modryb a Nith*, gyda Mair yn penderfynu torri ei dyweddïad â Bryn yn dilyn ei hymweliad tyngedfennol â Sera. Mae Sera'r stori fer yn datgan wrth Mair ei bod hithau'n derbyn cynnig ffrind annwyl iddi, Wil y Saer, i'w briodi, a chyda hynny yn clymu'n ddestlus glo'r stori fer a chlo'r ddrama radio wrth ei gilydd. Yr hyn a gymer bedair rhan neu bedair act, hirwyntog ar brydiau, i'w ddweud yn y ddrama fe'i dywedir yn gynnil ac yn graff yn y stori fer.

Yn 'Hen Bobl yn Caru' ceir stori o fewn stori. Yma y mae Siân yn darllen stori i'r hen bobl a drigai yng Nghartref Plas Llyr, a dyma baragraff agoriadol y stori honno:

> Yr oedd Alis wedi dyfod i'r cynddrws i frwsio dillad ei chwaer ymadawedig. Yr oedd yn noson braf o haf a'r haul wrth hwylio at y machlud yn taflu ei olau i'r rhan hon o'r tŷ. Er bod tri mis er pan fuasai farw Elin ei chwaer, yr oedd y galar a'r hiraeth yn dal i grynhoi ym mhwll ei chalon. Yr oedd wedi gohirio gwneud y gwaith yma o gael gwared â'r dillad, a heno yr oedd yn cofio am ei chwaer yn gwisgo'r dillad yma yn ychwanegu at ei phoen. Yr oedd am fyned â hwy i siop ddillad ail law yn y dref. Rhedai ei dagrau yn ddiymwybod iddi. Ar hynny, pwy a ddaeth at y drws ond ei nith, Megan, a oedd newydd ddyfod adref o'r coleg, ar ei gwyliau haf. Er pan welsai hi ddiwethaf yr oedd wedi ei dyweddïo i ryw fachgen o'r coleg, ac yn meddwl priodi yn fuan.

Wele'r un stori yn mynd drwy'r felin eto gyda'r sylw ar y berthynas rhwng Modryb Alis a'i chyfaill Sam y tro hwn. Ond nid oes sôn yn y stori hon fod Megan yn bwriadu torri ei dyweddïad â Bryn.

Ni ellir anwybyddu ychwaith debygrwydd cymeriadau *Modryb a Nith* i'r rheini a geir yn *Ffarwel i Addysg*, yn enwedig felly rhwng y ferch a'r fodryb yn y ddau achos. Merched ieuainc tua'r ugain oed yw Let a Gwen, ill dwy yn perthyn i'r brîd prin hwnnw a gaed ar ddechrau'r ugeinfed ganrif sef merch sy'n derbyn addysg uwch. Erbyn i'r gynulleidfa gyfarfod â hwy y mae'r ddwy hefyd â'u bryd ar briodi – Gwen am iddi gael ei diarddel o'r coleg o ganlyniad i'w charwriaeth â Dafydd, a Let sydd wedi syrthio mewn cariad â Bren Jones, doed a ddelo. Erbyn golygfeydd clo'r ddwy ddrama, ac o bosibl o ganlyniad i'w hymddiddan â'u modrybedd, mae blaenoriaethau'r merched wedi eu gwyrdroi a'r ddwy'n penderfynu na fyddan nhw'n priodi wedi'r cwbl. Yn yr un modd, nid yn unig y mae Sera *Modryb a Nith* a Sara *Ffarwel i Addysg* yn rhannu'r un enw, y maent yn rhannu nifer o briodweddau eraill. Chwaer i dad y prif gymeriad yw'r naill a'r llall, y ddwy am resymau digon tebyg i'w gilydd yn ddibriod. Bu'r ddwy yn ofalwyr llawn amser; Sera yn gofalu am Elin ei chwaer a fu'n wael am gyfnod hir a Sara yn gofalu am blant ei brawd wedi iddo golli ei wraig. Mae'r ddwy wedi aberthu eu rhyddid i feithrin perthynas a allai ddiweddu mewn priodas er mwyn rhoi buddion eu teuluoedd yn gyntaf. Fe'u portreedir fel merched canol oed stoicaidd a welodd fwy na'u siâr o galedi bywyd. Mae Kate Roberts y dramodydd yn cydymdeimlo â hwy, yn eu portreadu fel merched cyson, cryf. Dyma ferched sy'n dal pen rheswm â'u nithoedd ieuainc, penchwiban gan ddangos iddynt fod mwy i fywyd na bod yn wraig i rywun, a bod modd profi bywyd cytbwys a llawn, gan gynnwys profi eithaf grym cariad emosiynol, heb ddyn. Eithr mae un gwahaniaeth mawr rhwng y ddwy fodryb: Sara yn *Ffarwel i Addysg* yn parhau'n ddibriod ac yn berffaith hapus felly, ond Sera *Modryb a Nith* yn derbyn cynnig Sam Goch i'w briodi.

Erbyn heddiw mae cymdeithas wedi ei gweddnewid i'r fath raddau fel ei bod bron yn amhosibl tynnu cymhariaeth rhwng bywyd y dyn cyffredin heddiw a bywyd ei gyfatebydd yn hanner cyntaf yr ugeinfed ganrif. Odid mai un o'r elfennau a welodd y newid mwyaf dros y blynyddoedd yw strwythur y teulu cnewyllol, a'r amser wedi darfod yr oedd chwaer (neu yn yr un modd, frawd) i un ai fam neu dad plentyn yn chwarae rôl werthfawr yn ei fywyd. Yn hytrach mae nifer helaeth o 'fodrybedd' mewn enw yn unig bellach yn ysgwyddo'r swyddogaethau a fyddai ynghynt wedi eu cyflawni gan y berthynas waed hon: gwarchodwraig, tiwtor preifat, partner y tad, llyschwaer hŷn o briodas cynt. Ond yng nghyfnod Kate Roberts, a chyn hynny hefyd, byddai i'r berthynas benodol hon statws uchel a hygrededd. Byddai modryb yn aml yn sefyll yn y bwlch a adawyd gan wraig ei brawd yn dilyn ei marwolaeth, a chyda hynny byddai'n ysgwyddo cyfrifoldebau cadw tŷ a magu plant rhywun arall gan aberthu ei bywyd ei hun. Meddai Rupert Christiansen yn *The Complete Book of Aunts* (2006):

> To be left motherless is a universal human tragedy, one that draws the aunt out of the shadows to take centre stage in a bereaved family not quite her own. The role she must dutifully play is not always gratifying. She may be considered an intruder or branded second best. She may be required to sacrifice elements of her own life, nurturing nieces and nephews without access to the biological taproot of parenthood. To those who have known the intimate romantic sweetness of maternal love, she can assuage but never altogether compensate.

Camu i'r bwlch yw'r union beth a wnaeth y fodryb yn *Ffarwel i Addysg*. Yn ôl honiad Rhisiart Pritchard, bu farw mam Gwen o ganlyniad i'r gwaith caled a wnaethai dros y blynyddoedd. 'Gweini laddodd dy fam. Pe tasa hi wedi cario llai o fwyd moch a chodi llai o feichiau trymion mi fasa'n fyw heddiw.' Gan fod yn rhaid i Rhisiart fynd i weithio er mwyn cynnal Gwen a'i brodyr bychain, daeth Sara, ei chwaer ddibriod, i fyw ato i'w gynorthwyo. i ofalu am y tŷ a magu ei blant. Cynnig cymorth ymarferol mewn dull ychydig yn wahanol a wna Sera yn *Modryb a Nith*. Nid yw Let wedi colli ei mam ; y mae Alis, er gwaethaf nodweddion marwaidd ei chymeriad, yn dal ar dir y byw. Fodd bynnag, datgelir inni yn ymson agoriadol Sera ei bod wedi rhoi benthyg hanner canpunt, cynilion oes gellid tybio, i Ned ac Alis i dalu am addysg uwch i Let. Gesyd yr aberth hon agendor rhwng Sera a Let, ond fe'u rhwymir wrth ei gilydd ar yr un pryd. A bu aberth Sera yn un ddeublyg, gan iddi ofalu am ei chwaer Elin a fu'n wael am flynyddoedd. Erbyn act gyntaf y ddrama mae Elin wedi marw a Let wedi cyhoeddi ei bwriad i briodi, gan adael Sera i wynebu'r her o ailgloriannu ei bywyd yn wyneb colli ei chwaer a cholli'r hanner canpunt. Mae'r berthynas rhwng modryb a nith felly'n gallu bod yn un chwerwfelys. Eto i gyd mae'n berthynas fwy deinamig na'r berthynas rhwng mam a merch. Nid oes gan Let fawr o feddwl o'i mam, Alis, y dywed amdani 'dynes wag, a'i siarad hi fel sŵn cacwn mewn potel.' Gall uniaethu'n well â'i modryb, gan rannu ei gofidiau â hi mewn ffordd na fyddai'n bosibl â'i mam. Modryb ddoeth ac addfwyn yw Sara *Ffarwel i Addysg* hefyd a modryb sy'n cynorthwyo Gwen i ddyfod at benderfyniad sydd wrth ei bodd. Difyr iawn yw'r mecanwaith hwn ac o'i ddadansoddi gellir deall efallai paham ei fod yn un sy'n gweithio mor dda i Kate Roberts ac i lenorion eraill enwog. Mae clasur Jane Austen, *Pride and Prejudice*, yn cynnig inni ddwy fodryb o galibr cwbl wahanol yn Lady Catherine de Bourgh (modryb Darcy) ac Aunt Gardiner (modryb Elizabeth). I bob pwrpas Aunt Gardiner yw'r oedolyn benywaidd sy'n cynnig yr arweiniad mwyaf cytbwys a chall i Elizabeth yn y nofel, gan gymryd yr awenau oddi ar ei mam fiolegol ddiffygiol. Modryb dra gwahanol yw Mrs. Reid yn *Jane Eyre* gan Charlotte Brontë sy'n trin Jane, ei nith drwy briodas, yn ddifrifol o wael gan honni ar un pwynt bod y ferch wedi marw er mwyn ceisio cael gafael ar ei hetifeddiaeth. Modryb o fath gwahanol eto yw'r ecsentrig Betsy Trotwood, yn *David Copperfield*, Charles Dickens. Yn wir mae llenyddiaeth ryngwladol, i blant yn enwedig, yn frith o gyfeiriadau at fodrybedd o bob math. Dyna Aunt Em, modryb a gwarchodwraig Dorothy yn *The Wizard of Oz*, Frank Baum ; Aunt May, modryb Peter Parker yn *Spider-man* ; ac Aunt Petunia, modryb gas Harry Potter yn llyfrau J.K.Rowling. Perthynas ychydig yn wahanol o'r un goleddfiad yw'r un a geir rhwng dau mewn chwedl ychydig yn nes at adref. Ym Mhedwaredd Gainc y Mabinogi ceir hanes y bachgen bach penfelyn a gaiff ei wrthod gan ei fam a'i 'fabwysiadu' i bob pwrpas gan ei ewythr, brawd y fam. Lleu yw hwn, y priodolir iddo alluoedd arbennig.

    Geiriau caredig sydd gan D.J. Williams am y ddrama *Modryb a Nith* a diolcha Kate Roberts iddo mewn llythyr ar 21 Awst 1959:

Annwyl D.J. a Siân, Mae arnaf lythyr i chi ers talwm iawn. Buoch yn garedig iawn wrth ysgrifennu ataf i ganmol *Modryb a Nith*, ac yr oeddwn mor falch o gael eich llythyr. Yr oedd Meic, *Y Cymro* wedi bod mor annheg, ond credaf mai'r un yw ef â Daniel *Y Faner*, ac os felly, ni ddylwn gymryd sylw ohono.

Ni ellir peidio â theimlo fod D.J. wedi canmol y ddrama er mwyn cysuro Kate. Yn wir bu colofn 'Gwylio a Gwrando efo Meic' yn ddeifiol o gas. Dyma'r adolygiad:

DIGALON, dienaid a difywyd ydoedd y bennod gyntaf o'r ddrama-gyfres newydd ar y radio, Modryb a Nith. Fe'm siomwyd bod awdur o safon Kate Roberts yn gorfod ymostwng i ddefnyddio dull mor elfennol o gyfleu stori ag a gawsom nos Sul; nid oedd un storiwr yn ddigon ganddi oherwydd troai dwy o'r cymeriadau, ar brydiau, hwythau yn storiwyr pan adroddent dalpiau hirion o'r hyn y mynnai'r awdur a redai trwy eu meddyliau.

Yn ol y blyrb yn y Radio Times, yr oedd y meddyliau hyn i fod i redeg ar draws ei gilydd "fel cwnhingod gwyllt," fel y bydd meddyliau pobl yn gyffredin; fel yr oedd, fodd bynnag, gorymdeithient fel trwp o eliffantod mewn syrcas.

Gallai awdur o alluoedd Kate Roberts fod wedi cyfleu meddyliau ei chymeriadau yn eu sgwrs, fel a ddigwyddodd am bum munud yn agos i ddiwedd y bennod, pan ymddangosodd Sam Goch i sgwrsio a Sera Huws.

Yn ystod sgwrs y ddau actor profiadol Nesta Harries a Charles Williams, yr oedd yn bosibl clywed eu meddyliau yn ogystal a'u geiriau a theimlwn fod ychydig o gig a gwaed yn y rhan hon. Nid oedd yr actorion eraill yn agos cystal, ac fel y dywedodd Sam Goch, "y mae gorfod gwrando ar bobl anniddorol yn greulondeb."

Os oes llawer rhagor o'r "traethu meddyliau" hyn yn y penodau nesaf, oni all y Cynhyrchydd ddyfeisio rhyw ffordd i wahaniaethu rhwng y monologiau a rhannau eraill y ddrama? Yr unig ffordd y gwyddwn i mai ymson ydoedd ambell ddarn oedd am fy mod yn digwydd cofio nad oedd neb o'r cymeriadau eraill yn bresennol.

Mae prif lafn y feirniadaeth hon yn cyfeirio at strwythur y ddrama, ac yn benodol at y defnydd helaeth a wneir ynddi o'r storïwr ac o'r ymson. Er bod yma destun sy'n ddiddorol ac yn ei gynnig ei hun yn burion ar gyfer drama, y mae *Modryb a Nith* ysywaeth yn cloffi yn y tir neb rhwng stori fer hir a drama. Y mae defnydd o'r dechneg llif yr ymwybod yn gweithio'n wych yn *Tywyll Heno* rai blynyddoedd yn ddiweddarach, a defnyddiwyd y dechneg mewn stori fer gynnar sef 'Meddyliau Siopwr', a gyhoeddwyd yn y gyfrol *Rhigolau Bywyd* ym 1929. Nid yw mor llwyddiannus yn ei drama. Yn yr un modd â *Ffarwel i Addysg* nid oes yma adeiladwaith na crescendo, ac yn wir y mae'r diweddglo'n rhy gyfleus. Collwyd sawl cyfle yn *Modryb a Nith* i gyflwyno'n effeithiol y gwrthdaro sydd yn y stori. Nid yw'r gwrthdaro rhwng Sera a Let wedi ei ymchwilio i'w ben draw eithaf, a gellid disgwyl mwy o dân gwyllt rhwng Let a Bren wrth iddi dorri eu dyweddïad. Gwir hefyd a ddywed Meic fod yr ymsonau yn llesteirio rhediad y ddrama, ac nid ymgela rhag taflu mwy o ddŵr oer wedi iddo wrando ar y rhan olaf ohoni:

> PRIN y llwyddodd y ddrama-gyfres nos Sul Modryb a Nith i godi dim uwchlaw lefel siomedig ei phennod gyntaf fis yn ôl. Yn y bennod olaf, penderfynodd Sera, o'r diwedd i dderbyn cynnig Sam i'w phriodi, ond nid datblygiad naturiol o gwrs rhediad y meddwl, y clywsom gymaint amdano, ydoedd hyn; yn hytrach ffrwyth ymyrraeth hollol annisgwyl (a chyfleus) tri phlentyn Sam, ar y munud olaf fel petae.
>
> Gadawodd yr argraff mai dyfais ydoedd eu hymddangosiad sydyn hwy gan yr awdur i ddirwyn ei stori i ben.
>
> Defnydd stori fer oedd yma, ac nid cynnwys addas i ddrama-gyfres: herciodd yn araf a chloff o bennod i bennod heb fawr o help gan y cynhyrchydd na'r actorion, ar wahan i Nesta Harries a Charles Williams.

Tybed ai geiriau Meic a ddarbwyllodd Kate Roberts i ailymweld â'r stori a'i chofleidio â mantell y stori fer? Yr oedd yn goflaid saff bid siŵr. Cyhoeddwyd y straeon byrion, ac fe'u derbyniwyd bryd hynny heb feirniadaeth.

Kate Roberts ac August Strindberg – *Yr Angladd*

Ymysg papurau Kate Roberts yn y Llyfrgell Genedlaethol y mae llawysgrif o ddrama ganddi sy'n dwyn y teitl *Yr Angladd*. Yng nghatalog y Llyfrgell disgrifir hi fel 'cyfieithiad o waith Strindberg'. Wele yma enghraifft o rywbeth rhyfeddol o brin i'r sawl a astudia lenyddiaeth Kate Roberts, sef cyfaddasiad ganddi hi o waith llenor arall. Yn y llyfr nodiadau hynod o ddifyr a gadwai hi o tua 1923 ymlaen ceir enw'r gyfrol *Great Stories of All Nations* (1927), gyda rhai o straeon enwocaf y byd (ar y pryd) wedi eu didoli yn ôl mamwlad yr awduron. O Sweden, ceir stori fer gan August Strindberg (1849-1912) dan y teitl Saesneg 'A Funeral'. Ac yn y gyfrol *Storïau Tramor* (1974), a olygwyd gan Harri Pritchard Jones a'i chyflwyno i Kate ei hun, ceir ei chyfieithiad hi, o fersiwn Saesneg o'r Swedeg gwreiddiol. At ei gilydd mae'r iaith yn y llawysgrif, sef y ddrama, yn llai ffurfiol nag yn y stori, gyda'r gramadeg, a'r defnydd o ferfau yn benodol, yn adlewyrchu'r iaith lafar. 'Byddarent ef â'u cwynion' yn y stori, 'dyna lle'r oeddan nhw yn i fyddaru fo efo'u cwynion' yn y ddrama.

Gesyd Kate Roberts y stori yn ei chyd-destun drwy gymorth Adroddwr:

> ADRODDWR: Eisteddai'r Cowper gyda'r barbwr yn y dafarn yn yr Engsung yn chwarae gêm ddiniwed o gardiau. Un o'r gloch y prynhawn oedd hi ar ddiwrnod gaeafol ym mis Tachwedd. Yr oedd y dafarn yn berffaith wag gan fod y rhan fwyaf o bobl wrth eu gwaith. Llosgai'r fflamau'n goch yn y lle tân clai a safai ar bedwar troed pren mewn cornel, ac edrychai fel arch. Yr oedd arogl hyfryd ar y cangau pîn ar lawr, yr oedd y parwydydd a'r panelau da yn cadw'r drafftiau allan ac yr oeddynt yn edrych yn gynnes. Yr oedd aderyn coch y berllan yn fyddar yn ei gawell ; yn awr ac yn y man

edrychai allan trwy'r ffenestri, ond yr oedd yn rhaid iddo roi ei ben ar un ochr i weld a oedd yn braf ai peidio. Ond yr oedd yn bwrw eira oddi allan ...

Cyfieithiad agos ydyw, gydag ambell gyfeiriad neu air wedi ei hepgor, o baragraff agoriadol stori Strindberg. Egyr y stori a'r ddrama mewn tŷ tafarn clyd ym mis Tachwedd a chaiff fflamau'r tân a chynhesrwydd y paneli coed o amgylch yr ystafell eu cyferbynnu â'r tywydd oer a gerwinder yr eira y tu allan. Yno'r diwrnod hwnnw y mae pedwar o ddynion: y tafarnwr, y cowper, y barbwr a gŵr ifanc sy'n ddieithr i'r tri arall. Drwy ffenestri'r dafarn gall y criw cynnull weld gorymdaith angladdol yn dyfod i lawr y ffordd tuag at y fynwent. Er hyn y mae'r awyrgylch ar ddechrau'r ddrama'n eithaf hwyliog gyda'r cymeriadau yn wfftio at y fath sioe ynghylch y meirw. Fodd bynnag pan wawria ar y tafarnwr ei fod yn gwylio angladd Hans Schönschreiber, clerc a fynychai'r dafarn o dro i dro, y mae'r awyrgylch yn newid. Edrydd y tafarnwr wrth y tri arall hanes trist blynyddoedd olaf Hans ar y ddaear.

Yr oedd Hans yn byw gyda'i fam a'i ddwy chwaer ac yn eu cynnal drwy weithio'n eithriadol o galed fel clerc.

Y TAFARNWR: ... A'r nefoedd annwyl! Mi fu'n rhaid i'r llanc druan sgwennu. Mi wyddwn i'n iawn sut yr oedd petha. Yr oedd y tair merch yn byw yn yr un rŵm a fynta mewn twll llygoden fawr. 'Roedd yn rhaid iddo fo roi'r cwbl fedrai o grafangio iddyn nhw; a phan ddôi o o'i waith i ginio, dyna lle'r oeddan nhw yn i fyddaru fo efo'u cwynion. 'Doedd yna ddim menyn ar y bara, dim siwgr ar y teisennau; 'roedd ar y ferch hyna eisio ffrog newydd, a'r fenga eisio cêp newydd. Wedyn 'roedd yn rhaid iddo sgwennu drwy'r nos, ac O 'roedd o wrthi hi bob munud.

Nid oedd plesio ar y merched; yr oeddent yn anniolchgar ac yn dannod iddo nad enillai ddigon o arian i gael digon o ddanteithion ac i brynu dillad o wneuthuriad da iddynt hwy. Gweithiai Hans mor galed oni ddechreuodd ei iechyd nychu. Hyd yn oed wedyn nid oedd dim pall ar hunanoldeb y merched. Un diwrnod, fodd bynnag, gofynnodd bachgen ifanc am law'r chwaer ieuengaf mewn priodas. Byddai cynnal dwy yn hytrach na thair wedi lliniaru rhyw gymaint ar faich Hans, ond gwrthodwyd y bachgen gan y fam am ei fod o ddosbarth cymdeithasol is na hwy. Er bod gan y bachgen ddigon o fodd i gadw'r chwaer, mwy yn wir nag oedd gan Hans, yr oedd yr aberth gymdeithasol yn fwy nag a allai'r fam ddygymod â hi. Yna, un diwrnod digwyddodd rhywbeth a fyddai'n gyrru Hans dros y dibyn yn gyfan gwbl:

> Mi syrthiodd o mewn cariad i hun. Doedd ei fam o a'i chwiorydd o ddim wedi bargeinio am hynny, ond dyna ddeddf natur.

Yn fuan yr oedd Hans yn awyddus i briodi, ond nid oedd ei fam yn barod i'w ryddhau o'i ddyletswydd iddi hi. Gwnaeth y fam bethau'n anodd rhwng ei mab a'i ddyweddi ac nid oedd croeso iddi yng nghartref Hans. Profa'r rhwyg o orfod dewis rhwng ei fam a'i gariad yn ormod i Hans, ac un noson daw'r cyfan i uchafbwynt dramatig:

> Y TAFARNWR: ...Ond 'roedd o'n mynd ymlaen o hyd i weithio i'w fam a'i chwiorydd, a mi'r ydw i'n gwybod i fod o gyda'r nos yn eista ac yn sgwennu wrth ochr i gariad, a hithau'n gwnïo, dim ond er mwyn cael bod yn i hymyl ac arbed amser. Ond yr oedd y fam a'r chwiorydd yn meddwl drwg am y ddau ac yn dangos hynny hefyd.
>
> Y COWPER: Oeddan reit siwr. (yn sbeitlyd)
>
> Y BARBWR: Y cnafon drwg. (Yn y fan yma mae rhai ohonynt yn gofyn am goffi.)
>
> Y TAFARNWR: Rhyw ddydd Sul: amser cinio y buo hyn; y llanc ifanc ddeudodd hynny wrtha i i hun, pan ddoth o yma i gael rhywbeth at i frest, achos erbyn hyn 'roedd o'n pesychu'n druenus. 'Roedd o wedi mynd allan efo'i gariad i Brunkeberg a phan oeddan nhw'n dwad adre dros Bont y Gogledd, pwy ddaru nhw gyfarfod ond i fam a'i chwiorydd. 'Roedd ar i gariad o eisio troi'n ôl, ond

dyma fo yn gafael yn dynn yn i braich hi a'i thynnu hi ymlaen. Ond 'roedd y fam yn para i sefyll wrth ganllaw'r bont ac yn sbio i'r dŵr ; dyma'r chwaer hyna yn poeri o'i blaen a gwneud yr un peth. Ond am y chwaer fenga, dyna i chi gyflafan. Mi safodd yn llonydd a sbio ar gêp wlanen y ferch ifanc a chwerthin, achos roedd gynni hi gêp o frethyn Lloegr, ac o achos hynny yn union, 'roedd yn rhaid i gariad i brawd wisgo gwlân. Meddyliwch am yr hoeden lartsh.

Y mae'r straen yn ormod i Hans a'r awgrym cryf yw bod y merched yn ei fywyd wedi ei ddefnyddio i'w dibenion eu hunain ac wedi ei ladd. Nid yw Kate Roberts yn cynnwys disgrifiad o'r chwaer ieuengaf fel merch brydferth, gan arddangos o bosibl ei hatgasedd tuag ati. Erbyn iddo dynnu tua therfyn ei stori mae'r tafarnwr yn wylo'n gwbl agored ac mae'r barbwr yntau yn cuddio llygaid cochion. Try'r dynion yn eu holau i wylio'r arch dlodaidd yn cael ei gollwng i'r ddaear a gwelant ferch ifanc yn penlinio wrth y bedd ac yn gollwng blodau gwynion ar yr arch – y ddyweddi yn dweud ei ffarwel olaf. Wrth sefyll y mae'r ferch yn dod wyneb yn wyneb â mam Hans. Y maent yn dal ei gilydd mewn rhai eiliadau o gasineb, y naill yn beio'r llall am dristwch ei sefyllfa. Ond yn sydyn y maent yn cofleidio ac yn dal ei gilydd mewn moment o edifeirwch a galar. Ar hynny dywed y tafarnwr ei fod yn sicr y byddai'r chwaer ieuengaf yn cael derbyn cais y bachgen ifanc hwnnw i'w phriodi yn awr petai ef yn gofyn eilwaith. A chyn gynted ag y dywed y geiriau mae'r gŵr ifanc a fu'n gwrando'r stori yn y dafarn yn codi ac yn datgan mai ef ydoedd y bachgen a gadd ei wrthod, a'i fod yn dal i garu'r chwaer er gwaethaf ei thriniaeth ofnadwy o'i brawd a'i ddyweddi. Daw'r stori i'w therfyn ar nodyn o obaith y bydd priodas wedi'r cwbl, ond gyda'r rhybudd na fydd i'r gŵr ifanc fywyd hawdd gyda'r chwaer honno :

Mi gynigith i hun iddi eto, petai hi yn fwy hunanol, petai hi'n dlotach ac yn fwy truenus nag y mae hi, oblegid peth felly ydy cariad.

Yn ei hanfod ac ar wahân i ambell hepgoriad, mae'r ddeialog a luniodd Kate Roberts o'r stori fer wreiddiol bron â bod yn gyfieithiad union. Mae'r stori'n addas ac yn ei chynnig ei hun yn ddelfrydol ar gyfer ei haddasu'n ddrama. Mae iaith lafar goeth Kate Roberts hefyd yn addas ar gyfer y golygfeydd. Dyma'r geiriau olaf:

> Y BARBWR: Wel y gŵr drwg a'm cipio. Y fo oedd hwnna.
> Y COWPER: Dydy pethau ddim yn diweddu mor hapus bob amser.
> Y BARBWR: Beth am y clarc?
> Y COWPER: Na. Ddaru pethau ddim diweddu'n dda iddo fo. Ond mi wnaeth i'r lleill. Yr oedd ganddyn nhw, fel petai, fwy o hawl i fyw na fo, o achos y nhw oedd yn fyw gynta. 'Y cynta i'r felin gaiff falu.'
> Y BARBWR: Yr oedd y dyn ifanc yn ddwl, dyna oedd yr helynt i gyd.
> Y TAFARNWR: Ia, ia. Yr oedd o'n ddwl mae'n wir, ond yr oedd hynny'n beth da ynddo fo beth bynnag.
> Y COWPER: Oedd, mi'r oedd o.
> Y BARBWR: Oedd, mi'r oedd o'n beth da.

Wrth feddwl am gymhelliad Kate Roberts i ddewis Strindberg i'w gyfieithu i'r Gymraeg fe gyfyd sawl sgwarnog ddifyr. Cofiwn fel yr oedd hi yn y 1930au wedi herio hoffter academyddion Bangor o gyfieithu dramâu Ibsen ac eraill. Ddeng mlynedd ar hugain yn ddiweddarach, wele hi'n ymroi i gyfaddasu stori gan ŵr nad oedd ganddi, ar yr olwg gyntaf beth bynnag, ddim yn gyffredin ag ef, llenor a ystyrir yn emosiynol ac yn ffrwydrol. Yr oedd Strindberg ar ochr ei dad yn uchelwr o dras, ond ei fam yn forwyn weini. Bu'r paradocs hwn o berthyn i ddau ddosbarth gwahanol o bobl yn artaith barhaus iddo. Mae dwy o'i ddramâu enwocaf, *Y Tad* a *Miss Julie*, yn darlunio'r tensiwn a'r rhwyg y teimlai ef ei fod yn bodoli rhwng gwahanol ddosbarthiadau. Hefyd cafodd ei deimladau tuag at ei fam, y tensiwn rhyngddo a hi, neu'r hiraeth a oedd ganddo am ei greadigaeth ddelweddol o'r 'ferch famol', ddylanwad mawr ar ei agwedd tuag at ferched yn gyffredinol. Priododd dair gwaith ac roedd pob un o'r priodasau yn rhai tymhestlog a chenfigennus. Gwelai ferched mewn goleuni anffafriol, yn is eu statws na dynion, a lleisiai farn gref am rôl y ferch o fewn cymdeithas mewn erthyglau a straeon. Perthynas dra gwahanol oedd gan Kate Roberts â'i mam, a'i pharch mawr tuag ati i'w weld yn glir yn ei hunangofiant. Mae ei straeon yn llawn o ferched stoicaidd, cryf sy'n wynebu eithaf heriau bywyd yn ddewr, gyda Jane Gruffudd, *Traed Mewn Cyffion*, yn enghraifft berffaith. Mae hyd yn oed ei phlant benywaidd, Winni Ffinni Hadog a Begw yn *Te yn y Grug*, yn ymwroli'n llwyddiannus yn erbyn llaw galed bywyd. Yn *Ffarwel i Addysg* ac yn *Modryb a Nith*, dewis bywyd annibynnol i'r merched a wna Kate Roberts yn hytrach na bywyd priodasol, am y tro beth bynnag. Yn wrthgyferbyniol, difflach a llwydaidd at ei gilydd yw'r dynion yn ei gweithiau a phriodolir i rai ohonynt feiau na ellir eu maddau yn hawdd iawn. Dyna Dafydd, *Ffarwel i Addysg* ac Iolo, *Y Byw Sy'n Cysgu* yn euog o anffyddlondeb, Twm Ffinni Hadog, *Te yn y Grug* a Wil Owen 'Pryfocio', y naill yn euog o drais corfforol a'r llall o drais seicolegol. Ar y cyfan ymwroli a dysgu sut i ymdopi a wna merched Kate. Derbyn ei thynged a wna Bet Jones yn *Tywyll Heno*, a derbyn hefyd a wna Catrin Owen yn y stori annifyr 'Pryfocio'. Er gwaethaf ei bygythiad o hunanladdiad, troi ar ei sawdl a mynd adref a wna Catrin er bod 'y diawl ei hun yn ei hwyneb ar ei ffordd adref.'

Stori am gariad enbyd yw 'Yr Angladd' yn anad dim arall. Mewn nodyn ar y llawysgrif o'i chyfaddasiad ysgrifennodd Kate Roberts: 'Stori yn perthyn i'r byd – elfennau sy'n perthyn i gymeriad dynoliaeth yn hunanoldeb, balchder, hunanaberth a maddeuant.' Hawdd deall pam yr apeliodd. Mae'r themâu yn rhai cyfarwydd iddi ac yn rhai y bu iddi hi ei hun eu trin a'u trafod: marwolaeth, aberth, tlodi a balchder. Byddai clawr *Tywyll Heno*, sy'n atgoffa rhywun o ddarlun enwog Edvard Munch, *Y Sgrech*, yn addas iawn ar gyfer stori Strindberg. (Yn wir, fel y mae'n digwydd, yr oedd Strindberg a Munch yn gydoeswyr ac yn gyfeillion, a phaentiodd Munch sawl portread o'r dramodydd.) Ni fyddai Kate Roberts yn anymwybodol o'r dicter yn y portread a geir o'r fam yn y stori. Mae gan fam Hans lawer yn gyffredin â Sioned Gruffydd, mam-yng-nghyfraith Jane yn *Traed Mewn Cyffion*, a fu'n dibynnu'n drwm ar ei phlant, Ifan yn gyntaf ac yna Geini, heb air o ddiolch wrth yr un o'r ddau. Ni faddeuodd Sioned i Jane nac i Ifan am iddynt briodi a chafodd ddial arnynt drwy swcro eu merch drwblus, Sioned arall, a rhoi eu perthynas â hi dan bwysau mawr. Efallai i Kate Roberts weld yn stori Hans dynged a allasai fod yn wir am Ifan Gruffydd pe na bai wedi priodi Jane. Mae'r cyfan o'r merched yn *Yr Angladd* yn rhai milain ac anserchus, hyd yn oed y ddyweddi sy'n cweryla â Hans am arddel ei fam a'i chwiorydd o dan y fath amgylchiadau. I'r gwrthwyneb portreedir y dynion i gyd yn rhai cydymdeimladol, sy'n deall ac yn rhannu gofidiau a gwewyr Hans. Ar ddiwedd y stori mae'r dynion oll wedi eu hysgwyd gan y fath annhegwch ac mae'r tafarnwr yn golchi'r llechen a gadwai iddo y tu ôl i'r bar yn lân, a dagrau yn rhedeg i lawr ei ruddiau.

  Hawdd gweld pam y teimlodd Kate Roberts y byddai'r stori hon yn gwneud drama fer dda. Ni fyddai angen set fawr a chymhleth, ac ni raid gweld yr orymdaith angladdol. Nid ydym yn cyfarfod â Hans o gwbl, eithr yn unig wrando ar stori drist ei fywyd a'i farwolaeth wrth i'r tafarnwr ei hadrodd. Un peth sy'n rhyfedd yw i Kate Roberts benderfynu defnyddio Adroddwr fel cymeriad ychwanegol i osod y sefyllfa, techneg a ddefnyddir ganddi yn *Modryb a Nith* hefyd. Techneg sy'n torri ar rediad y ddrama yw hon. Nid yw'r ddrama Gymraeg yn argyhoeddi gystal â'r stori fer wreiddiol. Yn wir, mae'r cyfieithiad yn y gyfrol *Storïau Tramor* yn taro'r tant yn llawer mwy llwyddiannus. Yr hyn sydd yn wir fodd bynnag yw ein bod drwy astudio dramâu Kate Roberts, y rhai sy'n argyhoeddi a'r rhai nad ydynt efallai mor llwyddiannus, yn dod i adnabod dimensiwn newydd ar y llenor. Efallai hefyd fod astudio ei dramâu yn codi mwy o gwestiynau am Kate Roberts nag sy'n bosibl eu hateb.

'Drama Wil Ifans', *Y Gwas* ac *Aros wrth Loco*

Mewn llawysgrifau yn y Llyfrgell Genedlaethol eto, erys tair drama fer. Nid oes teitl ar y gyntaf, ond ei phrif gymeriad yw Wil Ifans. Mae ef yn chwarelwr gweddw a chanddo ferch, Annie, sydd yn ei harddegau hwyr. Ar noson y ddrama mae Wil yn dychwelyd adref o dŷ tafarn y Llan i gwmnïaeth ei ffrind Siôn, sy'n gymydog iddo ac yn treulio llawer o'i amser yn nhŷ Wil. Mae Wil yn adrodd wrth ei ffrind am sioc y mae newydd ei chael, sef gweld ei ferch yn yfed yn y dafarn gydag Edi Tŷ Pen. Deallwn fod Edi wedi ei droi o'r coleg, ac er na chawn wybod pam, cawn argraff nad yw Wil yn ystyried Edi'n gymar addas i'w ferch. Tra mae Wil yn trafod yr hyn a welodd gyda'i ffrind, ceir cnoc ar ddrws y ffrynt. Dynes o'r enw Sera sydd yno, ac mae'n cynnig gwasanaeth cadw tŷ i Wil gan ei bod ar ddeall fod Annie'n mynd i briodi. Daw Annie adref i ddatgan ei bwriad i briodi Edi.

I raddau helaeth mae'r ddrama hon yn ymchwilio'r un themâu ag yn *Ffarwel i Addysg*. Ceir yn y ddwy ddrama gymeriadau gwan ond dylanwadol sy'n hel i dai tafarnau ac yn cael eu hel o'r coleg, cymeriadau sy'n meddwl y gallan nhw fyw ar gariad yn unig ac y gwnaiff popeth arall syrthio i'w le. Ceir yn ogystal yr un gwrthdrawiad rhwng tadau'r ddwy ddrama a'u merched, dwy genhedlaeth yn methu â deall ei gilydd er y parch amlwg sydd ganddynt at ei gilydd. Un gwahaniaeth mawr fodd bynnag yw bod y ferch yn *Ffarwel i Addysg* yn cael ei dadrithio ac yn gwneud penderfyniadau dewr ynghylch ei dyfodol annibynnol ei hun gan ennyn edmygedd y gynulleidfa. Ni cheir yr un dadrithiad gan Annie yn y ddrama arall.

Er mai yn Chwefror 1961 y darlledwyd *Y Gwas* ar y radio ceir blas hynafol iawn iddi. Eir i'r afael yn y ddrama hon â themâu o anghyfiawnder cymdeithasol ar sawl lefel. Y prif gymeriadau yw Gwen a Huw, a chyflwynir hwy i'r gynulleidfa fel dau sydd â magwraeth a phrofiadau sydd am y pegwn â'i gilydd. Mae Gwen yn ferch i deulu fferm yr Hendre Fawr, ac er iddi golli ei mam yn ifanc mae wedi ei magu â phob braint. Ganwyd Huw yn y wyrcws ac ni ŵyr neb pwy oedd ei fam. Down i ddeall bod y ddau yn gariadon, ac er bod hynny'n destun pryder i Mr. Owen, tad Gwen, mae'n fodlon cymodi â nhw a chodi tŷ bychan iddynt ar un o gaeau'r fferm er mwyn iddyn nhw fod yn agos ato ac iddo gael gweld parhad ei deulu ar y tir. Syniadau gwahanol fodd bynnag sydd gan Huw a Gwen, sy'n briod erbyn act olaf y ddrama. Y mae Huw, a fu'n anllythrennog hyd nes i Gwen ei ddysgu i ddarllen, yn gwrthod derbyn ei dynged ac yn siarad am ryddid a hawl pobl gyffredin i geisio gwella eu cyfleoedd. Mae'n gwrthryfela'n benodol yn erbyn y cyffion a roir ar weithwyr gan dirfeddianwyr.

Cymer Huw benderfyniad i losgi ysgubordai tirfeddiannwr er mwyn gwneud merthyr ohono'i hun. Iddo ef mae'r weithred yn arddangos deffroad y gweithiwr cyffredin ac nid yw'n ofni cael ei ddal. Ar noson neithior ei briodas aiff i weld gŵr yn cael ei grogi, a chaiff ei arestio gan gwnstabl am losgi'r ysgubordai.

Sgets fechan hwyliog yw *Aros wrth Loco*, am daith ryfedd iawn ar y trên. Mae'r teitl yn dwyn i gof gyfieithiad Saunders Lewis o *En Attendant Godot*, Samuel Beckett, ond gan nad ymddangosodd y cyfieithiad tan 1970 – gyda'r teitl yn gywirach – gallwn gymryd fod sgets Kate Roberts wedi ei llunio cyn hynny. Er ei bod wedi cyhoeddi sgetsus byr cyn hynny mewn cylchgronau, digon o waith bod bwriad ganddi i gyhoeddi hon. Mae blas milltir sgwâr arni. Digon posib y lluniwyd hi i ddiddanu rhyw gymdeithas neu'i gilydd yn nhref Dinbych.

Taith anarferol a digon sinistr sy'n dod i ran tair o ferched yn y ddrama hon – dwy ganol oed ac un hŷn. Buont yn aros yng ngorsaf trên Dinbych, a phan gyrhaedda'r trên maent yn dringo iddo ac yn gwneud eu hunain yn gyffordduss, gan 'golstro a hel straeon' am eu cydnabod i basio'r amser. Yn ddifyr iawn mae'r merched yn cyfeirio yn eu sgyrsiau at Gwilym R. Jones a Mathonwy Hughes, dau gydweithiwr i Kate gyda Gwasg Gee a'r *Faner*, ac mae cyfeiriad hefyd yn y ddialog at un Kate Roberts. Fodd bynnag, buan y sylweddola'r merched nad yw'r trên yn mynd i unlle, ac mewn dychryn edrychant ar eu tocynnau. Mae un tocyn yn nodi'r cyrchfan fel 'Devil's Bridge', yr ail yn nodi 'Devil's Kitchen', a'r trydydd yn nodi 'Hell's Mouth'. Pan saif y trên, ebycha Mrs. Evans: 'Mi rydan ni wedi dŵad yn ôl i'r un fan heb fod yn unlla.' Disgynna'r merched oddi ar y trên wedi'u dychryn yn ofnadwy, ond mae'r gynulleidfa'n rhyw deimlo fod y tair wedi cael eu haeddiant am eu hymddygiad beirniadol, ac yn lled obeithiol eu bod wedi dysgu gwers neu ddwy.

I gloi

Wrth inni ystyried gyrfa lenyddol Kate Roberts yn ei chyfanrwydd, y mae'r dramâu hyn yn ychwanegu gwir werth. Nid yn unig maent yn taflu goleuni ychwanegol ar y llenor ei hun, maent hefyd yn cyfrannu tuag at y drafodaeth bwysig honno am hynt a helynt y ddrama Gymraeg.

Ffarwel i Addysg

Comedi mewn Tair Act

CYMERIADAU

Annie Williams	... Myfyrwraig yng Ngholeg Bryn Afon ac yn aros yn hostel y Coleg
Olwen Gruffydd	.... eto
Lizzie Humphreys	.... eto
Hannah Roberts	.... eto
Gwen Pritchard	.... eto
Morwyn	.... yn yr hostel
Mrs. Huws	... Gwraig lety Dafydd a Rolant
Dafydd Edwards	Myfyriwr yn y Coleg Diwinyddol
Rolant Jones	.... eto
Sara Pritchard	.... Modryb Gwen
Rhisiart Pritchard	.... Tad Gwen

Digwydd yr holl ddrama yn ystod yr wythnos gyntaf o Fawrth.

YR ACT GYNTAF

GOLYGFA

Yn ystod yr Act hon â'r llen i lawr i ddangos myned o ryw ddwyawr o amser heibio. Ystafell sy'n ystafell wely ac yn fyfyrgell i ddwy yn hostel Coleg Bryn Afon. Ar y dde, wrth edrych o'r gynulleidfa ac yn agos ati, mae lle tân. Ar un ochr, ond yn bellach oddi wrth y gynulleidfa mae desg agored a silffoedd llyfrau odani. Bydd y sawl a eistedd wrth y ddesg hon felly ag ochr ei wyneb at y gynulleidfa. Yn y mur gyferbyn â'r gynulleidfa mae drws yn arwain i'r cyntedd. Ar yr ochr chwith mae gwely i un (single bed), sy'n debycach i leithig nag i wely yn ystod y dydd. Gellir taenu'r cwrlid drosto mewn dull a'i gwna yn debyg i leithig. Nid yw'r gwely arall, na'r ddesg arall, na'r ffenestr yn y golwg oblegid eu bod wrth y pedwerydd mur a gynrychiolir gan y lle gwag sy rhwng y gynulleidfa a'r actwyr. Gellir cael cwpwrdd dillad a guddir gan len o'r un lliw â chwrlid y gwely mewn rhywle cyfleus yn yr ystafell. Wrth ymyl y tân mae dwy gadair esmwyth, ac mae cadair galed neu ddwy yn yr ystafell. Mae amryw ddarluniau o bobol mewn fframiau yn yr ystafell, ac ar y silff ben tân, ar y ddesg &c. Ar y gwely a'r cadeiriau mae clustogau esmwyth. Gwelir ffon hoci neu ddwy mewn cornel.

AMSER

Tuag wyth o'r gloch yr hwyr, nos Sadwrn y picnic.

Pan â'r llen i fyny gwelir merch ieuanc, tuag un ar hugain oed – Annie Williams – yn eistedd mewn cadair galed wrth y ddesg, a phentwr o lyfrau o'i blaen. Geneth heb fod yn hardd ydyw, ond nid yw'n hagr, geneth ddi-liw, ond mae golwg gydwybodol, o ddifrif arni. Un o'r bobl sy'n gweithio'n galed yn y coleg ond yn gadael ychydig o'u hôl ar y byd wedi mynd oddi yno. Mae golwg wedi syrffedu arni, ac felly y mae. Pan â'r llen i fyny, fe egyr ei cheg o syrffed llwyr uchben ei llyfrau. Rhydd ei llaw chwith o dan ei phen, chwaraea â'i phensel a breuddwydia. Wedyn cyfyd a cherdda'n ddiymadferth at y gwely ac eistedd arno. Yna cymer nofel oddi ar y gwely a dechreua ei darllen. Wedyn, ymwrendy fel un yn clywed sŵn. Clywir siarad a chwerthin a chanu pwt o gân yn y cyntedd, yn bell i gychwyn, ac yna'n dyfod yn nes. Y genethod sy'n dyfod i fyny o swper ar ôl y picnic. Rhuthra Annie i'r drws ac egyr ef.

> ANNIE. (*Â'i phen yn y drws*) Hylo, mi'r ydach chi wedi dŵad o'r diwedd.
> LLAIS O'R TU ALLAN. Dy! Rydych chi wedi 'i cholli hi heddiw.
> ANNIE. (*Yn awyddus*) Gawsoch chi hwyl?
> LLAIS ARALL. (*Yn frwdfrydig*) Great! Ddaeth Gwen yn ôl?

ANNIE. Naddo, pam? Dowch i mewn am funud.

(*Daw tair o'r genethod i mewn. Â'r lleill yn eu blaenau ar hyd y cyntedd. Eistedd y tair ar wahanol gadeiriau hyd yr ystafell. Geill un eistedd ar y gwely.*)

OLWEN. (*Perchen y llais cyntaf yn y drws, mewn syndod*) Ddaeth hi ddim yn ôl? Wel, mae hi wedi colli'r *bus* dwaetha.

ANNIE. Welais i ddim golwg arni.

LIZZIE. (*Perchen yr ail lais yn y drws, a'r un sydd fwyaf hy ar Gwen oherwydd ei bod yn dyfod o'r un ardal*) Mae Gwen wedi'i gwneud hi o'r diwedd mae arna i ofn.

ANNIE. (*Gan gymryd arni ddangos pryder dros Gwen*) Beth sydd wedi digwydd?

LIZZIE. Beth wn i? Ond doedd hi ddim ar y *bus*, a doedd hi ddim i mewn i swper, ac mi wyddoch beth fydd canlyniadau hynny.

HANNAH. Tw! Ella 'i bod hi a Dafydd wedi dŵad yn ôl yn gynt, a mynd am dro o gwmpas Bryn Afon yma. Ella bydd hi i mewn mewn dau funud.

ANNIE. (*Yn faleisus*) Dydy hynny ddim yn debyg.

LIZZIE. Rydw i'n gobeithio nad ydy hi ddim wedi gwneud dim byd ffôl, achos mi wyddoch fel mae'r Warden â'i chyllell ynddi o hyd.

OLWEN. *Too bad* hefyd, achos mae'n amlwg fod Dafydd a hithau wedi gwirioni am 'i gilydd.

ANNIE. Ond mae Gwen yn mentro gormod mae arna i ofn.

LIZZIE. Mae'n rhaid i rywun fentro neu beidio â charu o gwbl, yn y Coleg yma beth bynnag.

OLWEN. (*Sydd newydd fod yn y drws yn edrych a yw Gwen yn dyfod*) Cweit reit, ond mae rhywun fel llygoden o dan balf y gath yn y fan yma.

HANNAH. Ydy, ond dydy pawb ddim felly.

ANNIE. Beth ydych chi'n feddwl?

HANNAH. Mi gaiff Doris Greyson garu faint a fynno hi heb i neb ddweud dim wrthi.

OLWEN. Caiff, os caru ydach chi'n galw mynd allan efo bachgen

mewn cwch ar ddydd Sul.
ANNIE. Ie, ond mae hi wrthi'n wyneb agored, ac mae Gwen â'i holl fywyd yn trio cuddio.
OLWEN. Welsoch chi rywun yn caru'n wyneb agored ryw dro? Faint gymerai'r un ohonom ni'n pedair â charu'n wyneb agored?
ANNIE. Ie, ond nid caru ydy cusanu.
LIZZIE. Beth arall ydy o?
OLWEN. Llawer mwy a llawer llai.
ANNIE. Does dim eisiau i bobl fynd allan efo'i gilydd, hyd yn oed i garu.
OLWEN. (*Yn wawdlyd*) Na, mae lot yn caru yn y tŷ.
HANNAH. Sut ar y ddaear y medr neb nabod 'i gilydd heb weld 'i gilydd?
ANNIE. Mi fedrwch sgrifennu at ych gilydd.
OLWEN. Aha! Ffordd yna mae'r gwynt yn chwythu aie?
ANNIE. Peidiwch â siarad yn wirion. Ond mi fydda i'n meddwl bod yn llawn cyn hawsed i rywun ddod i nabod 'i gilydd wrth sgrifennu ag wrth weld 'i gilydd.
LIZZIE. (*Gyda halen*) Dydy hynny ddim yn wyneb agored iawn.
OLWEN. (*Gyda min, gan edrych ar Annie*) Ond mae o'n ddiogelach.
HANNAH. Ella mai sgrifennu llythyrau caru y bu Annie trwy'r dydd.
ANNIE. (*Yn pwdu*) O dyna chi'n 'te.
OLWEN. Welsoch chi Jane a Parry efo'i gilydd?
LIZZIE. Do, maen nhw i'w gweld yn *thick* iawn.
HANNAH. Roeddwn i'n amau bod yna *gase* yn fan yna ers talwm iawn.
LIZZIE. A blwyddyn i rŵan roedd Parry fel peth gwirion efo Dilys.
OLWEN. Ie, fel yna mae hi. Does gan bawb ddim atgo melys am bicnic, mae'n siŵr. A dweud y gwir, ydach chi ddim yn meddwl bod y picnic wedi mynd yn lle i gyplau garu yn lle i bobl gymysgu a dŵad i nabod 'i gilydd?

HANNAH. Ydy, mae o. Mae o'n colli 'i amcan mewn gwirionedd.
LIZZIE. Ydy, mae arna innau ofn bod y picnic wedi mynd yn lle i rai pobl ddechrau caru ac i'r lleill orffen.
OLWEN. Wel, mi fedrwn ninnau ddweud ein bod ni wedi cael te da, genod, os na chawsom ni gariad.
HANNAH. Deudwch i mi, ydach chi'n nabod Rolant Jones, sy'n aros efo Dafydd Edwards?
LIZZIE. Ydw, bachgen dymunol iawn ydyw o. Beth oedd? Ydych chi'n 'i licio fo, Hannah?
HANNAH. Na. Dim ond fy mod i'n meddwl rŵan y basa fo'n siwtio Gwen yn well o lawer na Dafydd Edwards.
OLWEN. Wel, mi fûm i'n meddwl ar un adeg 'i fod o'n *keen* ar Gwen. Sgwn i lle mae hi? Gobeithio na fydd hi ddim yn hir.
LIZZIE. Mae arna i ofn na fydd hi ddim yma'n fuan iawn.
HANNAH. Pam, Lizzie?
LIZZIE. Wel, mi gwelais i nhw'n cychwyn i gyfeiriad Craig y Wennol pan oedd hi'n bur agos i'r *bus* gychwyn.
ANNIE. (*Yn cymryd diddordeb mawr*) Craig y Wennol! Mynd yn bellach oddi wrth y *bus* felly.
LIZZIE. Ia, dyna pam mae arna i gymaint o ofn iddyn nhw fod yn hwyr.
ANNIE. Pam raid i chi fod mor bryderus?
LIZZIE. Liciwn i ddim 'i gweld hi'n dŵad i helynt efo'r Warden. Achos *expel* fyddai hynny. Ac mi wn i mai ar 'i orau y mae'i thad yn 'i chadw hi yma.
ANNIE. Ie, a dyna pam y dylai Gwen fod yn ofalus.
OLWEN. (*Yn wawdlyd*) Gofalus! Hy! Bod yn ofalus! Dyna'r unig beth ydym ni'n 'i ddysgu yma.
ANNIE. Rhaid i rywun gofio'i ddyletswydd at 'i rieni wedi'r cwbl.
HANNAH. (*Dan fingamu*) Dyna air mawr arall y lle yma. Dyletswydd.
OLWEN. Ie, mae'r gloch chwarter i wyth yn atgoffa rhywun o hynny bob dydd.
LIZZIE. (*Yn rhoi ei phen heibio i'r drws.*) Na, does dim golwg ohoni. Ts! Ts! O ran hynny mi'r oedd golwg ry hapus ar y

ddau iddyn nhw fod yn ôl yn fuan iawn.
ANNIE. Sut oeddyn nhw'n edrych?
LIZZIE. Fel petaen nhw yn y nefoedd, hynny ydyw, nefoedd dau gariad.
OLWEN. Sut un ydy honno, Lizzie?
LIZZIE. Fe gewch ofyn i Gwen pan ddaw hi yma.
ANNIE. Gobeithio y paran nhw felly o hyd. Ond dydw i ddim yn meddwl 'i bod nhw'n siwtio'i gilydd yn dda iawn.
HANNAH. Beth waeth am hynny os ydyn nhw'n caru 'i gilydd?
LIZZIE. Mae lot yn hynny wrth gwrs, os ydyw pobl yn caru 'i gilydd, mi fedran roi i fyny efo lot o bethau.
OLWEN. Efo lot o fân bethau, medran, ond nid efo pethau mawr. Mae yna bethau yn Dafydd na fedr Gwen byth *ddal* i roi i fyny efo nhw, os na wnaiff o newid wrth gwrs.
ANNIE. Mae yna bethau yn Gwen sy'n anos rhoi i fyny efo nhw, allwn i feddwl.
OLWEN. Wel?
ANNIE. (*Yn wan*) Mae hi'n fyrbwyll iawn yn un peth ac yn gwneud pethau annoeth.
OLWEN. Rhywbeth arall?
ANNIE. Mi wyddoch fel y mae hi'n gwastraffu 'i hamser yn y Coleg yma, yn darllen nofelau a phethau felly.
OLWEN. Ac mi'r ydych yn meddwl mai dal ymlaen felly y basa hi ar ôl priodi?
ANNIE. O nag ydw. (*Yn wan*) Ond dwi ddim yn meddwl y gwnâi hi wraig i bregethwr.
HANNAH. Dydi bod yn wraig i bregethwr ddim llawer o *gatch* wedi'r cwbl. Dydi gwraig pregethwr yn aml yn ddim ond cocyn nêl i wraig pawb arall.
OLWEN. Nid hynny ydy'r pwynt. Wyddoch chi ar y ddaear sut y basa hi ar ôl priodi. Rydw i'n credu y gwnâi Gwen wraig dda i unrhyw un, pregethwr neu ryw ddyn arall, os basa hi'n caru'r dyn. Ond mi ddweda i hyn wrthoch chi, mi fasa'n rhaid iddi gael yr un faint o gariad yn ôl; ac mae arna i ofn na châi hi mo

hynny gan Dafydd.

ANNIE. Pam ydych chi'n dweud hynny?

OLWEN. Am mai fflyrt ydy o.

ANNIE. Ond siŵr, fasa pregethwr ddim yn fflyrt ar ôl priodi.

OLWEN. Dyn a'ch helpo. Mae gan bregethwyr well siawns i fflyrtio na neb arall ond trafaelwyr, priod neu ddim, hynny ydy os bydd y duedd honno ynddyn nhw. Ac yn ddi-os mae yn Dafydd.

ANNIE. Ond fasa hyd yn oed fflyrt ddim yn fflyrtio ar ôl priodi.

OLWEN. Mae'n dda mai hynna wyddoch chi am ddynoliaeth, Annie. Gobeithio na ddewch chi ddim i wybod rhagor.

HANNAH. Wel, fflyrtio neu beidio, does dim golwg o Gwen, beth bynnag ddaw ohoni. Mae arna i ofn yr aiff hi i ddŵr poeth am hyn. Rydw i'n credu y byddai'n well i mi fynd i gadw. (*Cyfyd i gychwyn.*)

(*Yn ystod y siarad hwn, bu Lizzie'n synfyfyriol. Cyfyd y ddwy arall yn awr, a chychwynna'r tair tua'r drws.*)

OLWEN. Wel, dyma ddiwedd i wythnos fendigedig.

LIZZIE. Ie, petai Gwen wedi cyrraedd mewn pryd.

ANNIE. Pam raid i chi bryderu am Gwen? Rydych chi fel deryn corff.

LIZZIE. Dwn i ddim, ond faswn i ddim yn licio'i gweld hi'n dŵad i helynt achos rydw i'n gwybod tipyn am 'i theulu hi.

ANNIE. (*Ychydig yn gyffrous*) Pam? Beth amdanyn nhw?

LIZZIE. Dim neilltuol, ond mae'n nhw'n rhai pur benderfynol a styfnig pan ddaw tipyn o rywbeth croes ar 'i traws nhw.

ANNIE. Os *daw* rhywbeth croes i Gwen, hi ei hun fydd yn gyfrifol am hynny y tro yma, beth bynnag.

LIZZIE. Ella, ond rhag gwneud dim yn waeth nag sydd raid, yr ydw i am fynd i lawr i agor clicied ffenestr y *cloakroom*. Mae hi'n hen gynefin â dwad i mewn trwyddi, ac mae'n siŵr y meddylith hi am y ffenestr y peth cynta.

(*Edrych Annie'n anfodlon, fel y gellid disgwyl i un sy'n cadw'n hollol at lythyren rheolau'r Coleg. Hannah, Lizzie ac*

Olwen yn mynd allan dan furmur â'i gilydd. Â Annie i eistedd yn y gadair esmwyth ac edrych fel petai mewn cyni meddwl. Â'r llen i lawr yn y fan hon am ychydig funudau i ddangos myned rhyw ddwyawr o amser heibio.

Pan â'r llen i fyny, mae'r ystafell ychydig yn dywyllach. Clywir sŵn traed un person yn cerdded ym mhellafoedd y cyntedd, ac yn dyfod yn nes. Egyr y drws a daw Gwen i mewn. Geneth dal, landeg ydyw a chanddi wyneb deallus. Daw i mewn a lluchia'i chôt a'i het ar y gadair gan gymryd arni fod yn ddihitio.)

ANNIE. Wel?
GWEN. Dyma fi wedi cyrraedd.
ANNIE. A diolch am hynny, rydym ni wedi bod yn ofnadwy o bryderus yn eich cylch chi.
GWEN. Y ni? Pwy ydy ni?
ANNIE. Y genod. Olwen, Lizzie, Hannah a finnau.
GWEN. Piti na fasa'ch pryder chi'n fwy ymarferol.
ANNIE. Beth ydych chi'n feddwl?
GWEN. Mi allasai rhai ohonoch chi fod wedi agor ffenestr y *cloakroom* i mi.
ANNIE. (*Gan neidio'n sydyn*) Oedd hi ddim wedi 'i hagor?
GWEN. Nag oedd, ddim un. Mi fu'n rhaid imi ganu'r gloch.
ANNIE. Pwy ddaeth i agor i chi?
GWEN. Miriam, wrth lwc. Ond ...
ANNIE. Ond beth?
GWEN. (*Ychydig yn anniddig*) Mae arna i ofn fod y Warden ar y grisiau arall pan oeddwn i'n dŵad i fyny hwn, ac mi clywais hi'n siarad efo Miriam.
ANNIE. (*Yn orawyddus*) O, wna Miriam ddim dweud.
GWEN. Dwn i ddim, peth mawr ydyw cael eich dal yn ddirybudd. Mae'n siŵr mai'r gwir ddôi allan efo Miriam heb iddi gael amser i baratoi.
ANNIE. (*Yn ddiymdrech*) Mae'n fwy na thebyg.
GWEN. A pheth arall, doedd dim byd yn rhwystro'r Warden fy

ngweld i'n dyfod i fyny'r grisiau.
(*Cnoc ddistaw ar y drws. Daw Lizzie ac Olwen i mewn yn eu gwisgoedd nos. Siaradant yn ddistaw gan ei bod yn oriau distawrwydd yr hostel.*)
OLWEN. (*Yn gellweirus*) Dyma amser neis i ddŵad i mewn.
GWEN. (*Dipyn yn flin*) Sut gwyddoch chi mai rŵan y dois i i mewn?
LIZZIE. Mi fuom yn clustfeinio am sŵn dy draed ti hyd y coridor.
GWEN. Gwaith diddorol iawn.
LIZZIE. Rŵan, Gwen, paid â bod yn gas. Poeni yn dy gylch di roeddym ni.
GWEN. Doedd raid i chi ddim poeni.
LIZZIE. Wel Gwen bach, beth pe tase ti'n cael d'expelio?
GWEN. Dim ods. Mi'r oedd heddiw yn werth hynny.
ANNIE. (*A fuasai a golwg boenus arni o hyd*) Wel, yn enw pob dim, oes arnoch chi ddim eisiau bwyd Gwen? Mi wna' i damaid i chi rŵan.
GWEN. Na, diolch rydw i wedi cael peth.
OLWEN. Ym mhle, drwy gymorth?
GWEN. Ym mhle ddyliech chi?
OLWEN. Ym Morris's?
GWEN. Gwell o lawer, 'y ngeneth i. Am y tro cyntaf yn f'oes, mi ges bryd o fwyd mewn hotel.
Y LLEILL. (*Gan synnu*) O!
GWEN. Do, am y tro cynta 'rioed mi ges oglau hotel o'r tu mewn.
OLWEN. Dim byd mwy na'r oglau?
GWEN. Do, mi ges i swper iawn.
OLWEN. A gwin?
GWEN. Na, ddim gwin.
LIZZIE. Pam?
GWEN. Yr oedd Dafydd yn erbyn.
OLWEN. Oedd, mi wn.
LIZZIE. Peth rhyfedd 'i fod o'n fodlon mynd i hotel o gwbl.
GWEN. Y fi wnaeth iddo ddŵad. Roeddem ni'n dau wedi cael rhan

o'n 'Scol' yr wythnos dwaetha, ac wrth ein bod ni wedi cael diwrnod mor fendigedig heddiw, mi tynnais o i mewn.

OLWEN. Beth petai pobl y capel yn dŵad i wybod?

GWEN. Mi wnâi lot o les iddyn nhw.

LIZZIE. Ond Gwen, pam y daru ti ganu'r gloch? Ddaru ti ddim treio'r ffenestr?

GWEN. Do, ond mi'r oedd clo arni, ac mi fu'n rhaid imi ganu'r gloch.

LIZZIE. (*Yn gynhyrfus*) Ond mi fûm i yn agor cliced y ffenestr cyn mynd i ngwely.

GWEN. Wel, mi'r oedd rhywun wedi gofalu'i chlicedu hi'n ôl cyn imi ddŵad adre.

ANNIE. (*Yn llipa*) Un o'r morynion, reit siŵr.

OLWEN. (*Yn ddirmygus*) Hy!

LIZZIE. Pwy ddaeth i agor iti?

GWEN. Miriam.

LIZZIE. Wyt ti'n meddwl y gwnaiff hi achwyn?

GWEN. Mae'n dibynnu'n hollol faint o gwestiynau ofynnwyd iddi yn union ar ôl imi ddŵad i mewn.

OLWEN. Pwy oedd yno i ofyn cwestiynau?

GWEN. Mi'r oedd y Warden yn dŵad i lawr y grisiau arall pan oeddwn i'n dŵad i fyny hwn, ac mi clywais hi'n siarad efo Miriam.

ANNIE. Ond dydw i ddim yn meddwl y basa Miriam byth yn dweud.

GWEN. Mae'n dibynnu'n union faint o bresenoldeb meddwl sy ganddi hi, wrth gael ei holi'n ddirybudd.

OLWEN. Dim, allswn i feddwl.

GWEN. (*Yn berffaith ddihitio*) Wel, does dim help, yr hyn a wnaed a wnaed.

LIZZIE. Beth sydd wedi digwydd iti? Dwyt ti ddim fel petaet ti'n hitio dim beth ddaw ohonat ti. Mae arna i ofn dy fod ti *wedi* cael gwin.

GWEN. Dim ffasiwn lwc, Lizzie bach, neu mi faswn yn crio erbyn

hyn, ond yr ydw i wedi cael diwrnod bendigedig efo Dafydd.
OLWEN. Y gwaetha ydy, fod pethau bendigedig yn dŵad i ben.
GWEN. Os dôn' nhw, mi gawn gofio amdanyn nhw. Fedr hyd yn oed Warden hostel ddim dwyn f'atgofion i.
ANNIE. Ie, ond faint gwell ydy rhywun ar atgofion? Bod yn saff o'r dyfodol ydy'r peth mawr.
OLWEN. Ond mae atgofion yn well na dim. Chaiff rhai ohonom ni ddim atgofion hyd yn oed.
GWEN. Mi'r ydw i yn weddol saff o'r dyfodol hefyd. Mi fydd yn amhosibl i ddim ddŵad rhwng Dafydd a mi ar ôl diwrnod fel heddiw.
OLWEN. Peidiwch chi â rhoi gormod o'ch ymddiried yn Dafydd. Mae o wedi caru degau yn 'i oes ac mi gâr ddegau eto.
GWEN. Dydw i ddim yn meddwl.
OLWEN. Wrth gwrs, mae pob un o'i gariadon o wedi meddwl mai hi oedd y ddwetha, ond ...
LIZZIE. Mae o'n rhy olygus o lawer iawn.
OLWEN. Dynion felly sy'n cael eu gadael yn y diwedd ac eitha gwaith â hwynt.
GWEN. (*Braidd yn brudd*) Pam ydych chi'n dweud hynny?
OLWEN. Am 'u bod nhw'n meddwl cymaint ohonyn 'u hunain.
GWEN. Fuoch chi'n caru rywdro efo Dafydd?
OLWEN. Y fi? Dim ffasiwn lwc.
GWEN. Does dim ods am hynny. Rydw i wedi cael fy niwrnod heddiw, a phetai hyn yn golygu cael y sac, mi fyddai'n werth hynny.
LIZZIE. Wyt ti'n meddwl hynny o ddifri, Gwen?
GWEN. Ydw. O ddifri. (*Yn cerdded o amgylch yr ystafell*) Mae heddiw'n siŵr a chwpan heddiw'n llawn.
LIZZIE. Ie, ond Gwen bach, mi ddaw yfory ac ella siom.
GWEN. Pa waeth? Mi gaf gofio am heddiw.
OLWEN. Ond peth byr iawn yw co' os na ddeil rhywun i fynd ymlaen.
GWEN. Ydych chi'n awgrymu y newidia Dafydd ei feddwl mewn

cyn lleied â hynny o amser?
OLWEN. Fedra i ddim dweud, ond mae'n rhaid inni fod yn barod am y gwaetha.
GWEN. Pam na eill rhywun fod yn barod am y gorau weithiau?
LIZZIE. Am y bydd y siom yn llai fel arall.
(*Yn ystod yr holl siarad hwn, ymddengys Annie'n synfyfyriol a phendrist.*)
ANNIE. Rhaid inni beidio â siarad yn uchel, neu mae'r Warden yn siŵr o ddŵad yma.
GWEN. (*Yn arwyddocaol*) Ella daw hi yma p'run bynnag.
LIZZIE. Well inni fynd, Olwen, a gobeithio bod Ffawd wedi cau ceg Miriam. (*Ânt allan yn ddistaw.*)
GWEN. (*Gan gadw ei chôt a'i het, a chan edrych yn ddibleser*) Does arna i ddim awydd mynd i 'ngwely.
ANNIE. Na finnau chwaith.
GWEN. Beth sydd arnoch *chi* felly?
ANNIE. Dim ond mi wn na fedra i ddim cysgu.
GWEN. Pan fydda i wedi mwynhau fy hun yn fawr, fedra i byth gysgu. Mi fydda i'n mynd dros bob peth ddigwyddodd, yn fy meddwl.
ANNIE. Gawsoch chi amser da iawn?
(*Lizzie yn rhoi ei phen heibio'r drws. Neidia Gwen ac Annie mewn dychryn.*)
GWEN. Esgob! Mi ddaru ti fy nychryn i. Mi feddyliais mai'r Warden oedd yna.
LIZZIE. Dim ond taro i mewn wnes i, i ddweud bod y Warden yn mynd o rŵm yr ail Warden rwan.
GWEN. (*Yn anesmwyth*) O rŵm yr ail Warden? Sgwn i beth oedd hi'n wneud yno'r adeg yma o'r nos?
LIZZIE. Dwn i ddim. Ond mi redais yma i ddweud. Cerwch i'ch gwelyau os ydych chi'n gall. Nos dawch eto.
ANNIE. Mi rown y golau yma allan, ac mi eisteddwn wrth y tân.
(*Rhoddir y golau allan a daw llewyrch y tân i'r ystafell. Tynnant y cadeiriau esmwyth at y tân. Eistedd un ar yr ochr*

ac felly wyneba'r gynulleidfa, a'r llall o flaen y tân, fel y bo'n hanner wynebu'r gynulleidfa.)

GWEN. (*Yn bryderus*) Sgwn i pam yr oedd y Warden yn rŵm yr Ail?

ANNIE. (*Hithau'n bryderus*) Wn i ar y ddaear.

GWEN. (*Gan ymddangos yn ddihitio*) Ond i beth y poena i? Digon i'r diwrnod ei dda ei hun.

ANNIE. Ydych chi'n meddwl mewn gwirionedd, Gwen, 'i fod o'n werth yr holl *risk* yma?

GWEN. Rŵan, peidiwch chwithau â dechrau arna i eto.

ANNIE. Gan fy mod i wedi dechrau, well imi orffen. Ydych chi'n meddwl eich bod chi'n hollol deg at eich tad?

GWEN. Pam fy nhad?

ANNIE. Wel, y fo sy'n eich cadw chi yma ynte?

GWEN. Wrth gwrs, pwy arall?

ANNIE. Ac fel y rhan fwya ohonom ni, ar 'i orau mae o'n medru gwneud hynny'n 'te?

GWEN. Ie, ond beth sydd a wnelo hynny â'r ffaith fy mod i'n caru efo Dafydd Edwards?

ANNIE. Wel ... Wel ... Mae'n gas gen i ddweud, mae o'n siŵr o fod yn mynd â'ch meddwl a'ch amser chi oddi wrth eich gwaith.

GWEN. Does gen i mo'r help am hynny.

ANNIE. Gan bwy mae'r help?

GWEN. O dwi'n beio neb ond fi fy hun. Ond dweud yr ydw i nad oes gen i mo'r help fod gan Dafydd, neu'n hytrach fod gan garu, gryfach gafael yno i na 'ngwaith.

ANNIE. Ond fedrwch chi ddim bod yn benderfynol a dweud 'Mi fynna i weithio a chael *First*'.

GWEN. Does arna i ddim llawer o eisiau *First*. Mi fyddaf lai yn y ffasiwn drwy beidio â chael un.

ANNIE. Mae gynnoch chi ddigon o allu i gael *First* ond i chi weithio dipyn, ond ar y rêt yma, mae arna i ofn na chewch chi ddim *Second*.

GWEN. At ba rêt?
ANNIE. Wel, mi wyddoch faint ydych chi'n ddengid allan gyda'r nos, a sawl gwaith ydych chi wedi dŵad i mewn trwy ffenest y *cloakroom*, ac mi wyddoch nad ydych chi'n gwneud dim ond darllen nofelau a synfyfyrio pan fyddwch chi i mewn.
GWEN. Rydw i'n dweud wrthoch chi nad oes gen i ddim help. Fel yna 'rydw i'n teimlo ac i beth y gwna i ddim yn groes i'r graen?
ANNIE. Ie, ond beth am eich tad? Meddyliwch y fath siom fydd hi iddo fo, ac i'ch modryb hefyd o ran hynny.
GWEN. (*Mewn tipyn o dymer*) Edrychwch yma, Annie, rydw i wedi hen flino arnoch chi'n siarad. Mae'n amlwg na wyddoch chi ddim amdani hi. Mi wyddoch fel y byddwch chi'r genod yn sôn o hyd am gaethiwed y lle yma, na chawn ni ddim gwneud fel hyn na gwneud fel arall, a bod yma gannoedd a miloedd o fân reolau, a'n bod ni'n cael ein trin fel plant, a rŵan dyma chi'n cyfiawnhau caethiwed arall.
ANNIE. Nid caethiwed ydy gwneud 'i ddyletswydd at 'i rieni.
GWEN. Caethiwed ydy o a dim arall. Mae fy nhad wedi fy rhoi fi yma yn union fel petai chi'n rhoi arian ar log er mwyn iddo ddod â rhagor o arian i mewn. Nid cael addysg ydym ni'n y coleg yma ond cael ein paratoi i droi allan bres i ni'n hunain neu i'n rhieni. *Investment* ydy hi. A chan fod darllen nofelau a mynd allan i garu yn fwy cydnaws â mi na'r pethau sych ydym ni'n ddysgu yn y Coleg, fedra i ddim gweld fod bai arna i.
ANNIE. Mi fasa'n well i chi fod allan o'r Coleg felly.
GWEN. Ond fasa ddim gwell gan fy nhad. Mae o'n meddwl mai addysg ydy dysgu'r pethau sych, ac yr ydw innau'n meddwl mai addysg ydy dysgu'r pethau diddorol. (*Yn y fan hon, clywir sŵn rhywun yn pasio yn y cyntedd a neidia Gwen mewn dychryn. Erys am eiliad fel petai yn disgwyl i rywun gnocio. Yna â ymlaen.*) Y gwir amdani ydy ein bod ni'n cael ein hanfon i'r Coleg ar yr adeg *wrong*. Meddyliwch chi – yr ydym ni yma o ddeunaw i un neu ddwy ar hugain. Yr adeg yna

roedd ein neiniau'n priodi ac yn magu plant, a nhw oedd yn iawn. Rydym ninnau'n treio gwthio rhyw bethau sych i mewn i'n pennau ar adeg pan mae arnom ni eisiau cwmni bechgyn – yr adeg pan ddechreua rhywun gymryd diddordeb yn ei hwyneb a'i gwallt er mwyn tynnu sylw bechgyn. (*Edrych Annie'n anghyfforddus.*) Dyna'r gwir amdani, waeth i chi heb na gwingo. A'r unig wahaniaeth rhyngoch chi a fi ydyw 'mod i'n dilyn fy ngreddf a chithau ddim. O'r deg ar hugain ymlaen y dylem ni fod yn y Coleg. Yr adeg honno mi ddechreuwn gymryd diddordeb mewn pethau sych am 'i bod nhw'n ddiddorol 'i hunain ac nid yn bils y mae'n rhaid inni eu llyncu er mwyn ennill ein bywoliaeth. Faint o bleser gawsoch chi'r pnawn yma wrth ddysgu berfau'r Wyddeleg? Dim mi wranta. Mi fasa'n ganmil gwell i chi fod allan ar y picnic. Mi fetia i mai yno'r oedd eich meddwl chi ac na wnaethoch chi ddim gwaith.

ANNIE. Naddo, wnes i ddim gwaith. Rydych chi'n dweud y gwir am hynny. Ond wn i ddim a ydych chi'n iawn yn eich rheswm ai peidio.

GWEN. Wel, beth oedd y rheswm? (*Ar hyn clywir cnoc ar y drws, a daw morwyn i mewn, ar ôl i Annie weiddi 'dowch i mewn'.*)

Y FORWYN. (*Wrth Gwen*) Mae ar y Warden eisiau eich gweld yn ei rŵm rŵan os gwelwch yn dda, Miss Pritchard.

(*Â'r forwyn allan. Disgyn wyneb Gwen. Edrych yn ddiymadferth a phrudd. Cyfyd o'i chadair yn llipa. Ond y funud nesaf ymsytha. Rhydd ei gwefusau'n dynn ar ei gilydd a cherdda o'r ystafell gan ddal ei phen i fyny'n herfeiddiol. Wedi iddi fynd allan, Ymddengys Annie fel petai'n methu â byw yn ei chroen. Cerdda ar hyd yr ystafell mewn cyni, ac yna eistedd ar gadair a chuddio ei phen yn ei breichiau.*)

LLEN.

YR AIL ACT

GOLYGFA

Ystafell yn llety Dafydd Edwards a'i gyd-fyfyriwr Rolant Jones. Mae'r drws a'r lle tân yn yr un safle ag o'r blaen. Nid yw'r gwely yno na'r cwpwrdd dillad. Gall y ddesg fod yno ond mewn safle gwahanol. Yn yr ystafell mae lleithig lledr neu oil-cloth, bwrdd a chadeiriau. Ar y mur mae darluniau o'r teip a geir mewn tai llety. Nac anghofier yr aspidistra ar ganol y bwrdd. Mae darluniau genethod a myfyrwyr colegau ar y silff ben tân. Mae clustogau gwahanol i Act I hyd y cadeiriau.

AMSER

Tuag un o'r gloch ddydd Sul, sef trannoeth i'r digwyddiadau a gofnodwyd yn Act I.

Dyn ieuanc golygus yw Dafydd Edwards tua phedair neu bump ar hugain oed. Wyneb gwan sydd ganddo, a hawdd gweled ei fod yn meddwl cryn lawer ohono'i hun. Mae gan ei gyd-letywr a chyd-efrydydd, Rolant Jones, wyneb cryfach a llawer mwy o gymeriad ynddo. Dyn ieuanc oddeutu'r un ar hugain oed ydyw yntau.

Pan â'r llen i fyny, gwelir Mrs. Huws, y wraig lety, wrthi'n plygu'r lliain bwrdd ar ôl clirio'r llestri cinio. Nid yw Rolant Jones i mewn yn yr ystafell ar y pryd. Mae yn y llofft yn ei hwylio ei hun ar gyfer yr Ysgol Sul. Eistedd Dafydd yn y gadair freichiau wrth y tân gan edrych iddo. Dynes fysneslyd yw Mrs Huws.

> MRS. HUWS. (*Gan orffen clirio – rhoi papur a halen &c ar yr hambwrdd a phlygu'r lliain*) Peth rhyfedd na fasech chi'n pregethu yn rhywle heddiw, Mr. Edwards.
>
> DAFYDD. (*Yn swta*) Ie'n 'te?
>
> MRS HUWS. Achos fel rheol, fyddwch chi byth gartre.
>
> DAFYDD. Na fydda.
>
> MRS. HUWS. (*Gan geisio gwybod mwy*) Ond fel yna mae hi. Mae'r pregethwyr gorau heb gyhoeddiad weithiau.

DAFYDD. Ydyn.

MRS. HUWS. (*Na chymer ei gorchfygu*) Ond roeddwn i'n meddwl eich bod chi'n pregethu yn Llanfairfechan heddiw.

DAFYDD. Felly'r oeddwn innau'n meddwl.

MRS. HUWS. Ddim yn teimlo'n dda yr oeddech chi?

DAFYDD. (*Ei dymer yn codi*) Naci, fûm i 'rioed yn teimlo cystal.

(*Daw Rolant Jones i mewn ac â Mrs. Huws allan gan gymryd yr hambwrdd, lliain &c gyda hi.*)

DAFYDD. Pe tase ti heb ddŵad i mewn y munud yma, mi fasa yma gorff yn y rŵm yma.

ROLANT. Be sy'r hen frawd?

DAFYDD. (*Mewn mwy o dymer*) Mi fasa Gabriel 'i hunan yn llofrudd, petai o'n digwydd bod yn lodjer.

ROLANT. Beth oedd yn bod?

DAFYDD. (*Gan afael yn Rolant a'i ysgwyd*) Mi fu ond y dim i'r ddynes dynnu fy nhu mewn i o 'nghorff i, ei droi o tu chwithig allan a'i ysgwyd o ar garreg y drws.

ROLANT. Yr argian fawr!

DAFYDD. Mewn geiriau eraill, mi wnaeth bob dim ond gofyn y rheswm pam nad es i i fy nghyhoeddiad y bore yma.

ROLANT. Do reit siŵr. Mae hi wedi clywed oglau'r stori yn y capel y bore yma.

DAFYDD. (*Yn wyllt*) Pa stori?

(*Eistedd y ddau i lawr yn y cadeiriau esmwyth o flaen y tân.*)

ROLANT. Wel, y stori ydyw fod Gwen Pritchard wedi ei dal yn mynd i'r hostel yn hwyr neithiwr, a bod y Warden wedi ei galw i'w rŵm, ac mae'r genod yn ofni mai *expel* fydd hi.

DAFYDD. Y nefoedd fawr!

ROLANT. Lizzie ac Olwen ddywedodd wrtha i; ond mae'n siŵr bod genod yr hostel i gyd yn gwybod, ac mai rhywbeth felly oedd gan hon dan 'i daint rŵan.

DAFYDD. (*Yn brudd*) Wel! Wel!

ROLANT. Cod dy galon 'rhen frawd, 'roeddit ti'n bur galonnog neithiwr ac yn malio dim beth ddigwydda iti.

DAFYDD. Ie, ond neithiwr oedd hynny, ac mae lliw pethau'n wahanol heddiw. Ond dywed i mi, pam na faset ti'n dweud hyn wrtha i cynta y dois di o'r capel?

ROLANT. Doedd arna i ddim eisiau sbwylio dy ginio di. Rydw i'n credu mewn mwynhau bwyd, hyd yn oed bwyd tŷ lodging, ac mi wyddwn y clywit ti'r stori yna yn ddigon buan.

DAFYDD. Bwyd neu beidio, fasa fo ddim ond yr un peth erbyn rŵan.

ROLANT. Ond faswn i ddim yn poeni pe taswn i'n dy le di, nes cei di fwy o oleuni ar y mater.

DAFYDD. Wyddai'r genod beth oedd y Warden wedi 'i ddweud wrth Gwen?

ROLANT. Ddim, heblaw 'i bod hi wedi ffonio at y Prini iddo ddŵad i'r hostel bore heddiw, ac yn y cyfamser mae Gwen i gadw i'w rŵm, cael ei phrydau bwyd i fyny, a neb i' gweld hi ond Annie.

DAFYDD. Druan ohoni hi!

ROLANT. Y peth sy'n rhyfedd ydy, meddai Olwen a Lizzie, fod Annie'n edrych mor boenus â phetai'r peth wedi digwydd iddi hi.

DAFYDD. Fu dda gen i 'rioed mo'r eneth yna.

ROLANT. Na finnau, chwaith. Mae'n hi'n gwneud imi feddwl am lygoden.

DAFYDD. Wyt ti'n meddwl bod yn werth imi dreio gweld Olwen a Lizzie er mwyn cael gwybod chwaneg?

ROLANT. Nac ydw. Achos mi ddwedson y cwbl wydden nhw wrtha i; ac os na chânt fynd i weld Gwen, fedran nhw gael gwybod dim rhagor – os na chân' nhw wybod drwy Annie, wrth gwrs. Mae hi'n cael bod efo Gwen o hyd a mynd a dŵad fel y fynno hi.

DAFYDD. Beth fasa orau i'w wneud, dŵad?

ROLANT. Fedri di wneud dim nes clywed rhywbeth.

DAFYDD. Clywed beth?

ROLANT. Wel, dwn i ddim sut bydd hi arnat *ti*.

DAFYDD. Fedra i ddim gweld y medran nhw wneud dim i mi. Yn y Coleg Diwinyddol yr ydw i rŵan ac nid yn y Brifysgol.

ROLANT. Ie? Wel? Beth am y Coleg Diwinyddol?
DAFYDD. O dydw i ddim wedi torri rheolau. Welodd neb mohona i yn dŵad i mewn yn hwyr, a does gan neb gŵyn yn erbyn fy ngwaith i.
ROLANT. Nac oes. Gwen raid ddiodde am hyn.
DAFYDD. Ond dwn i ddim beth fedra nhw wneud iddi heblaw ei cheryddu.
ROLANT. Yr oedd y genod yn dweud fod y Warden â'i chyllell ynddi o hyd.
DAFYDD. Sut felly?
ROLANT. Am 'i bod hi'n esgeuluso'i gwaith ac yn slipio allan efo chdi gyda'r nos a phethau felly.
DAFYDD. Twt lol! Beth ydy hynny bach?
ROLANT. Mi all fod yn lot i Warden Coleg.
DAFYDD. Sut mae hi'n gwybod bod Gwen yn sleifio allan efo mi?
ROLANT. Fasa hi ddim yn Warden, Dafydd, heb fod ganddi lygaid yn nhu ôl i'w phen.
DAFYDD. Wel, does ond gobeithio'r gorau, dwn i ddim i beth mae dyn yn cyboli efo genod.
ROLANT. Nid rŵan mae dweud peth felly. Dywed i mi, beth fase ti'n 'i wneud petai Gwen yn digwydd cael ei throi o'r Coleg? Mi glywsom am bethau felly'n digwydd.
DAFYDD. Beth faswn i'n 'i wneud beth?
ROLANT. Faset ti'n fodlon priodi Gwen?
DAFYDD. Pam briodi? Nid dyna'r unig ffordd allan. Mi all Gwen chwilio am le.
ROLANT. Dafydd, Dafydd, dwyt ti ddim am adael i'r eneth chwilio am le a thithau i raddau wedi bod yn gyfrifol am iddi gael y sac? Ac eglwys yn barod gen ti i ddisgyn iddi.
DAFYDD. Nonsens. Chaiff hi mo'r sac.
ROLANT. Paid ti â bod mor siŵr.
DAFYDD. Mi feddyliais dy fod ti'n mynd i'r Ysgol Sul.
ROLANT. Mi feddyliais innau hefyd. Ond dydw i ddim am fynd rŵan.

DAFYDD. Chei di byth gyhoeddiad yn y fan yna eto am beidio â mynd i'r Ysgol Sul. Pechod anfaddeuol i bregethwr ifanc.

ROLANT. Rydw i am aberthu cyhoeddiad y pnawn yma. Mi rwyt ti wedi aberthu pob cyhoeddiad yn y wlad yma wrth beidio â throi i fyny o gwbl.

DAFYDD. Doeddwn i ddim yn teimlo ar fy nghalon fynd i bregethu i neb heddiw. Sut roedd posib pregethu i bobl sychion am osgoi mwyniant pechod dros amser ar ôl bod yn syllu i lygaid merch drwy'r dydd ddoe, a gorffen gyda swper mewn hotel?

ROLANT. Dydw innau ddim am fynd i'r Ysgol Sul 'pnawn yma. Mae arna i eisiau sgwrs efo ti.

DAFYDD. Mae arnat *tithau* eisiau gwybod fy nhu mewn i felly.

ROLANT. Aros di'r hen frawd, dydym ni ddim yn mynd i ffraeo rŵan ar ein blwyddyn ola ar ôl yr holl flynyddoedd o fwyta wrth yr un bwrdd.

DAFYDD. Ymlaen â thi ynte.

ROLANT. Rŵan, beth wnaut ti petai Gwen yn digwydd cael ei throi i ffwrdd?

DAFYDD. Dwn i ddim. Mae'n anodd dweud.

ROLANT. Faset ti yn 'i phriodi hi?

DAFYDD. Dwn i ddim.

ROLANT. Na faset felly, neu mi faset yn ateb ar 'i ben y baset ti.

DAFYDD. Rhaid i ddyn, yn enwedig pregethwr, fod yn ofalus iawn *pwy* mae o yn 'i briodi.

ROLANT. Pam rwyt ti'n cyboli gyda Gwen felly?

DAFYDD. Rydw i'n gobeithio nad oes raid i ddyn ddim priodi pob geneth mae o'n cyboli efo hi yn y Coleg.

ROLANT. Nac oes, ond bod tipyn bach o wahaniaeth rhyngot ti a fi.

DAFYDD. Yn hollol. Chrewyd mo bawb ohonom ni 'run fath, a wela i ddim bod dim o'i le yn yr hyn ydw i'n 'i wneud.

ROLANT. Nac oes, os ydyw'r ferch yn deall hynny.

DAFYDD. Deall beth?

ROLANT. Mewn geiriau plaen, deall nad ydy hi ddim ond brechdan i aros pryd.

DAFYDD. Ond dydy neb yn mynd i ddweud hynny wrth ferch wrth fynd am dro efo hi'r tro cynta. Beth wyddost ti na all y frechdan droi allan yn ddigon o bryd iti?

ROLANT. Efallai, wir, ond mi ddylit egluro iddi, cyn iddi roi dim o'i meddwl arnat ti.

DAFYDD. Wyt ti'n meddwl y dôi unrhyw ferch am dro heb 'i bod hi wedi rhoi'i bryd arnat ti eisoes?

ROLANT. (*Yn bendant*) Ydw. Paid ti â meddwl mai'r genod sydd ar dy ôl di bob amser. Mi rwyt ti wedi gwirioni dy hun am un neu ddwy cyn iddyn nhw feddwl amdanat ti, ac mae Gwen yn un ohonyn nhw.

DAFYDD. Ydyw, mae'n rhaid imi gyfaddef 'mod i wedi cael trafferth fawr 'i chael hi ddŵad allan efo mi, ond mae hi wedi gwirioni'n lân erbyn hyn.

ROLANT. Felly *roeddit* tithau.

DAFYDD. O mi'r ydw i'n caru Gwen o hyd.

ROLANT. Ond, nid digon i' phriodi hi?

DAFYDD. Na, fedra i ddim meddwl amdani'n wraig i weinidog.

ROLANT. Oes eisiau i wraig i weinidog fod yn wahanol i wraig rhywun arall ynte?

DAFYDD. Wel, nid pob dynes a wna'r tro i weinidog.

ROLANT. Na, nid pob dynes a wna'r tro i unrhyw ddyn, fedra i ddim dychmygu fy hun yn priodi lances er 'i bod hi'n mynd i'r Seiat bob wythnos.

DAFYDD. Ie, ond mi greda i bod yn rhaid i weinidog fod yn fwy gofalus na neb arall wrth ddewis gwraig.

ROLANT. Dyna fo, dy holl safbwynt di, wel di – dewis gwraig. Nid dewis gwraig y bydd neb.

DAFYDD. Dull o siarad oedd hwnna.

ROLANT. Dull o siarad awgrymiadol iawn. Ond pam rwyt ti'n meddwl bod yn rhaid i weinidog fod yn fwy gofalus wrth 'ddewis' gwraig chwedl tithau?

DAFYDD. O, rwyt ti wedi clywed y rhesymau lawer gwaith.

ROLANT. Nid gen ti.

DAFYDD. Wel, gan bobl eraill, ac am unwaith, rydw i'n credu 'run fath â'r mwyafrif.

ROLANT. Ie? Wel?

DAFYDD. Bod yn rhaid i weinidog gael dynes ddistaw gall, wastad ei thymer, un fedr basio heibio i wendidau praidd 'i gŵr.

ROLANT. Mewn geiriau eraill, darn o bren.

DAFYDD. Dim o gwbl.

ROLANT. Os dyna dy syniad ti am wraig gweinidog, pam rwyt ti mor hoff o Gwen? Achos, drwy drugaredd, dydy cymwysterau gwraig gweinidog yn ôl Dafydd Edwards ddim ganddi hi.

DAFYDD. Dyna ydy'r trwbl, fachgen. Genod fel Gwen ydw i'n hoffi ac eto mi wn na wnân nhw wraig imi.

ROLANT. Yr hyn wyt ti'n 'i feddwl ydy, y gwnân nhw wraig i ti, ond na wnân nhw ddim gwraig i Dafydd Edwards y gweinidog.

DAFYDD. Yn hollol.

ROLANT. Ac oherwydd hynny, rwyt ti'n amau a fedri di briodi Gwen.

DAFYDD. Dyna fo ar 'i ben.

ROLANT. Yli di'r hen bererin, maddau i mi am dy gynghori di, mae'n hen bryd iti roi'r syniadau neinaidd yna yn y to. Pan brioda i, mi brioda i eneth fydd wrth fodd 'y nghalon i, ac nid wrth fodd calon f'eglwys i.

DAFYDD. Y ffordd hawsa allan ohoni hi i ni, wrth gwrs, fasa i mi fod yn rhywbeth heblaw gweinidog, gan fod eglwysi yn cymryd gymaint o ddiddordeb yn dy wraig di. Ond mae'n hollol bosibl iti gael gwraig wnaiff blesio d'eglwys a thithau neu os mynni di, gael eglwys wnaiff blesio dy wraig di.

ROLANT. Ella, unwaith o bob mil, ond nid yn debyg. Pan brioda i, Dafydd, dwi ddim am falio hynna yn f'eglwys (*rhydd glec ar ei fawd*) ac os daw hi i bwynt, wel, yr eglwys gaiff fynd.

DAFYDD. Fedrwn i ddim gwneud hynny.

ROLANT. Mwya cwilydd iti felly ydy gwirioni pen geneth y gwyddost ti na wna hi ddim gwraig iti.

DAFYDD. Mae cymaint o fai arni hi ag arna innau.
ROLANT. Cwestiwn. Rwyt ti newydd ddweud mai wedi hir grefu y daeth hi am dro efo ti.
DAFYDD. Mae'r ddadl yn torri fel arall, hefyd, os ydy hi'n dweud 'i bod hi'n fy ngharu i, mi rydd i fyny efo pethau fel gwaith eglwys er fy mwyn i.
ROLANT. Na, fedra i ddim gweld Gwen yn rhoi te i'r dosbarth gwnïo, nac yn llywydd Cymdeithas Ddirwestol y Merched. (*Â Dafydd yn synfyfyrgar.*)
DAFYDD. Na finnau chwaith. Ac eto (*Gyda theimlad*) mae hi'n eneth hoffus. Hoffais i neb fwy erioed.
ROLANT. Ydy, mae hi. (*Gyda theimlad*) Mi fasa'n dda iawn gen i gael bod yn dy sgidia di.
DAFYDD. (*Gan agor 'i lygaid*) Mae arna i ofn dy fod tithau mewn cariad efo hi.
ROLANT. Ella baswn i, pe baswn i wedi cael dy siawns di i' nabod hi.
(*Ar hyn clywir cnoc ar y drws. Gwaedda un ohonynt 'Dowch i mewn' a daw Mrs. Huws i mewn.*)
MRS. HUWS. Mae yna ferch ifanc wrth y drws eisiau eich gweld chi, Mr. Edwards.
DAFYDD. Y fi?
MRS. HUWS. Ie.
(*Â Mrs. Huws allan, ac â Dafydd ar ei hôl. Daw'r olaf yn ôl mewn munud gyda Gwen. Mae hi'n gwisgo côt fawr ac mae'n bennoeth. Edrych yn llwyd a phrudd.*)
GWEN. Rhaid i chi faddau i mi am eich distyrbio chi fel hyn. Mi glywais Annie'n dweud ar ôl Olwen a Lizzie eich bod chi heb fynd i'ch cyhoeddiad.
ROLANT. (*Wedi codi i gychwyn*) Mi â i i'r gegin.
GWEN. Na. Mr. Jones, peidiwch â chodi. (*Rhydd Rolant ei gadair iddi.*)
DAFYDD. Well i chi dynnu'ch côt, Gwen.
GWEN. Na, dim diolch, mae hi'n gynnes amdana i.

ROLANT. Mi a i allan am funud. Mae arna i eisiau sgrifennu llythyr.

GWEN. Does dim rhaid i chi fynd o'm hachos i.

(*Â Rolant allan. Wedi iddo fynd, rhuthra Gwen at Dafydd a gafaela ynddo. Rhydd ei phen ar ei ysgwydd a dechreua wylo. Gafaela Dafydd ynddi 'n dyner.*)

GWEN. Dafydd!

DAFYDD. Dyna fo Gwen. Peidiwch â chrio. (*Cusana hi.*) Mi ddaw pethau'n well eto. Well i chi eistedd yn y gadair yn y fan yma. (*Trefna'r clustogau iddi ar y gadair sy'n wynebu'r gynulleidfa.*)

GWEN. (*Dan deimladau cryfion a than ddal i afael ynddo*) O Dafydd, dwedwch eich bod yn fy ngharu gymaint ag erioed.

DAFYDD. Ydw, ydw, Gwen bach. Dowch, steddwch yn y fan yma. (*Rhydd hi i eistedd yn y gadair. Sych hithau ei llygaid.*) Dyna chi, mi deimlwch yn well rŵan. (*Eistedd ef ei hun ar y gadair arall fel ei fod yn hanner troi at y gynulleidfa.*)

GWEN. Rhaid i chi faddau i mi. Rydw i wedi mynd trwy bethau mawr er neithiwr. (*Rhwng ebychiadau*) Mae'n debyg eich bod chi wedi clywed.

DAFYDD. Wel, do, mi ddwedodd Lizzie ac Olwen wrth Rolant, ond dim ond y munud yma y dwedodd Rolant wrtha i. Ond, Gwen, ydych chi ddim yn meddwl mai mynd yn ôl i'r hostel fasa'r peth gorau i chi rŵan? Os gwelan nhw'ch colli chi o'r hostel mae pob siawns sydd gynnoch chi ar ben.

GWEN. (*Yn anobeithiol*) Waeth beth wna i rwan. Mi gewch chi weld mai f'expelio ga i.

DAFYDD. (*Yn garedig*) Rhaid inni obeithio'r gorau. Does arna i ddim eisiau colli'ch cwmpeini chi ond rydw i'n credu mai mynd yn ôl ydy'r peth gorau i chwi.

GWEN. (*Yn benderfynol*) Na. 'D af i ddim, heb gael dweud sut y bu hi gynta, beth bynnag. Mi rydw i wedi bod bron â thorri eisiau cael dweud wrthoch chwi.

DAFYDD. Ar unwaith, ynte.

GWEN. (*Yn dawelach*) Wel, wedi imi eich gadael chi neithiwr, mi es yn syth at ffenest y *cloakroom*, gan obeithio y base hi'n agored, ond doedd hi ddim. Wedyn, mi fu'n rhaid imi ganu'r gloch, ac mi ddaeth Miriam i agor. Mae Miriam yn *sport* wyddoch, ond cynta 'mod i wedi cael y grisiau, mi glywn rywun yn dŵad i lawr y grisiau arall ac yn siarad efo Miriam, ac yr oeddwn i'n siŵr mai'r Warden oedd hi wrth 'i llais hi. Ymhen tipyn, wedi i mi fynd i fyny mi ddaeth Lizzie i mewn, ac mi'r oedd hi wedi synnu bod ffenest y *cloakroom* wedi ei chlicedu, achos mi'r oedd hi ei hun wedi bod i lawr yn agor y gliced yn gynt ar y noson.

DAFYDD. Dyna beth rhyfedd.

GWEN. Mi ddwedodd Lizzie ei bod wedi gweld y Warden yn dŵad o rŵm yr Ail Warden, ac ymhen tipyn, dyma'r forwyn yn cnocio ar y drws i ddweud bod ar y Warden eisiau 'ngweld i.

DAFYDD. Beth ddigwyddodd?

GWEN. Wrth gwrs, roeddwn i wedi dychryn yn ofnadwy, ond rywsut cyn imi gychwyn ati hi, mi ges nerth ac mi feddyliais 'Dydy Warden Coleg ddim ond dynes run fath â minnau', ac yn yr ysbryd hwnnw yr es i i mewn. Mi fasa'n well i mi pe taswn wedi dangos mwy o ofn.

DAFYDD. Pam? Oedd hi'n gas iawn?

GWEN. Oedd. Mi edliwiodd fy ngorffennol imi i gyd, fel petai gen i orffennol gwerth sôn amdano, ond mi'r oeddwn i'n ddigon o fats iddi.

DAFYDD. (*Yn gellweirus*) Eitha gwaith.

GWEN. Ie, rywsut, ond mi fasa'n well imi fod wedi dal fy nhafod.

DAFYDD. Ydych chi'n meddwl?

GWEN. Erbyn hyn, ydw. Ond neithiwr doeddwn i'n malio dim beth ddigwyddai imi.

DAFYDD. Beth sy'n cyfri am y gwahaniaeth, ydych chi'n feddwl?

GWEN. (*Yn freuddwydiol, gan syllu i'r tân*) Mae'n debyg mai amser.

DAFYDD. (*Yn araf*) Ie, mae'n debyg.

GWEN. (*Gan afael ym mraich Dafydd eto*) Ond mi rydych chi'n fy ngharu fi, ond ydych chi, Dafydd? Yr ydym ni'r un fath heddiw ag oeddem ni ddoe, ond ydym ni?

DAFYDD. Ydym, wrth gwrs. Beth sy'n gweud i chi amau hynny?

GWEN. Dim, ond mae arna i ofn.

DAFYDD. Ofn beth?

GWEN. Fel hyn, ydych chi'n gweld. Neithiwr roeddwn i'n gry ac yn medru herio pob dim am ein bod ni wedi cael diwrnod bendigedig efo'n gilydd. Roeddwn i'n gas wrth Annie am ddweud 'mod i'n gwastraffu f'amser yn y Coleg a gwastraffu arian 'nhad; y fi oedd yn iawn, a hwythau'n *wrong*. Ond erbyn heddiw dydw i ddim mor siŵr.

DAFYDD. Ac mi'r ydych chi'n mynd i feddwl bod fy nghariad i wedi oeri tuag atoch chi a phethau felly.

GWEN. Ond methu deall yr ydw i na faswn i'n teimlo'r un fath â neithiwr y bore yma.

DAFYDD. Fel yna mae hi, Gwen, mae llanw a thrai ar deimladau yr un fath ag ar bethau eraill. Ond ewch ymlaen â'r hanes.

GWEN. (*Yn ddiamynedd*) O does arna i ddim eisiau sôn am y peth efo chi. Pam raid mi wastraffu amser, ac yntau mor brin? Ella na chawn ni ddim gweld ein gilydd am hir eto.

DAFYDD. Sut felly?

GWEN. Taswn i'n cael f'expelio ydw i'n feddwl.

DAFYDD. Wel, rŵan, Gwen, gadewch inni fod dipyn yn ymarferol. Er mwyn treio arbed i chi gael eich expelio, beth petaen ni'n edrych dros y sefyllfa, rhag ofn y medrwn ni wneud rhywbeth?

GWEN. Fedrwn ni wneud dim, mae'r ddynes yna wedi penderfynnu mai o'r Coleg yr ydw i i fynd. Mae hi bron wedi dweud hynny.

DAFYDD. Ie, ond wedyn, nid ganddi hi mae'r gair dwaetha yn y mater. Mi fydd gan yr athrawon rywbeth i'w ddweud.

GWEN. Lot o hen bobl ydy'r rheini wedyn.

DAFYDD. Ond ella bod rhai ohonyn nhw heb anghofio'u dyddiau caru.

GWEN. Rhyw un neu ddau efallai.
DAFYDD. Ond dwedwch i mi beth sy'n mynd i ddigwydd?
GWEN. Mae'n rhaid imi fynd o flaen y Senedd yfory.
DAFYDD. Pryd glywsoch chi hynny?
GWEN. Rŵan, *just* cyn imi ddŵad yma. Mi deliffoniodd y ddynes yna at y Prini o flaen 'y nhrwyn i i ofyn iddo ddŵad i'r hostel heddiw. Mae'n debyg iddo ddŵad ac mi ddaeth hithau i fy rŵm i, i ddweud bod yn rhaid imi ymddangos o flaen y Senedd yfory.
DAFYDD. (*Gan ei chysuro*) Na hitiwch befo. Mi ddaw pethau'n well nag ydych yn ei ddisgwyl.
GWEN. Dwi ddim yn meddwl. Mae rhywun wedi bod yn cega wrth y Warden yna, sawl gwaith yr ydw i wedi dŵad i mewn drwy ffenest y *cloakroom* a phethau felly, ac mae hi'n gwybod yn rhy dda am fy ngwaith i. Roedd hithau fel Annie yn sôn am aberth fy nhad, ond 'i bod hi'n filwaith casach. Fasa hi byth yn fy nhroi i.
DAFYDD. Gyda llaw, yr oedd Olwen a Lizzie'n dweud wrth Rolant, fod golwg boenus iawn ar Annie.
GWEN. Oes, dwn i ddim pam, fedr neb ddweud 'i bod hi'n cydymdeimlo efo fi.
DAFYDD. Wel rŵan, Gwen bach, mae'n ddrwg gen i ymddangos yn greulon, ond rydw i'n credu y byddai'n well i chi fynd. (*Dechreua Gwen brotestio yn erbyn.*) Neu petaen nhw'n ffeindio hyn fyddai gynnoch chi ddim siawns i gael eich cadw yn y Coleg.
GWEN. (*Yn benderfynol*) Does gen i ddim siawns fel y mae hi, waeth heb ddim, a thydw i ddim am fynd oddi yma heno chwaith.
DAFYDD. (*Wedi dychryn*) Gwen!
GWEN. Nag ydw, dyna pam y dois i yma. Rydw i wedi gorffen yn yr hostel, a does arna i ddim eisiau bod yn y jêl honno ddim rhagor. Wyddoch chi ddim amdani.
DAFYDD. Rŵan, Gwen bach, treiwch roi eich rheswm ar waith, da

chi. Meddyliwch am eich tad a'ch modryb, mor siomedig y byddan nhw. A pheth arall, mi all hyn wneud drwg i mi. Dwn i ddim sut bydd hi arna i yn y Coleg Diwinyddol.

GWEN. Dyna chi yn meddwl amdanoch ych hun yn gynta.

DAFYDD. (*Dan gerdded yn ôl ac ymlaen ar hyd yr ystafell*) Nag ydw, Gwen; rydw i wedi nghadw fy hun allan hyd rŵan. Yn y Coleg Diwinyddol yr ydw i, ac fel hen stiwdent o'r Brifysgol mi ges ddŵad ar y picnic ddoe. Hyd y gwela i, dwi ddim wedi torri rheolau fy ngholeg fy hun; ond os clywan nhw eich bod wedi treulio pnawn yma efo mi, fedra i ddim dweud sut y bydd arna i. Dydw i'n gwneud dim ond siarad er eich lles chi, ac os ydy'n well gynnoch chi daflu pob siawns i ffwrdd, dyna fo. Ond dwn i ddim ydych chi'n sylweddoli beth ydych chi'n wneud. Mae gynnoch chi ddigon o allu i gael gradd dda, ac mi gaech le da yn athrawes ac ennill arian i fwynhau eich hun ac i dalu'n ôl i'ch tad.

GWEN. (*Yn boeth*) Y chi o bawb yn siarad fel yna. Dydych chithau'n meddwl am ddim ond am arian a thalu'n ôl. (*Yn drist*) A dim ond ddoe roeddech chi'n addo pob dim imi ac yn sôn am fentro a gadael i bob dim fynd i'r coblyn, dim ond i ni gael byw ein ffordd ein hunain. Ddoe yn sôn am briodi a byw efo'n gilydd yn fuan, a heddiw dyma chi'n gwrthod fy nghais i i aros yma.

DAFYDD. Ie, nid ddoe ydy heddiw.

GWEN. (*Yn araf a synfyfyriol, gan ailadrodd*) Nid ddoe ydy heddiw. Ac fel yna y bydd hi byth. (*Yn y fan hon daw cyfnewidiad drosti. Edrych yn drist, yna cyfyd fel petai am gychwyn allan. Edrych Dafydd yn falch.*)

DAFYDD. Ie, dyna fydda orau i chi, Gwen. (*Ond yn sydyn daw angerdd Gwen yn ôl.*)

GWEN. Na, fedra i ddim mynd yn ôl i'r hostel yna. Waeth heb ddim.

DAFYDD. Treiwch, wir, Gwen. Mae'n siŵr mai dyna fydd orau er eich lles chi.

GWEN. (*Yn wyllt*) Lles, lles; mae pawb yn meddwl 'i bod nhw'n siarad er fy lles i. Fy lles i ydy gadael imi wneud fel rydw i'n licio.

DAFYDD. (*Mewn anobaith*) O'r gorau. Gwen, beth sydd arnoch chi ei eisiau?

GWEN. Aros yma, os oes gan eich *landlady* wely imi, neu mi gysga i ar y *sofa* yn y fan yma. Rhywbeth yn hytrach na mynd yn ôl i'r hostel yna. Pe tasa yna drên mi faswn yn mynd adre.
(*Â Dafydd allan fel dyn yn methu â gwybod beth i'w feddwl o ferched. Pan yw ef allan, edrych Gwen o'i chwmpas ar y darluniau ar y silff ben tân. Edrych ar ddarluniau'r merched yn hir ac yn graff. Yna daw mwy o brudd-der dros ei hwyneb, prudd-der llipa, llai herfeiddiol. Ochneidia'n drwm. Rhydd y darluniau'n ôl ar y silff. Eistedd ar y gadair sy'n wynebu'r gynulleidfa. Synfyfyria'n ddwfn a'i gên ar ei llaw. Yna daw Dafydd i mewn. Gan ei bod â'i chefn ato, ni wêl ef ei bod yn synfyfyrio. Neidia hithau'n sydyn.*)

DAFYDD. Nid yw Mrs. Huws yn fodlon o gwbl. Mae ganddi ei henw da fel *landlady* i stiwdents i'w gadw meddai hi. Ond fe ŵyr am ddynes sy'n byw yn y cefnau yna sy'n siŵr o'ch cymryd am noson medda hi. Mi aiff drosodd i ofyn iddi rŵan. Mae'n debyg nad oes gan honno ddim enw da i'w gadw.

GWEN. Dim gwahaniaeth rŵan.

DAFYDD. Sut felly?

GWEN. Dwi ddim yn meddwl yr arhosa i wedi'r cwbl.

DAFYDD. (*Yn awyddus*) Rydych am fynd yn ôl i'r hostel?

GWEN. (*Yn ddiymadferth*) Ydw.

DAFYDD. Rydw i'n meddwl mai dyna fydd orau i chi yn y diwedd.

GWEN. (*Gan ail ddweud ond heb roi'r un ystyr iddo â Dafydd*) Ie, dyna fyddai orau imi yn y diwedd. (*Yna newid Gwen yn sydyn. Ymddengys yn galonnog.*) Wedyn gorau po gyntaf imi fynd felly.

DAFYDD. Er bod yn gas gen i'ch gweld chi'n mynd.

GWEN. Siŵr, yr hen gariad?

DAFYDD. Wrth gwrs, cofiwch am ddoe Gwen.
GWEN. (*Yn ymddangosiadaol hapus*) Doedd hi'n fendigedig?
DAFYDD. Ac mi gewch chi weld y cawn ni laweroedd o amser tebyg eto. Fedra i ddim meddwl y trôn' nhw chi allan o'r Coleg am beth cyn lleied. Rŵan, nos dawch, fy nghariad i. (*Cusana hi, ac wrth gusanu, edrych Gwen dros ysgwydd Dafydd ar y darluniau ar y silff ben tân, ac ymddengys fel petai'n eu gweld am y tro cyntaf.*)
GWEN. (*Gan ymddangos yn llawen*) Pwy biau'r lluniau merched yna ar y silff ben tân, Dafydd, chi ynte Rolant Jones?
DAFYDD. Fi piau'r rhan fwyaf ohonyn nhw. Pam? Beth oedd?
GWEN. Dim ond 'mod i'n holi. Wel, nos dawch. (*Ar hyn dyma gnoc ar y drws. Geilw Dafydd 'Dewch i mewn' a daw Mrs. Huws i mewn.*)
MRS. HUWS. Esgusodwch fi, Mr. Edwards, mae yna ferch ifanc arall wrth y drws, eisiau'ch gweld chi.
DAFYDD. Fy ngweld i?
MRS. HUWS. Ie.
DAFYDD. Perwch hi ddyfod yma os gwelwch yn dda, Mrs. Huws. (*Wrth Gwen*) Mi fydd yr ystafell yma'n llawn o ferched gyda hyn.
(*Edrych Gwen a Dafydd fel pe na wyddent beth i'w ddisgwyl. Daw Mrs. Huws yn ôl ac Annie gyda hi. Â Mrs. Huws allan. Mae golwg druenus ar Annie – golwg un wedi bod drwy bangfeydd o boen meddwl.*)
ANNIE. Y, y, maddeuwch i mi am dorri ar eich traws chi. Yr oedd yn rhaid imi gael gweld Mr. Edwards. Fe glywais eich bod chi gartre heddiw. Ond doeddwn i ddim yn meddwl gweld Gwen yma.
GWEN. Lle'r oeddech chi'n meddwl mod i wedi mynd ynte?
ANNIE. Meddwl roeddwn i eich bod chi wedi mynd allan o'r rŵm am funud.
DAFYDD. (*Yn awyddus*) Does neb wedi colli Gwen o'r hostel felly?

ANNIE. Ddim hyd y gwn i.

GWEN. Wel, mi a' i felly Dafydd.

ANNIE. Na, does dim rhaid i chi fynd o'm hachos i.

DAFYDD. Ella mai gwell fyddai i Gwen fynd er 'i mwyn 'i hun, gan nad ydyn nhw ddim wedi ffendio 'i cholli hi.

ANNIE. Os nad oes wahaniaeth mawr gynnoch chi, mi fasa'n well gen i i Gwen aros. Chadwa i monoch chi ddim dau funud. (*Edrych Dafydd yn anfoddog.*) Doeddwn i ddim wedi meddwl dweud yr hyn oedd gen i i'w ddweud ond wrth Mr. Edwards ei hun, ond gan fod Gwen yma, yr ydw i'n credu y byddai'n well imi ei ddweud wrthoch chi'ch dau.

DAFYDD. (*Wrth Annie*) Well i chi eistedd yn y gadair yma. (*Rhydd gadair esmwyth iddi eistedd arni. Eistedd Gwen ar gadair galed yn wynebu'r gynulleidfa. Yn ystod y darn hwn o'r olygfa ni ddywaid Gwen air, ond mae dirmyg ar ei hwyneb. Eistedd Dafydd ar fraich y gadair arall neu gall sefyll â'i bwysau ar y silff ben tân.*)

ANNIE. Rhaid imi redeg drwy fy stori neu farw. (*Brysia drwyddi.*) Y cwbl sydd gen i i'w ddweud ydyw mai fi aeth i lawr i glicedu'r ffenestr neithiwr ar ôl i Lizzie ei hagor hi a thrwy hynny fi sy'n gyfrifol am y boen y mae Gwen ynddo fo. (*Mae wyneb Gwen yn oer, a bron yn ddifynegiant gan ddirmyg. Edrych Dafydd fel llofrudd.*)

ANNIE. (*Yn arafach ac yn fwy hunanfeddiannol ar ôl cael cyfaddef.*) Mi wn na wnaiff yr un ohonoch chi'ch dau ddeall fy nheimladau i, achos mae'n debyg na wyddoch chi'ch dau ddim beth yw bod yn fychan a di-sylw, ac oherwydd hynny wyddoch chi ddim beth ydy cenfigen. Mi'r oedd arna i wenwyn bod Gwen yn ffr ... yn caru efo chi, Mr. Edwards, dyna pam yr arhosais i gartre o'r picnic a phan glywais i'r genod yn dweud mor hapus yr oeddech chi'ch dau yn edrych ddoe, mi ddaeth rhyw ffit o rywbeth gwaeth na chenfigen trosta i, ac mi es i lawr i glicedu'r ffenest.

DAFYDD. Ydych chi'n siŵr mai peth ddaeth drosoch chi ar y funud oedd y syniad o glicedu'r ffenest?

ANNIE. Rydw i'n berffaith siŵr o hynny.

DAFYDD. Fedra i ddim deall y peth o gwbl.

ANNIE. Ella medrech chi ddeall y peth yn well pan ddweda i wrthoch chi mai oherwydd fy mod i yn eich caru chi fy hun yr oedd arna i gymaint o wenwyn i Gwen. Ond ddaru mi 'rioed feddwl y buasai Gwen yn dŵad i'r holl helynt yma. Meddwl yr oeddwn i mai rhybudd gâi hi. (*Try Gwen ei phen yn araf i edrych arni. Mae dirmyg o hyd ar ei hwyneb. Ond mae gradd o dosturi ynddo'n awr. Edrych Dafydd wedi ei syfrdanu.*)

GWEN. Rydw i am fynd rŵan.

ANNIE. Rydw i'n dŵad efo chi.

DAFYDD. Nos dawch Gwen. (*Cychwyn ati fel petai am ei chusanu – ond mae hi allan trwy'r drws fel bwled. Â Annie ar ei hôl yn araf a'i phen i lawr. Â Dafydd drwy'r drws gan ysgwyd ei ben – ysgydwad sy'n awgrymu 'Wel, Wel, mae merched yn bethau rhyfedd'. Gwaedda ar dop ei lais yn y drws 'Rolant, Rolant'. Daw Rolant i mewn o'r gegin.*)

DAFYDD. (*Wedi i Rolant ddyfod i mewn*) Wyt ti'n deall merched? (*Eistedd y ddau fel o'r blaen.*)

ROLANT. Ddaru mi 'rioed geisio'u deall nhw'r un fath â chdi. My ddylit ti 'i deall nhw'n iawn, 'rwyt ti wedi cael digon o'u cwmni nhw heddiw, beth bynnag.

DAFYDD. Dwi ddim yn meddwl y medr yr Hollalluog 'i deall nhw.

ROLANT. Ddim, os wyt ti wedi methu.

DAFYDD. Rydw i'n teimlo fel petawn i'n actio mewn drama.

ROLANT. (*Gan siarad yn yr un mŵd*) Pa ryw gynllwyn a weodd merch amdanat?

DAFYDD. (*Gan ddifrifoli*) O gad dy nonsens.

ROLANT. Pwy siaradodd nonsens gyntaf?

DAFYDD. (*Gan dynnu ei ddwylo trwy ei wallt*) O, dwn i ddim i beth y cybolais i 'rioed efo merch.

ROLANT. Rwyt ti wedi dweud hynny unwaith o'r blaen y pnawn yma.

DAFYDD. Un yn dŵad yma i ofyn oeddwn i'n dal i' charu hi a'r llall yn dŵad yma i ddweud 'i bod hi wedi bradychu 'i ffrind am 'i bod hithau'n fy ngharu fi.

ROLANT. (*Yn chwareus*) Ac mae hynny yn plesio dy gonsêt di?

DAFYDD. Rŵan, Rolant, gwrando, mae'r peth yn rhy ddifrifol inni jocio yn 'i gylch o. Mi faswn yn medru chwerthin fy hun am ben y peth pe gwyddwn i na fasa'r canlyniadau ddim yn ddifrifol i Gwen.

ROLANT. Ond dywed, beth oedd yr holl gonsern y pnawn yma?

DAFYDD. Yn gyntaf, mi ddaeth Gwen yma, yn drist iawn ynghylch y cwbl. Fe gafodd wybod *just* cyn dŵad 'i bod hi i ymddangos o flaen y Senedd fory. Mae'n debyg bod y Warden wedi bod yn gas iawn wrthi neithiwr a'i bod hithau mewn ysbryd 'malio dim dam' wedi rhoi un am un yn ôl iddi. Erbyn heddiw, mae Gwen yn difaru ac yn poeni ac yn gwneud 'i hachos yn waeth wrth ddŵad yma.

ROLANT. Peth naturiol iawn iddi.

DAFYDD. Ie, ond wyt ti ddim yn gweld, Rolant, os oedd ganddi rywfaint o siawns am gyfiawnder o'r blaen, does ganddi hi ddim rŵan, os ydyn nhw wedi ffeindio iddi fod yma.

ROLANT. Wyddost ti beth, Dafydd, rwyt ti'n llawer anos dy ddeall nag unrhyw ferch. Neithiwr yn y fan yma, roeddit ti'n sôn am beidio â malio ac yn wfftio'r rhai a fynnai ddiogelwch *smug*. Heddiw dyma chdi dy hun yn pregethu diogelwch.

DAFYDD. (*Gan ochneidio*) Ie, fel yna'r ydw i'n gweld pethau heddiw yn fy munudau oer, a rydw i'n siŵr mai teimlad heddiw sy'n iawn. Mi fasa'n well i Gwen pe tasa hi heb fod yma.

ROLANT. Beth oedd yr hogan arall yna eisiau?

DAFYDD. Yn y fan yna mae'r ddrama'n dechrau – dŵad i gyfadde mai hi glicedodd y ffenest wnaeth hi.

ROLANT. Y nefoedd fawr!

DAFYDD. Ffaith i ti. Mae o'n swnio'r un fath â darlun y *cinema*, ac mae'r hyn oedd wrth wraidd y weithred lawn mor ddramatig.

ROLANT. Cenfigen, mi wranta.

DAFYDD. Ie, ond nid yn unig genfigen, ond mae'n debyg 'i bod hi mewn cariad efo mi, ac mai yn 'i chynddaredd wedi clywed mor hapus oedden ni ddoe, yr aeth hi i lawr i wneud. Nid peth wedi 'i gynllunio oedd o mae'n amlwg, ond rhywbeth a wnaed ar gynhyrfiad y foment.

ROLANT. Chlywais i 'rioed siwd beth. Pwy fasa'n meddwl y baset ti, Dafydd Edwards, pregethwr parchus efo'r Anghydffurfwyr, wedi dy landio mewn … mewn drama mor ogoneddus rhwng ddoe a heddiw?

DAFYDD. (*Yn ddifrifol*) Rŵan Rolant, nid amser i gellwair ydy hi. Rydw i wedi gwneud fy meddwl i fyny i ofyn i Gwen fy mhriodi fi os digwydd hi gael y sac.

ROLANT. Hylo, beth sydd wedi gwneud iti newid dy feddwl mor sydyn?

DAFYDD. Y tro ofnadwy yma sydd wedi 'i wneud efo Gwen. Mi aeth oddi yma fel peth wedi 'i pharlysu heb ddweud 'Nos dawch' na dim, er 'i bod hi'n g'lonnog iawn cyn i'r hogan arall yna ddŵad i mewn. Anghofia i byth mo'i golwg hi.

ROLANT. Hynny ydy, rwyt ti'n mynd i gynnig dy hun iddi am fod gen ti biti drosti. Cofia bod yn rhaid iti gael rhywbeth cryfach na thosturi at ferch i fyw'n weddol ddedwydd efo hi am tua hanner can mlynedd.

DAFYDD. Wrth dosturio wrth Gwen heno, rydw i wedi gweld fy mod i'n 'i charu hi mewn gwirionedd.

ROLANT. Ddigon i fentro eglwys biwritanaidd efo hi?

DAFYDD. Digon i fentro eglwys biwritanaidd efo hi. Os daw hi i bwynt, d'egwyddor di i mi – yr eglwys gaiff fynd.

ROLANT. Wel gobeithio dy fod ti'n ddigon siŵr.

DAFYDD. (*Gan roi slap i Rolant*) Fu mi 'rioed yn siwrach.

LLEN.

Y DRYDEDD ACT

GOLYGFA

Cegin orau chwarelwr. Gellir defnyddio'r un dodrefn ag yn Act II ond newid eu safle ychydig. Tynner y ddesg allan, ac yn ei lle doder dresel a llestri arni neu gwpwrdd gwydr. Mae darluniau gwahanol ar y mur – darluniau Gladstone a Lloyd George neu Tom Ellis a phregethwr neu ddau. Mae bwrdd wedi ei osod ar gyfer pryd o fwyd – bwyd i Gwen a ddisgwylir yn ôl o'r Coleg. Mae lle tân yn yr un man ag o'r blaen. Gosoder y lleithig ar letraws, fel bo'r sawl a eistedd arni yn hanner wynebu'r gynulleidfa. Pan â'r llen i fyny, daw Rhisiart Pritchard a Sara Pritchard, brawd a chwaer, tad a modryb Gwen, i mewn i'r ystafell – y ddau yn gwisgo eu dillad noson waith (dillad diwetydd y De). Dynes tua hanner cant yw Sara Pritchard – dynes dal, landeg, syth ei cherddediad. Mae ganddi wyneb cryf dynes wedi dyfod trwy lawer o bethau. Ymddengys yn fodlon, fel un wedi gweld ffolineb llawer o'r byd ac yn gallu chwerthin am ben ei ffolineb. Mae golwg ychydig yn bryderus arni heno. Dyn rhyw bedair neu bum mlynedd yn hŷn yw ei brawd. Mae ganddo yntau wyneb cryf sydd yn llawen ar adegau cyffredin. Heno mae golwg brudd arno. Cafodd ergyd drom. Tuedda i wargrymu.

AMSER

Tua saith o'r gloch Nos Fawrth ar ôl Act II.

RHISIART. (*Wrth ddyfod i mewn, er mwyn dweud rhywbeth*) Pryd wyt ti'n dweud y daeth y llythyr yna?
SARA. Ond efo'r post y bore yma.
    (*Eisteddant mewn mannau cyfleus i'w gweled gan y gynulleidfa*)
SARA. Ydy, ond rhaid iti gofio nad ydy'r byd ddim ar ben wedi i rywun gael ei droi o'r Coleg. Diolch 'i bod hi'n dŵad adre'n fyw. Fydd neb yn cofio am hyn ymhen mis.

RHISIART. Mi gofia i amdano fo byth.
SARA. Na, mi ddoi drosto fo'n gynt nag wyt ti'n 'i feddwl.
RHISIART. Na, dwi ddim yn meddwl. Ac mi fydd arna i gywilydd codi mhen tua'r chwarel yna. Rydw i wedi bod yn sôn cymaint am Gwen. Mi *gân* hwyl braf am 'y mhen i rŵan.
SARA. Dim ffasiwn beth. Wnaiff neb iawn chwerthin am dy ben di. Mi gei gydymdeimlad y rhan fwya.
RHISIART. Ac mi fydd hwnnw fel halen ar friw. Ond dŵad i mi mewn gwirionedd, beth wnaeth Gwen i haeddu'r ffasiwn beth?
SARA. Dim ond peth wnest ti a minnau ugeiniau o weithiau cyn bod yn 'i hoed hi – mynd allan i garu.
RHISIART. Mae'n rhaid ei bod hi wedi gwneud rhywbeth gwaeth na hynny.
SARA. (*Yn ddiamynedd*) Naddo, naddo, ond dyna'u rheolau nhw.
RHISIART. Beth ydy 'u rheolau nhw felly?
SARA. Wel, dydyn nhw ddim i fynd allan efo hogiau ac aros allan yn hwyr a phethau felly.
RHISIART. Pwy ydy'r hogyn yma mae Gwen yn 'i gyboli efo fo? Wyddost ti rywbeth amdano fo?
SARA. Ddim mwy nag a welaist ti yn y llythyr, mai pregethwr yn y Coleg Diwinyddol ydi o.
RHISIART. Ac mae o am gynnig 'i phriodi hi yn ôl y llythyr yna, ond tydi o?
SARA. Ydy, mae'n debyg 'i fod o'n gorffen yn y Coleg y flwyddyn yma, ac mae ganddo fo eglwys yn barod. Mae o am ddŵad yma rywdro mae'n debyg.
RHISIART. Sut na fasa *fo'n* cael 'i droi o'r Coleg?
SARA. Dwn i ddim, ond yn y Coleg Diwinyddol y mae o rŵan, ac nid mewn hostel mae o'n byw. Felly mae'n siŵr nad ydy 'u rheolau nhw ddim mor gaeth.
RHISIART. Ac i feddwl 'i bod hi'n priodi rŵan cyn bod yn un ar hugain wedi'r holl gostau sydd wedi bod efo hi.
SARA. Wnaiff addysg ddim drwg iddi hi ar ôl iddi briodi. A pheth

arall, dydy ddim yn rhaid iddi briodi.

RHISIART. Beth arall fedr hi wneud?

SARA. Mi fedr chwilio am le.

RHISIART. Mynd i weini ar ôl gwario'r holl arian ar 'i haddysg hi!

SARA. Rhisiart bach nid gweini ydy pob chwilio am le. Mae yna filoedd o bethau i gael i' wneud i ferched rŵan heblaw gweini a thitsio.

RHISIART. Fedra hi ddim mynd yn wniadreg na gwneud boneti a does arna i ddim eisiau 'i gweld hi'n mynd i siop.

SARA. Dydy ddim yn amhosibl iddi gael lle'n athrawes mewn ysgol elfennol wrth gwrs.

RHISIART. Ond chaiff hi ddim dysgu mewn ysgol ganolraddol heb B.A.

SARA. Nid ysgolion canolraddol sy'n dal y byd wrth 'i gilydd, wedi'r cwbl, ac mae bron gystal cyflog i'w gael yn y lleill rŵan.

RHISIART. (*Yn fwy calonnog*) Oes yna? (*Yn brudd eto*) Ond wedyn, mi'r oeddwn i wedi rhoi 'mryd ar i Gwen gael 'i B.A. Hi fasa'r gynta o'r lle yma i' chael hi. Rydw i wedi gweithio 'mysedd yn bytiau yn y chwarel yna i roi ysgol iddi. Ac i beth meddi di?

SARA. Rhaid iti gofio wedyn Rhisiart mai nid darn o bren anfonwyd i'r coleg. Mi anfonaist hogan â mennydd yno, ac oni bai am hynny mi gostiai dipyn rhagor iti i' chadw hi, achos mae ganddi ysgoloriaeth go lew.

RHISIART. Oes, oni bai am hynny, faswn i ddim yn medru 'i chadw hi o gwbl yno. Ond mae arni eisiau dillad, ac mae 'nghyflog innau'n fychan, pryd tasa hi'n ennill, mi allsa gadw 'i hun, beth bynnag. A dyma'r hogiau yn dŵad eto. Mi faswn yn licio'u gweld nhwythau yn cael rhywbeth gwell na gweithio yn y chwarel. Mi ddylsai Gwen fod wedi meddwl mwy am 'i theulu a llai am hogiau.

SARA. Ac mi ddylsai pobl y Coleg yna fod wedi meddwl mwy am 'i theulu hi. Pa sens sydd mewn troi hogan o'r coleg am ddim ond caru? Ac mi fentra i fod pob un trodd hi allan wedi caru digon yn 'u ddydd ond 'u bod nhw wedi anghofio.

RHISIART. Ond dydy hynny'n cyfiawnhau dim ar Gwen, ac mae hi'n dweud 'i hun yn y llythyr, bod dynes y Coleg yna – beth maen nhw'n 'i galw hi? – am 'i lladd hi o hyd am 'i bod hi'n esgeuluso'i gwaith.

SARA. Rhyw hen ferch ydyw honno, a Saesnes at hynny, ac yn gwybod dim faint mae o'n gostio i weithiwr roi 'i blant drwy'r ysgolion.

RHISIART. Ond wedyn Sara, gan fod Gwen yn gwybod y rheolau fe ddylsai gadw atyn nhw. Dŵad i mi, doedd hi ddim yn lolian efo hogiau pan oedd hi'n yr ysgol ganolraddol, oedd hi?

SARA. Nag oedd. Mi'r oedd hi'n gweithio bob munud o'i bywyd yr adeg honno, Sul, gŵyl a gwaith. Mae'n debyg 'i bod wedi gweld gwahaniaeth wedi mynd i'r Coleg, a pheth arall, mae hi yn yr oed y bydd pawb yn caru.

RHISIART. (*Gan feddwl am ei boen*) Ts, ts, ts.

SARA. (*Fel petai hi'n clywed sŵn yn y gegin bach*) Dyna hi, Gwen wedi dŵad. (*Rhydd ei gweu o'r neilltu a chyfyd i gychwyn allan.*) Rŵan, Rhisiart, cofia di na ddwedi di ddim byd cas wrthi hi pan ddaw hi i mewn. Peth ofnadwy o anodd ydy dŵad adre ar ôl bod i ffwrdd bob amser, dŵad adra ar ôl priodi, ar ôl marw rhywun, neu ddŵad adra ar achlysur fel hyn, pan na wyddost ti ddim p'run ai croeso ai cic sy'n dy ddisgwyl di.

RHISIART. Wel nid croeso fydd hi, beth bynnag, ac nid cic chwaith.

SARA. Ie, ond gofala di na wnei di bethau yn chwithig iddi ar y dechrau. Y chwithigrwydd yna ydy'r peth ofnadwy pan mae rhywun yn dŵad adra. Unwaith y daw rhywun dros ben hwnnw, mi fydd pethau'n iawn. Gollyngwch faint fynnoch chi o stêm wedyn ych dau.

RHISIART. Mae'n anodd iawn i neb fod yn naturiol pan mae cymaint o boen ar ei feddwl o.

(*Â Sara allan. Wedi iddi fynd, sych Rhisiart Pritchard un deigryn yn gyflym gyda'i hances poced, a thery'r hances poced yn ei hôl ar unwaith fel petai arno ofn i neb ei weld yn colli deigryn. Daw Sara'n ôl a Gwen gyda hi. Mae Gwen wedi diosg ei chôt a'i het. Edrych yn brudd ac yn wael. Edrych Sara fel petai'n methu â gwybod beth i'w wneud.*)

RHISIART. (*Yn drwsgl*) Sut wyt ti heno Gwen?

GWEN. Go lew, 'nhad. Sut ydych chi?

RHISIART. Go lew. Pryd cyrhaeddaist ti?

GWEN. Rŵan, efo'r trên saith.

SARA. Well i chi gymryd tamaid o fwyd Gwen. Mi gosodais o yn y fan yma rhag ofn y buasai rhywun efo chi.

GWEN. Na, ddim diolch, modryb. Fedra i ddim bwyta rŵan. Mi fwytis lot cyn cychwyn o Fryn Afon. Mi fydd yn well gen i gael peth cyn mynd i ngwely.

(*Eistedd Gwen a'i modryb mewn mannau cyfleus. Seibiant chwithig.*)

RHISIART. Ac mi rwyt ti wedi gadael y Coleg, Gwen.

GWEN. (*Gan ochneidio*) Ydw nhad.

RHISIART. A dwyt ti ddim yn meddwl bod siawns iti gael mynd yn ôl?

GWEN. Nag oes. Mae o'n derfynol.

(*Ochneidia Rhisiart Pritchard*)

RHISIART. Ddaru imi 'rioed feddwl y basat ti'n dŵad â'r gwarth yma am fy mhen i Gwen.

GWEN. Os oes yna warth o gwbl, fydd o ddim ar ych pen chi 'nhad. Ar fy mhen i y bydd o, neu'n hytrach, ar ben pobl y Coleg yna.

SARA. Mi fydd lot ohono ar ben yr hen hogan yna – be di 'i henw hi? Aeth i lawr i glicedu'r ffenest.

GWEN. Tw, dydy hi ddim gwerth sylw. Mae'n wir mai hi fu'r achos imi gael fy nal y tro hwn, ond mae'n siŵr mai wedi fy nal mewn rhyw ffordd arall y baswn i cyn y diwedd.

RHISIART. Beth wyt ti'n meddwl am 'i wneud rŵan?

GWEN. (*Yn brudd*) Dwn i ddim. Mae Dafydd Edwards yn dŵad yma heno i ofyn am ych caniatâd chi i fy mhriodi fi.

RHISIART. Oes arnat ti dy hun eisiau priodi?

GWEN. Dwn i ddim, dydw i ddim wedi gwneud fy meddwl i fyny eto.
RHISIART. Wyt ti'n meddwl y byddi di'n hapus efo fo?
GWEN. Mae'n debyg y bydda i cyn hapused ag y mae'r rhan fwyaf o bobl ar ôl priodi, ond nid hynny sy'n mynd i wneud i mi benderfynu.
RHISIART. Wel, gofala beth wyt ti'n 'i wneud beth bynnag, achos fedri di byth ddatod y cwlwm yna, unwaith y bydd o wedi 'i roi.
(*Â ias o ddychryn trwy Gwen.*)
GWEN. Wrth gwrs, mae yna lawer o bethau alla i wneud heblaw priodi. Mae cyflog da i' gael am weini rŵan.
RHISIART. Mynd i weini ar ôl cael cymaint o ysgol!
GWEN. Wel, mi all genod gweini wneud efo tipyn o addysg.
RHISIART. Nonsens. Does ar neb eisiau addysg i olchi llestri a sgwrio lloriau.
SARA. Wnaiff tipyn o addysg ddrwg i neb tasa rhywun yn gwneud dim ond bwydo moch.
RHISIART. Does arna i ddim eisiau gweld Gwen yn mynd i weini hyd yn oed pe tasa hi heb gael diwrnod o addysg. Gweini laddodd dy fam. Pe tasa hi wedi cario llai o fwyd moch a chodi llai o feichiau trymion mi fasa'n fyw heddiw. (*Egyr Gwen ei llygaid.*) Ac roeddwn i wedi meddwl gweld 'i merch hi'n cael 'i B.A. a chael lle mewn ysgol ganolraddol.
GWEN. Mi fysa'n llawn cystal gen i fynd i weini â mynd yn athrawes i ysgol ganolraddol.
RHISIART. Wyt ti'n colli arnat ti dy hun dywed? Wyt ti'n meddwl cymharu gweithio caled a chyflog bach efo gwaith ysgafn a chyflog da?
GWEN. Ie mor dda, nes mae nhw'n methu 'i adael o i briodi.
SARA. Mae nhw'n dweud bod athrawon ysgolion canolraddol yn gweithio ddigon caled.
GWEN. Ydyn, maen nhw, ac maen nhw'n blino ac yn mynd i edrych yn hen cyn 'u hamser wrth dreio stwffio pethau i bennau plant dwl.

RHISIART. Blino. By – bo! Dydy titsio ddim yn waith.
GWEN. Ta waeth am hynny, mae yna ddigon o bethau diddorol i'w gwneud rhwng gweini a thitsio.
SARA. Ugeiniau o bethau.
RHISIART. Ie, ond petaet ti wedi cael dy B.A., mi gaet le yn rhywle. Daiff neb i dy ben di i ddwyn d'addysg di oddi yno.
GWEN. Aiff, digon o bethau. Pwy sy'n cofio hanner y pethau mae o wedi ei ddysgu yn y Coleg ond y poli parots? Mi fedra rheiny adrodd pethau wrth y llath fel dyn gwneud sosej. Y peth sydd arnoch chi eisiau 'i ddweud ydyw, nad aiff neb i mhen i i nôl fy mennydd i.
RHISIART. Ella, wir.
GWEN. Felly, ydych chi'n gweld, mi fedra i fynd drwy'r byd efo fy mennydd – peth na fedr pobl mo'i wneud efo addysg.
RHISIART. Mi'r wyt ti wedi dysgu pethau rhyfedd iawn tua'r Coleg yna, beth bynnag. Ddaru mi 'rioed feddwl mai fel hyn y baset ti'n gorffen d'yrfa. Roeddwn i wedi edrych ymlaen bob dydd wrth weithio ar ben twll mawr y chwarel yna – at y diwrnod y doet ti allan o'r coleg â B.A. ar ôl dy enw, – y B.A. gynta o'r ardal yma, ond dyma chdi'n dŵad nid yn unig heb dy B.A. ond heb dy enw da.

(*Â Rhisiart allan yn brudd. Wedi iddo fynd dechreua Gwen wylo'n ddistaw.*)

SARA. Dyna fo, Gwen, mi ddaw pethau'n well eto.
GWEN. Ydych chi'n gweld, modryb, rŵan yr ydw i'n gweld beth mae fy nhroi o'r Coleg yn 'i olygu i 'nhad.
SARA. Ydy, mae o'n golygu lot iddo fo. Roedd o wedi rhoi 'i fryd ar i chi gael eich B.A. Yr oedd o'n cyfri'r dyddiau nes doech chi allan o'r Coleg.
GWEN. Ie, dyma beth sy'n dŵad o dlodi. Rydw i wedi dysgu mwy ers nos Sadwrn na ddysgais i ar hyd f'oes cynt.
SARA. Ym mha ffordd?
GWEN. Yn un peth mae yna ormod o siarad nonsens am dlodi ac arian. Rydym ni wedi ein dysgu fod tlodi'n beth i ymfalchïo

ynddo ac arian yn beth i'w ddirmygu – lol botes.

SARA. Wir ddaru mi 'rioed ddirmygu arian os byddan' nhw i'w cael.

GWEN. Na, mae pawb ohonom ni'n licio 'u cael nhw, ond bod pobl gefnog yn licio'n dysgu ni o hyd fod mwy o rinwedd mewn bod yn dlawd. Meddyliwch gymaint o storïau sydd am y bachgen bach tlawd a ddaeth yn enwog neu'n gyfoethog – yr un peth ydi o – nid mewn llyfrau tylwyth teg ydw i'n feddwl, ond ym mhapurau newydd heddiw.

SARA. Ond beth sydd a wnelo hyn â chi, Gwen?

GWEN. Pe tasa fy nhaid heb fod mor dlawd, mi fasa 'nhad wedi cael tipyn o addysg a gweld y byd, ac mi fasa'n gweld mai peth i'w gael er 'i fwyn 'i hun ydy addysg.

SARA. Ie, ond rhaid i chi beidio â beio'ch tad Gwen, am edrych ar bethau fel yna. Dydy o ddim wedi cael addysg i weld pethau yn y golau yna.

GWEN. Na, dyna sylweddolais i rŵan wrth iddo fynd allan. Mae yna hud o gwmpas y llythrennod B.A. iddo fo.

SARA. Oes. Y gwaetha ydy fod gan bobl dlawd dalent wyddoch chi. Mae o wedi pasio honno i chi, ac mae o mor falch eich bod chi'n cael siawns i ddatblygu'ch talent â phe tasa fo'i hun yn 'i chael hi.

GWEN. Ia, dyna ydy trasiedi'r peth. Mae o wedi aberthu i roi addysg i mi ac mae'r addysg honno wedi dangos imi mai ffolineb yw'r aberth, neu'r hyn sydd yn symbylu'r aberth. Mae addysg yn dechrau yn y pen *wrong*, modryb. 'Y nhad ddylai gael 'i ddysgu gynta beth ydy addysg.

SARA. Ie, ond er mwyn gwneud hynny mi fasa'n rhaid cael arian.

GWEN. Yn hollol, gelen ddeuben yw hi o hyd.

SARA. Ie, heb i rywun aberthu.

GWEN. Sut ydach chi'n 'i feddwl?

SARA. Mae'n rhaid dysgu'r to sy'n codi, ac er mwyn gwneud hynny, rhaid bod yn greulon wrth eu rhieni, pobl fel eich tad.

GWEN. Peth go drist hefyd ynte?

SARA. Ie ond fel yna mae bywyd, mae rhywun yn gorfod aberthu 'i deimladau o hyd.

GWEN. Ydy, ond mi all yr ochr arall fynd yn rhy greulon. Does dim eisiau inni beidio â deall ein gilydd. Petawn i wedi ceisio deall 'nhad yn well, mi faswn wedi aberthu tipyn bach i gadw rheolau'r coleg.

SARA. Ella, ond mi'r oeddech chi'n bell o cartre ac ychydig iawn fedrwn ni ddeall ar bobl sy'n bell oddi wrthom ni – 'allan o olwg allan o feddwl'.

GWEN. A wnaeth pobl y coleg yna ddim treio neall innau, neu mi fasan wedi rhoi ail gynnig imi.

SARA. Oeddwn nhw'n gas iawn?

GWEN. Na ddim mor gas, ond mor berffaith. Mi fasa'n well gen i farw na wynebu Senedd y Coleg yna eto.

SARA. Doedd gan yr un o'nyn nhw gydymdeimlad?

GWEN. Un neu ddau. Am y gweddill, mi fasech yn meddwl na welson nhw 'rioed ferch, heb sôn am garu un, ac mae gan y rhan fwya ohonyn nhw lot o blant. Hen lanc oedd un o'r ychydig sticiodd drosta i.

SARA. (*Dan wenu*) Dwi'n synnu dim.

GWEN. Ond wedyn hen ferch yw Warden y Coleg. Hi oedd achos y drwg. Mi'r oedd hi wedi penderfynu 'mod i'n griminal neu rywbeth gwaeth.

SARA. Wel hen ferch ydw innau, petai hi'n mynd i hynny.

GWEN. Ie, ond mi gymraf fy llw nad ydych chi ddim yn hen ferch am yr un rheswm â hi. (*Newid ei thôn*) Rydw i wedi bod yn meddwl llawer yn ddiweddar, modryb, pam ydych chi heb briodi, nid am na chawsoch gynnig, rwy'n siŵr?

SARA. Wel, naci; mae pob dynes wedi cael cynnig priodi rhywun rywdro, mi greda i.

GWEN. Dwn i ddim am hynny. Ond mi'r oedd dynion eich oes chi yn ddall iawn i'ch pasio chi heibio.

SARA. Wel mi'r oedd lot yn gwneud, ac ychydig yn peidio.

GWEN. Fuoch chi'n caru efo llawer, modryb Sara, petai gen i ryw hawl i ofyn?

SARA. Efo rhyw ddau neu dri.
GWEN. Fuoch chi'n meddwl priodi?
SARA. Mae pob dynes yn meddwl priodi rywdro.
GWEN. Ie, ond fuoch chi'n meddwl priodi efo rhywun neilltuol o'r ddau neu dri yna?
SARA. Do, mi fûm ar fin priodi efo un ohonyn nhw.
GWEN. Beth ddaeth rhyngoch chi? Ai ffraeo ddaru chi?
SARA. Naci. Fel rheol, pan mae pobl yn ffraeo, maen nhw'n dŵad yn ffrindiau wedyn; ond gweld rhyw un peth bach wnes i, ac yr oedd hynny'n ddigon i mi benderfynu na fedrwn fyw efo fo.
GWEN. Fydda fo'n ormod imi ofyn beth oedd o, modryb? Rydw i'n ofnadwy o ddigwilydd, ond ydach chi'n gweld, heno'r ydw i'n gorfod gwneud un o benderfyniadau mawr fy mywyd.
SARA. Ydach, mi wn 'y ngeneth i, ac mi fydda i'n teimlo weithiau 'mod i'n chydig iawn o help i chi. Rydw i'n edrych ar ôl y tŷ yma, ac ar ôl eich dillad chi, a phethau felly, ond rydw i ymhell iawn o fod fel mam i chi.
GWEN. Rydych chi'n *wrong* yn y fan yna. Rydw i'n medru siarad efo chi yn well nag y baswn i efo mam. Fedra i byth fod yn rhydd i siarad am bethau fel hyn efo mherthnasau agosa. Mae nhad fel dyn dieithr i mi, a faswn i byth yn medru sôn am faterion caru efo mam petasa hi'n fyw, dwi'n siŵr.
SARA. Os oes arnoch chi eisiau gwybod beth ddaeth rhyngo i a nghariad, dyma fo. Mi chwerthinwch pan glywch chi. Wedi inni fod yn caru am hir iawn mi ffeindiais nad oedd o ddim yn fodlon iawn os baswn i'n colli cyfarfod gweddi neu seiat. Roedd â'i lygad ar y sêt fawr, ydych chi'n gweld.
GWEN. Gafodd o rywbeth heblaw rhoi 'i lygad arni?
SARA. Do, mae o'n eistedd yn gysurus ynddi heddiw, yn edmygedd ei wraig a'i blant.
GWEN. Oedd, yr oedd o'n edrych yn beth bychan, ond mae'n debyg 'i fod o'n beth mawr i chi.
SARA. Cofiwch dydw i ddim yn tosturio wrthyf fy hun heddiw. Rydw i'n meddwl mor lwcus y bûm i ffeindio hynny cyn

priodi. Mae rhai yn ffeindio pethau ar ôl priodi.

GWEN. Ac wrth gwrs, dydy rhai byth yn ffeindio na chynt na chwedyn.

SARA. Nag ydyn, mae 'u bywyd nhw'n ddi-ddarganfyddiad o'r dechrau i'r diwedd.

GWEN. A chawsoch chi ddim siawns i briodi wedyn, mi wn, achos mi'r ydych wedi aberthu'ch bywyd er mwyn fy nhad a ni'r plant.

SARA. Peidiwch â chamgymryd, nid aberthu mywyd er mwyn eich tad ddaru mi. Petawn i wedi gweld rhywun y byddai'n werth gen i rannu mywyd efo fo, mi gawsai eich tad fynd. Ond ddeuthum i ddim ar draws neb.

GWEN. Ella pe tasech chi heb aros efo nhad, y basech chi wedi dŵad ar draws rhywun gwerth i chi rannu'ch bywyd efo fo.

SARA. Ella, ac ella'u bod nhw wedi mhasio innau lawer gwaith yn y lle yma. Mater o le ydyw priodas, a chyfleustra.

GWEN. Ydw i'n gweld. Petaswn i heb fod yn y Coleg, faswn i ddim wedi cyfarfod Dafydd.

SARA. A fasa yntau ddim wedi'ch cyfarfod chithau, a hefyd mi allasech fod wedi pasio'ch gilydd. A rŵan rydw i'n teimlo y dylwn roi gair o gyngor i chi; peidiwch chi â phriodi os nad ydych chi'n siŵr eich bod chi'n caru'r bachgen yn ddigon i fyw efo fo am oes go faith. Faint sydd ers pan ydych chi'n 'i nabod o?

GWEN. Tua thri mis.

SARA. Wrth gwrs, does a wnelo amser ddim ag o. Mi ellwch nabod rhai pobl tu chwyneb allan mewn tri mis, ac mi gymerai dragwyddoldeb i chi nabod y lleill. Hm. Chi ŵyr orau Gwen. Chi raid benderfynu a chi raid fyw efo fo. Un dda ydw i i gynghori! (*Chwardd.*)

GWEN. Dyna ydw innau'n deimlo, modryb, na fedr neb ond y person ei hun benderfynu dim byd dan haul. Yr unig beth sydd, 'mod i'n ifanc ac heb weld dim o'r byd, ond dydy hynny ddim yn dweud bod yr ifanc yn *wrong* bob amser.

SARA. Na bod yr hen yn iawn.
GWEN. Piti na fasa rhyw dylwyth teg bach yn penderfynu pob dim pwysig mewn bywyd inni'n te?
SARA. Petai o'n gwneud, cwestiwn wnaem ni wrando.
GWEN. Piti bod priodi'n beth mor bwysig!
SARA. Dydy o ddim i bawb. I bobl gyfoethog, dydy priodi'n ddim byd ond rhywbeth fel mynd i gonsert. Rhywbeth sy'n digwydd ymhlith pethau eraill.
GWEN. Ie'n te?
SARA. Ac mae ysgar yr un fath. Ond i bobl dlawd, mae priodi'n beth pwysig. Mae'n rhaid iddyn nhw dreio bod yn hapus o achos bod anhapusrwydd yn costio gormod. Fedran *nhw* ddim fforddio mynd ar ôl eu dyheadau. Mater o arian yw hi efo hyn, eto.
GWEN. Mae'n well gen i fod yn dlawd felly.
SARA. Wrth gwrs mae'n dibynnnu beth ydych chi'n feddwl wrth hapusrwydd. Ond rhaid imi fynd i roi swper i'r hogiau iddyn nhw gael mynd i'w gwelyau. (*Cyfyd i gychwyn allan.*)
GWEN. Mi ddylai Dafydd fod yma bellach.
SARA. Pob lwc, Gwen. Cofiwch beidio â gwneud peth y byddwch chi'n difaru amdano.
GWEN. Modryb Sara. Un cwestiwn eto cyn i chi fynd. Oedd mam yn glws iawn pan oedd hi'n ifanc?
SARA. Roedd hi fel pictiwr.
GWEN. Oedd hi wedi gwirioni am nhad?
SARA. Oedd. Ond pam ydych chi'n gofyn y pethau yma rŵan?
GWEN. Dim, ond fy mod i'n licio holi. Oedd nhad a mam yn hapus ar ôl priodi?
SARA. I bob golwg, mi'r oeddan nhw beth bynnag. Ond chafodd eich mam fawr o iechyd.

(*Â Sara allan ac â Gwen i syllu ar ddarlun o'i mam sydd ar y silff ben tân. Pan mae hi fel hyn daw Dafydd Edwards i mewn efo'i thad.*)

RHISIART. (*Wrth ddyfod i mewn*) Ydych chi'n mynd yn ôl heno,

Mr. Edwards?

DAFYDD. Na fedra i ddim. Ond rydw i wedi trefnu i aros gyda ffrindiau imi – wel perthnasau pell mewn gwirionedd – yn y pentre. (*Wrth Gwen*) Sut mae hi erbyn hyn?

GWEN. Go lew.

RHISIART. (*Wrth Dafydd*) Well i chi gymryd cadair. (*Eistedd Dafydd a chychwyn Rhisiart Pritchard allan.*)

GWEN. Ydych chi ddim am aros nhad i gael sgwrs efo Dafydd?

RHISIART. Rydym ni wedi cael sgwrs yn y gegin bach rŵan, tra roeddit ti a dy fodryb yn siarad.

GWEN. (*Wrth Dafydd*) O, trwy'r cefn y deuthoch chi i mewn felly?

RHISIART. Ie, mi'r oeddwn i'n digwydd sefyll â 'mhwysau ar y llidiart pan ddaeth Mr. Edwards. Wel rydw i am fynd. Does arnoch chi ddim eisiau dim o fy help i. (*Â allan.*)

GWEN. Well i chi gael paned o de. Mae modryb wedi ei osod ar eich cyfer chi.

DAFYDD. Mae'n well gen i gael cusan yn gyntaf. (*Cusana hi'n awchus, ond nid yw Gwen mor frwdfrydig.*) Ydych chi ddim yn falch o ngweld i Gwen?

GWEN. Ydw, wrth gwrs, ond mae rhywun yn fwy swil gartre, neu mi fydda i beth bynnag. (*Try'r sgwrs.*) Beth am fwyd? Mi a' i i nôl te rŵan. (*Â allan i nôl y tebot a'r sandwiches. Tra mae hi allan, edrych Dafydd ar lun ei mam ar y silff ben tân. Daw Gwen yn ôl gyda hambwrdd &c., a gesyd hwynt ar y bwrdd.*)

DAFYDD. Llun eich mam ydyw hwn, Gwen?

GWEN. Ie.

DAFYDD. Rydych chi'n od o debyg iddi.

GWEN. Felly mae pawb yn dweud.

DAFYDD. Dydych chi ddim yn cofio llawer amdani mi wn. (*Eisteddant i lawr i fwyta. Tywallt Gwen y te &c. Siaradant wrth y bwrdd am dipyn. Yna wedi gorffen bwyta ânt i eistedd ar y lleithig.*)

GWEN. Ydw, mae gen i go' plentyn go fawr, ac yr ydw i'n cofio'r hiraeth ar 'i hôl hi'n iawn. Fu hi ddim yn gry iawn o gwbl ar ôl priodi. Mae nhad yn dweud mai gwaith caled pan oedd hi'n gweini oedd achos 'i gwendid hi. Dyna pam oedd o mor awyddus i mi gael rhywbeth gwell na gweini. (*Â Dafydd yn synfyfyrgar.*) Ddaru chi ffeindio'ch ffordd yn iawn?

DAFYDD. Do diolch. Roedd y bobl lle'r ydw i'n aros yn gwybod am yma'n dda. Roedden nhw'n edrych yn bur chwilfrydig wrth imi ofyn.

GWEN. Oedden, mi wn. Rydw i'n dychmygu ers meityn faint o ddiddordeb mae'r pentre yma'n gymryd yn f'achos i, ac mor falch y mae'r rhan fwya ohonyn nhw. Hy! (*Yn ddirmygus.*)

DAFYDD. Yr oedd eich tad yn edrych yn brudd iawn pan ddois i ar ei draws o wrth y llidiart.

GWEN. Ydy, mae o'n sobor o ddigalon.

DAFYDD. Dydy o ddim yn erbyn i chi briodi, nag ydy?

GWEN. Dwi ddim yn meddwl 'i fod o o unrhyw wahaniaeth ganddo beth wna i.

DAFYDD. O!

GWEN. Ydach chi'n gweld, y peth sy'n gwneud nhad yn ddigalon ydy 'mod i wedi dŵad o'r Coleg heb fy B.A.

DAFYDD. Mae'n hawdd deall hynny. Mae hi'n ergyd fawr iddo fo, gan 'i fod wedi rhoi 'i fryd ar i chi gael eich gradd.

GWEN. Ydy. Rydw i'n gweld ar ôl dŵad adre beth mae fy nhroi i allan o'r coleg yn 'i olygu iddo fo. Rhaid imi ddweud nad oeddwn i ddim yn gweld cynt neu mi faswn yn fwy gofalus yn y Coleg.

DAFYDD. Ydych chi ddim yn mynd i adael i hynny effeithio dim arnoch chi heno?

GWEN. O nag ydw. Gan fod y peth wedi digwydd rhaid imi benderfynu beth sydd orau imi 'i wneud er fy mwyn fy hun a pheidio â gadael i nheimlad i ynglŷn â neb arall ddylanwadu arna i.

DAFYDD. Mae'n dda gen i'ch clywed chi'n siarad mor gall.

GWEN. (*Mewn gwrthryfel sydyn*) O! Mae pob dim yn *wrong*. Mi ddylech chi a fi fod yn y Coleg, ac yn cael cyfarfod bob tro

byddem ni eisiau, ac wedyn cael priodi rywdro yn y dyfodol,
gan ein bod ni'n rhoi cymaint o boen i bobl eraill wrth beidio â
chael ein gradd. Mi'r oedd arna i hiraeth wrth ymadael y bore
yma, a meddwl na chawn i byth fynd i sosial yn y Coleg eto,
nac i'r côr ar nos Wener, na chael te bach i fyny yn fy rŵm ar
ddydd Sul, na mynd i ddarlithoedd. Cofiwch chi, mi'r oeddwn
i'n mwynhau ambell ddarlith ar farddoniaeth.

DAFYDD. Mi'r oedd bai mawr ar y Warden a Senedd y Coleg na
buasen nhw'n meddwl am eich tad, hyd yn oed os nad oedden
nhw'n barod i roi ystyriaeth i chi.

GWEN. Beth mae amgylchiadau neb yn 'i boeni arnyn nhw?
Doeddwn i na nheulu'n ddim byd iddyn nhw. 'Roedden
nhw mor amhersonol â phetawn i'n ferch i filiwnêr. A'r peth
sy'n gwneud dyn yn gancar gwyllt ydy 'u bod nhw i gyd yn
edrych fel petawn i wedi llofruddio rhywun. Roedden nhw'n
edrych mor gysact ac mor gyfiawn, fel petaen nhw 'rioed wedi
gwneud dim o'i le. A'r Warden (*yn wawdlyd*) yn edrych yn
ddifrycheulyd. Roedd o'n frawychus sefyll yn y fan honno
ar y carped tew hwnnw, mewn rŵm berffaith, o flaen pobl
berffaith. Wrth gwrs y ffaith 'u bod nhw i gyd efo'i gilydd
oedd yn gwneud iddyn nhw edrych felly. Ar wahân, mae'n
siŵr gen i 'u bod nhw'n hen fois reit glên. Ond roedd pob dim
mor sydêt, fel bu agos imi chwerthin allan dros bob man. Dim
ond un peth fuasai'n gwneud imi fwynhau'r olygfa yna fel un
o bethau gorau 'mywyd.

DAFYDD. Beth fasa hynny?

GWEN. Bod gen i ddigon o arian i roi clec ar fy mawd arnyn nhw i
gyd.

DAFYDD. Ie, arian ydy'r peth pwysicaf yn y byd.

GWEN. Ydach chi'n dweud hynna?

DAFYDD. Ydw, achos mae gen i ddigon 'chydig ohono i weld 'i
werth o.

GWEN. Dyna *just* beth oedd modryb a finnau'n ddweud cyn i chi
ddŵad i mewn. Oni bai am brinder arian, fasa'r picil yma
ddim cymaint o brofedigaeth i nhad.

DAFYDD. Un peth ydw i'n synnu ato fo yn yr holl achos ydy, nad ydych chi ddim yn teimlo'n ddig tuag at Annie.

GWEN. Nag ydw. Plentyn ydy Annie ym mhob ystyr, a gwaith plentyn oedd mynd i lawr i glicedu'r ffenest. Fydd 'i bywyd hi ddim gwerth iddi fyw eto. Achos mae ganddi gydwybod.

DAFYDD. Ond mae'r weithred yna wedi difetha'ch bywyd chi am byth.

GWEN. Ydy, cyn belled ag y mae'r Coleg yn y cwestiwn, ond mae o wedi 'gwneud' fy mywyd i mewn ystyr arall.

DAFYDD. Beth ydych chi'n feddwl?

GWEN. Fedra i byth egluro i chi.

DAFYDD. Cofiwch, wnaeth dyfod acw ddydd Sul ddim lles i chi.

GWEN. Naddo, fe wnaeth fawr ddrwg, gan fod rhaid i chi gael rhygnu arno. Mi gawsom wybod 'mod i wedi bod, wrth gwrs. Ond yr oedd yn rhaid imi gael mynd i rywle ac i ble arall yr awn i?

DAFYDD. Ie, wrth gwrs. Ond piti na fasa'n rheswm ni'n drech na'n teimlad ni bob amser.

GWEN. Ie, piti na fasa fo'r munud yma. Mae fy rheswm i'n dweud mai gwneud y gorau o'r gwaetha ddylwn i, a phenderfynu gweithio'n galed a gwneud iawn am yr hyn wnes i, ond mae nheimlad i'n gwneud imi edrych yn ôl ar yr amser braf ges i yn y Coleg, ac mae gen i biti mawr dros nhad, wrth weld cymaint o ergyd ydw i wedi roi iddo.

DAFYDD. Ie, wel, gan fod y drwg wedi digwydd does dim amdani ond gwneud y gorau o'r gwaetha, a waeth imi dorri'r garw yn fuan nag yn hwyr. Mi wyddoch chi beth yw fy neges i yma heno. Mae'ch tad yn berffaith fodlon inni briodi meddwch chi. Beth ydyw'ch ateb chi, Gwen? (*Gall y ddau fynd i eistedd ar y lleithig yn y fan hon.*)

GWEN. Fedra i ddim dweud.

DAFYDD. Mae yna amheuaeth yn eich meddwl chi, felly?

GWEN. Oes.

DAFYDD. Mi'r ydach chi'n fy ngharu fi o hyd, Gwen?

GWEN. Ydw.
DAFYDD. Dydyw hwnna ddim yn swnio'n angerddol iawn – ddim mor angerddol â nos Sadwrn.
GWEN. Na, yr oedd natur yn ein gwneud ni'n sentimental y pryd hwnnw ac yn ein gosod mewn lliwiau gwahanol, fel mae haul wrth fynd i lawr yn gwneud i dai cyffredin edrych fel plasau.
DAFYDD. Ydych chi ddim yn awgrymu mai mynd i lawr yr oedd ein cariad ni y diwrnod hwnnw?
GWEN. O nag ydw, dydyw'r ffigiwr ddim yn dal yn 'i holl fanylion.
DAFYDD. Felly, dydych chi ddim yn meddwl eich bod chi'n fy ngharu i fel yr oeddech chi'r diwrnod hwnnw?
GWEN. Fedra i ddim dweud.
DAFYDD. O, Gwen, ydych chi ddim yn cofio'n cariad ni ar ben y boncan honno wrth edrych tua'r môr?
GWEN. Ydw, ond yr ydw i wedi ffeindio peth arall hefyd, fod cariad yn llai barddonol rhwng pedair gwal ystafell.
DAFYDD. Pryd ddaru chi ffeindio hynny?
GWEN. Echdoe, yn eich tŷ lodging chi.
DAFYDD. Ond mae'n rhaid i gariad fod yn llai barddonol weithiau na'i gilydd. Mae'n rhaid i chi gofio 'mod i mewn lle cas iawn.
GWEN. Ie, ond mae yna bethau Dafydd – pethau bach ydyn nhw sy'n gwawrio ar eich meddwl chi fel fflach, ac yn y fflach honno yr ydych chi'n gweld mwy mewn eiliad nag a welwch chi mewn pnawn o garu tanbaid ar lan y môr.
DAFYDD. Fedrwch chi ddweud beth welsoch chi?
GWEN. Na does arna i ddim eisiau dweud. Ond mi welais i ddigon i wybod bod amheuaeth yn fy meddwl a wnaem ni'r tro i'n gilydd yn ŵr a gwraig.
DAFYDD. Amau a fyddwn ni'n hapus, ydych chi'n feddwl?
GWEN. Naci, achos nid bod yn hapus yw nod ac amcan priodi wedi'r cwbl.
DAFYDD. Beth arall ydy 'i amcan o?
GWEN. Fedra i byth ddweud yn iawn – byw gan wybod fedr neb eich diodde chi am cyd o amser, ond y sawl ydych chi wedi ei

gael.

DAFYDD. Ac yr oeddech chi'n meddwl y Sul na fedrech chi byth fy niodde fi am ryw hanner can mlynedd?

GWEN. Na, nid fel yna, meddwl yr oeddwn i, wrth weld cymaint o luniau merched yn eich rŵm chi, na fedrech byth fy niodde i.

DAFYDD. Gwen bach, mae'n wir fy mod i wedi cyboli efo llawer o genod yn fy nydd, ond yr wyf yn sicr na welais i neb fedrais i garu gymaint â chi, ac yr ydw i yn eich caru chi rŵan gymaint ag erioed.

GWEN. Does dim byd tebyg i glywed dyn yn dweud 'i fod o'n eich caru'n fwy na neb arall – ond un peth.

DAFYDD. Beth yw hwnnw?

GWEN. Dal i glywed hynny o hyd.

DAFYDD. Gan yr un person?

GWEN. Y ... wel ... mae'n dibynnu ...

DAFYDD. Mi wn i 'mod i wedi meddwl 'mod i'n caru genethod eraill o dro i dro, ac mi fyddwn i'n meddwl 'mod i'n caru nhw'n onest, ond mi ffeindiwn yn fuan nad oeddwn i ddim. Ond fûm i 'rioed yn teimlo tuag at y rheiny fel yr ydw i tuag atoch chi, Gwen. Wyddoch chi roeddwn i'n teimlo pnawn Sul wedi i'r Annie yna ddweud am ei brad tuag atoch chi y medrwn i wneud unrhyw beth er eich mwyn chi.

GWEN. Roeddech chi newydd wrthod gwneud cymwynas i mi.

DAFYDD. Ie, ond eich lles chi oedd gen i mewn golwg, ond mi gwnes hi.

GWEN. Do, wedi imi fynd yn styfnig, ac ella mai felly y basan ni ar ôl priodi.

DAFYDD. Dwi ddim yn meddwl. Mi deimlais i rywbeth wrth i chi fynd allan pnawn Sul na theimlais i 'rioed o'r blaen.

GWEN. Tosturi drosta i?

DAFYDD. Efallai mai tosturi ddangosodd i mi faint oeddwn i yn eich caru chi, ond nid tosturi oedd y peth 'i hun, yr ydw i'n sicr o hynny.

GWEN. Mi fyddwch wedi newid eich meddwl eto cyn pen hanner

blwyddyn arall.
DAFYDD. Na wnaf byth.
GWEN. Mae'n ddrwg gen i Dafydd, ond fedra i ddim gaddo'ch priodi chi.
DAFYDD. Beth ydych chi am ei wneud ynte, Gwen?
GWEN. Yr ydw i'n meddwl treio am le yn y wlad fel Uncertificated Teacher; mi ddywedodd y Warden y gwnâi hi bob dim i mi gael lle, ac os medra i roi ychydig arian wrth gefn, yr ydw i am agor siop ymhen tipyn.
DAFYDD. Tipyn o fenter.
GWEN. Llai o fenter na phriodi.
DAFYDD. Ond edrychwch yma, Gwen, os ydych chi am fynnu mynd yn athrawes a chadw siop, pam na chawn ni oedi a phriodi mewn ychydig o flynyddoedd?
GWEN. Mi fyddai hynny'n iawn i rai, Dafydd, ond nid i mi. Os na fedra i'ch priodi chi rŵan, rydw i'n sicr na fedra i ddim ymhen pum mlynedd.
DAFYDD. Wel, pan ddeuthum i yma heno, rhaid imi ddweud nad oeddwn i ddim wedi paratoi am hyn. Mae o'n siom fawr i mi, Gwen.
GWEN. Mae'n ddrwg iawn gen i Dafydd, ond yr ydw i'n siŵr 'mod i'n gwneud yr hyn sy'n iawn i chi a minnau. Efallai y byddwch chi'n falch ryw ddiwrnod.
DAFYDD. Dwi ddim yn meddwl Gwen, cyn belled ag yr ydw i yn y cwestiwn, ond mae'n amlwg eich bod chi wedi gwneud eich meddwl i fyny cyn imi ddŵad yma heno.
GWEN. O Dafydd, naddo, naddo, ar fy llw, naddo, ond mae heno'i hun wedi bod yn help imi benderfynu ac i beth y tynnwn ni bethau allan fel hyn? Well inni ffarwelio a gorffen.
DAFYDD. Ac yr ydych chi'n siŵr na wnewch chi newid eich meddwl?
GWEN. Ydw.
DAFYDD. Mae'n well i mi fynd felly, ynte.
GWEN. Rydw i'n falch iawn o'r amser braf gawsom ni efo'n

gilydd. Mi gaf gofio am hwnnw am byth.

DAFYDD. Gwen, wnewch chi ddim addo mhriodi fi, a pharhau'r amser braf hwnnw?

GWEN. Na fedra i ddim Dafydd. (*Gyda swn crio yn ei llais.*) Rydw i wedi mynd trwy lawer er nos Sadwrn, ac mae wedi fy nghledu i bethau mwy. Mae o wedi fy helpu i i weld i'r dyfodol, a gweld fy mod i'n gwneud y peth gorau.

DAFYDD. Ydych chi'n siŵr, Gwen?

GWEN. Ydw'n berffaith siŵr, er bod nos Sadwrn yn agos iawn. (*Mae hi bron â thorri i lawr.*)

DAFYDD. Wel, da bo chi, Gwen, a phob lwc. (*Tagfa yn ei lais.*)

GWEN. Da bo chi Dafydd. Mae'n ddrwg gen i na fedra i ddim dŵad i'r drws. Mi ddaw modryb.

LLEN.

Y Cynddrws

CYMERIADAU

Goronwy Owen	...... bardd o'r ddeunawfed ganrif
Wmffra'r Geulan	.... ffermwr cefnog
Siôn Llwyd	.... crwydryn digartref
Miss Citi	...... hen ferch a chyn-athrawes
Leusa Huws	...... gweddw a gollodd ddau fab yn y rhyfel
Sali'r Sgallan	.... dynes a fu farw'n ifanc

Distawrwydd, yna ochenaid isel, laes oddi wrth Leusa Huws, ochenaid uchel ddiamynedd oddi wrth Sali.

SALI. O pam na ddaw o?

WMFFRA. Pwy, Sali?

SALI. Ond Wil siŵr iawn, dydw i ddim yn disgwyl am neb arall, ond yr un y bûm i'n byw efo fo mor hapus. Mi ddylet ti wybod hynny Wmffra.

GORONWY OWEN. Disgwyl – be tasech chi wedi disgwyl cŷd â fi?

MISS CITI. Wyddoch chi ar y ddaear faint ydach chi wedi 'i ddisgwyl Goronwy Owen. Does yna ddim amser yn y lle yma.

GORONWY OWEN. Diolch i chi, Miss Citi, am fy nghywiro fi. Ond mi wn i 'mod i yma o'ch blaenau chi i gyd.

MISS CITI. Dydy hynny'n gwneud dim gwahaniaeth yn y pen draw.

GORONWY OWEN. Pa ben draw?

MISS CITI. Wel, os byddwn ni yma yn hir iawn eto.

GORONWY OWEN. Beth ydach chi'n sôn am hir a chitha newydd ddweud nad oes yma ddim amser?

LEUSA HUWS. O diar, dyma rhain yn siarad yr un fath yn union ag yr oedd y bobl yn y seilam.
WMFFRA. Paid â dechra sôn am y seilam yna eto Leusa Huws, neu yma y byddwn ni.
LEUSA HUWS. Na, dydy seilam ddim yn bwnc braf iawn i ffarmwr cefnog. Peth sydd ddim yn y byd ydy seilam ac allan o olwg ac o feddwl pawb.
WMFFRA. Dydan ni ddim wedi cael siawns i'w ollwng o allan o'n meddwl er pan wyt ti yma. Mi fasa'n gwneud lles inni i gyd weld wyneb diarth a chlywed llais newydd, petasai o yn llais gelyn hyd yn oed.
SALI. (*Yn awyddus*) Basa wir. Petai Wil yn dŵad mi fasa yma dipyn mwy o sirioldeb beth bynnag.
WMFFRA. Siarad drosot dy hun. Does gen ti fawr o le i edliw sirioldeb i neb.
SALI. (*Yn clywed y sŵn o flaen neb*) Ust. Gwrandewch. (*Daw sŵn heb fod yn drwm, megis sŵn daeargryn isel yn rowlio o dan ystafell.*) Dyma rywun yn dŵad o'r diwedd. (*Wedi i'r sŵn daeargryn orffen, daw sŵn canu o bell, rhywun yn canu'r faled, 'Pentra Pen-y-groes'. Fel y daw'r sŵn yn nes ac yn nes, deëllir y geiriau, y rhai sy'n sôn am sofrins eto yn rowlio hyd bentra Pen-y-groes. Yna sŵn fel petai rhywun yn neidio dros ben wal.*)
SIÔN LLWYD. Dyna hwnna drosodd.
SALI. (*Gyda siom*) Na, nid Wil ydy o.
SIÔN LLWYD. Ym mhle ar y ddaear ydw i?
GORONWY OWEN. Dwyt ti ddim ar y ddaear pwy bynnag wyt ti.
SIÔN LLWYD. Ddim ar y ddaear? Lle'r ydw i ynta? (*Neb yn dweud dim.*)
MISS CITI. (*yn dyner*) Rwyt ti wedi marw.
SIÔN LLWYD. Wedi marw? Naddo 'rioed. Nid peth fel yna ydy marw – roedd o rhy hawdd.
MISS CITI. Mi fedrwn i gyd ddweud hynny. Doedd o ddim cyn waethed ag oedden ni yn 'i ofni.

SIÔN LLWYD. Ond ... fedra i yn fy myw gredu rhywsut. Roeddwn i mor fflons â'r gog yn cerad hyd y Lôn Las gyda'r nos ... neithiwr – am wn i, ac yn 'i gneud hi am sgubor y Geulan i fy ngwely gwair yn fanno. Roeddwn i wedi blino ac eisio bwyd arna i, ond yn gwbod y cawn i damaid gan wraig y Geulan, ac mi orweddis ar dorlan ...

WMFFRA. Sgubor y Geulan ddeudist ti?

SIÔN LLWYD. Wel a'm sgubo i! Wmffra wyt ti?

WMFFRA. Ia. Wmffra'r Geulan.

SIÔN LLWYD. *Rhaid* 'mod i wedi marw felly, achos mae o wedi marw ers pum mlynedd.

LEUSA HUWS. Waeth iti heb na dechrau cyfri amser. Does yma ddim amser.

SIÔN LLWYD. Rydw i wedi cyrraedd y nefoedd felly?

WMFFRA. Ddim cweit.

SIÔN LLWYD. Y chdi fasa'n awchio deud peth fel yna wrtha i ynte? Ond mae'n dda gen i weld rhywun yr ydw i yn 'i nabod yn y lle yma er mai chdi ydy hwnnw.

WMFFRA. Ella y bydd yn ddigon da iti wrtha i yn y fan yma.

SIÔN LLWYD. Nid y nefoedd ydy fanma felly?

MISS CITI. Naci.

SIÔN LLWYD. Roedd yn ddigon hawdd imi wneud y camgymeriad welwch chi Miss ... Mrs ...

MISS CITI. Miss Citi mae pawb yn fy ngalw i.

SIÔN LLWYD. Wela i, Miss Citi, roedd yn hawdd imi feddwl mai yn y nefoedd yr oeddwn i, achos yno y rhoeson nhw Wmffra yma yn y seiat goffa fuo iddo fo.

WMFFRA. Fuost *ti* rioed yn y seiat.

GORONWY OWEN. Seiat? Beth ydy seiat?

SIÔN LLWYD. Gofynnwch i Wmffra, mi fedar o ddeud yn well wrthoch chi na fi. Beth bynnag mi es i'r cynddrws noson dy seiat goffa di, Wmffra, doedd gen i ddim dillad ffit i fynd i mewn, er mwyn imi glwad beth oedd ganddyn nhw i ddeud amdanat ti. Dyna'r clwydda mwya glywes i 'rioed.

SALI. Ia mi wranta.

WMFFRA. Dydy hyn ddim yn deg, ac o flaen pobol ddiarth hefyd.

SIÔN LLWYD. (*Yn mynd yn ei flaen*) Deud dy fod ti'n ddyn gonest, hael, yn tosturio wrth y tlawd (*yn chwerthin*). Ac O mi'r oedd yna ganmol arnat ti am fod yn ffyddlon i'r moddion. Lol-mi-lol.

WMFFRA. Ac mi'r oeddwn i hefyd.

SIÔN LLWYD. Oeddat, châi y *moddion* ddim diodda, beth bynnag arall oedd yn diodda. Tybed a wnaethon nhw gamgymeriad yn y seiat goffa? Ella mai yn uffern yr ydw i. Na, dydy o ddim yn edrych yn debyg i fanno chwaith; er bod yr olwg ar rai ohonoch chi fel tasach chi yno.

SALI. Fasa waeth inni fod yn uffern am wn i, na bod mewn rhyw le dim byd fel hyn, rhyw nunlle o le, nad ydy o na du na gwyn, rhyw le llwyd fel merddwr mewn mawnog, heb flas ar ddim ond ar gwyno.

MISS CITI. Mi allasa fod yn waeth arnom ni i gyd Sali.

LEUSA HUWS. Dwn i ddim wir, Miss Citi, peth ofnadwy ydy disgwyl.

MISS CITI. Rydw i'n synnu atoch chi Leusa Huws, yn dweud ffasiwn beth. Mae yna bethau gwaeth na disgwyl, ac mae ambell ddisgwyl yn diweddu'n dda iawn.

SIÔN LLWYD. Disgwyl? Disgwyl am be'r ydach chi?

GORONWY OWEN. (*Yn mwmian wrtho fo 'i hun*) Disgwyl a da y'm dysger.

SIÔN LLWYD. Yn lle cawsoch chi afael ar y llinell yna?

GORONWY OWEN. Fel mae'n digwydd y fi piau hi.

SIÔN LLWYD. Rydach chi wedi ei dwyn hi oddi arna i.

GORONWY OWEN. Y fi wedi dwyn llinell o farddoniaeth!

SIÔN LLWYD. Dydy o ddim yn amhosibl ein bod ni wedi ei dwyn hi oddi ar ein gilydd. (*Yn siarad yn fawreddog ramadegol*) Mae gan gynghanedd fel hanes yr arferiad anffortunus o'i hailadrodd ei hun. Ond yr oeddech chi Miss yn mynd i ddweud wrtha i am beth yr oeddwn i'n disgwyl.

MISS CITI. Welwch chi'r drws acw ... y ...y ... Dwn i ar y ddaear bedi'ch enw chi –

SIÔN LLWYD. Siôn Llwyd – hen drampar o sir Gaernarfon. 'Siôn Llwyd Ddigartra' ar lafar gwlad.

MISS CITI. Wel, welwch chi'r drws acw, neu'r porth acw ddylwn i ddweud, mae nhacw yn arwain i'r byd arall, ond yr ydan ni yn gorfod disgwyl yn y fan yma cyn mynd yno am ein bod ni wedi bod yn anhapus ar y ddaear.

SIÔN LLWYD. Fûm i ddim yn anhapus. Cael ych cosbi ydach chi felly?

MISS CITI. Nage. Ein dysgu.

GORONWY OWEN. Mae hi'n wers hir iawn i rai ohonom ni.

SALI. Dyna'r bardd a finna yn cytuno am unwaith.

SIÔN LLWYD. Bardd?

MISS CITI. Ia. Bardd mawr. Goronwy Owen o Fôn.

SIÔN LLWYD. Yrioed? Pwy fasa'n disgwyl eich gweld chi mewn lle fel hyn? Mae'n dda iawn gen i gyfarfod â chi. Maddeuwch imi am eich amau chi ar y llinell yna. Mi fûm innau yn barddoni ers talwm.

GORONWY OWEN. Yn y mesurau caeth?

SIÔN LLWYD. Weithiau. Ond tipyn o rigymwr cefn gwlad oeddwn i.

GORONWY OWEN. Un o'r beirdd bol clawdd felly.

SIÔN LLWYD. O rhag cywilydd i chi Syr! Dydyn nhw ddim yn defnyddio'r gair 'bol' yng Nghymru rŵan – mae'n nhw yn rhy neis – dim ond rhyw bobol fel fi.

SALI. Dydy pobol ddim yn hel yn 'u bolia yno felly?

SIÔN LLWYD. Fwy nag erioed.

LEUSA HUWS. O, peidiwch â siarad mor wamal, a sôn am hel yn ych bolia mewn byd mor llwm ag oedd hi adeg y rhyfal.

SIÔN LLWYD. Mae pawb wedi anghofio am hwnnw rŵan ac yn paratoi am un arall.

LEUSA HUWS. (*Yn griddfan*) A'r mamau yn gorfod dioddef eto.

SALI. Dwn i ddim be 'di rhyfal.

GORONWY OWEN. Na finna.

LEUSA HUWS. Gwyn ych byd chi.
SALI. Rydw i'n cofio gweld dyn oedd wedi bod yn Rhyfal y Crimea pan oeddwn i'n blentyn. Mi'r oedd lot ohonom ni yn mynd bell ffordd i weld o fel petasa fo'n bin a wela sioe. 'Roedd gynno fo goes bren, ac yn cadw ysgol. Efo'r goes bren yma yr oedd o'n pwnio petha i benna plant.
GORONWY OWEN. Gwahanol iawn i'm hadeg i. Roedd addysg yn beth gwareiddiedig y pryd hynny.
LEUSA HUWS. Fasa dim rhaid i mi gerdded llathen i weld neb oedd wedi bod mewn rhyfal.
SIÔN LLWYD. Dacw i chi un o'r un oed â chi, Leusa Huws, na ŵyr o ddim be 'di rhyfal.
WMFFRA. Doedd dim rhaid i mi wybod beth oedd hi.
SIÔN LLWYD. Mi wnaeth newid mawr yn dy fywyd di. Mi gest ddigon o arian am dy lefrith, cael seithswllt y pwys am dy fenyn ar y slei, a chael dy siec bob mis …
LEUSA HUWS. A chael cadw'i hogia gartra heb orfod mynd i gwffio, nid 'run fath â fy hogia fi.
WMFFRA. Wel, os oedd y Llywodraeth yn deud 'mod i i gael eu cadw nhw gartra, mae'n bur siŵr i chi nad oeddwn i ddim am 'u gyrru nhw yno ac mi'r oedd yn rhaid i bawb ohonoch chi gael bwyd.
LEUSA HUWS. Dyna pam roeddan ni'n cael cyn lleied os mai ti oedd yn 'i dyfu o. Mi fuost ti yn lwcus pan oedd pawb arall yn anlwcus.
WMFFRA. Roedd yn *bryd* i rwbath ddŵad â lwc i ffarmwrs – doedd neb yn gofyn i beth oedd ein cynnyrch ni'n dda cyn bod rhyfal. Mari acw yn eista am fora cyfa yn y farchnad yn treio gwerthu 'i hwyau a'i menyn. Talu arian mawr am fwyd i wyddau a thyrcwn ar hyd y flwyddyn, a neb yn gofyn i beth oeddan nhw'n da yn y farchnad Nadolig.
SIÔN LLWYD. Ac mi fasa'n well gen titha i dy wyddau bydru o henaint na'u gwerthu nhw'n rhatach i neb.
WMFFRA. Hawdd i *ti* siarad, fuo raid i *ti* rioed brynu bwyd i iâr.

GORONWY OWEN. Gadewch eich ffraeo. Dwedwch i mi. Roeddech chi'n sôn am farddoniaeth gynnau. Sut y mae hi ar farddoniaeth Cymru bellach?

SIÔN LLWYD. Lobscows! Mae yna rwbath newydd rŵan mae nhw yn i alw yn 'wers rydd'.

GORONWY OWEN. A sut beth ydy hwnnw?

SIÔN LLWYD. Gwaeth na gwaith y 'beirdd bol clawdd'. Rhyddid plant heb adael eu clytia a chyn dywylled â bol buwch.

MISS CITI. Rŵan, rŵan, Siôn Llwyd, dydy hynna ddim yn wir. Mae yna rai, Goronwy, sydd fel mae Siôn Llwyd yn dweud – wel dydw i ddim am siarad mor fras â fo ...

SIÔN LLWYD. Na fasa neb yn disgwyl i hen ferch wneud ...

MISS CITI. Peidiwch â thorri ar fy nhraws i. Dweud yr oeddwn i fod rhai yn sgwennu'r wers rydd yna mor rhwydd â dirwyn edafedd, ond mae yna rai sy'n cymryd trafferth fawr, ac yn dŵad â'r gynghanedd i mewn i'r mesur yn gelfydd iawn.

GORONWY OWEN. Mae'n dda gen i glywed fod y gynghanedd yn fyw o hyd.

SIÔN LLWYD. O, mae hi'n fyw ac yn iach. Mae nhw'n 'i dirwyn hi wrth y llath yn Ymryson y Beirdd.

GORONWY OWEN. Dwn i ddim ar y ddaear beth ydyw hynny.

MISS CITI. Na waeth imi heb na dechrau egluro'r newid – mae'r beirdd bol clawdd, fel y galwch chi nhw, Goronwy, wedi dŵad yn barchus iawn erbyn hyn hefyd.

GORONWY OWEN. Does gan neb barch i mi beth bynnag. 'Goronwy' wir.

MISS CITI. Wel ia, 'Goronwy' fydden ni'n galw'r bardd pan oedden ni'n 'i wneud o yn yr ysgol ers talwm.

GORONWY OWEN. Fy ngwneud i, Miss Citi?

MISS CITI. Maddeuwch i mi Goronwy. Eich astudio a feddyliwn. Dyna'r Cymraeg sâl sy'n cael 'i siarad yng Nghymru rŵan, dim byd tebyg i Gymraeg eich llythyrau chi.

GORONWY OWEN. Ac yng ngwlad y Sais y sgrifennais i'r rheiny.

MISS CITI. Ia, ond ddaru i chi rioed adael Sir Fôn wir.

SIÔN LLWYD. Da iawn gweld bardd yn cael ei barchu ar ôl cymaint o flynyddoedd. Fel arall y mae hi – pob bardd yn cael 'i anghofio wedi iddo fo fynd yn hen.

SALI. Ond tydi rhyw hen siarad fel hyn yn ddiflas, Leusa Huws?

LEUSA HUWS. Dwn i ddim. Mae'n o'n mynd â meddwl rhywun oddi wrth bethau eraill.

WMFFRA. Wel wir, mi rydw i yn leicio clywad sôn am farddoniaeth a phethau felly.

SIÔN LLWYD. Mi fasa'n rhyfedd iawn gynnoch chi feddwl, Miss Citi a Mr. Goronwy Owen, fod Wmffra wedi bod yn barddoni ers talwm.

MISS CITI. Wel wir – mae o'n dipyn o syndod, ac eto – mae o'n gwybod 'i Feibl.

SIÔN LLWYD. Pan oedd o a fi'n ifanc, mi'r oeddan ni'n dilyn cwarfodydd llenyddol ac yn cystadlu ar wneud englynion ac areithiau byrfyfyr. Mi'r oedd Wmffra yn englynwr dan gamp.

GORONWY OWEN. Does dim diwedd ar ryfeddodau.

SIÔN LLWYD. Ond mi aeth Wmffra ar ôl y byd, ac i garu'r byd a mynd i'r sêt fawr – yn y drefn yna.

WMFFRA. Doedd hynny ddim gwaeth na mynd i gerad y byd fel y gwnest ti, mi'r oeddwn i yn gweithio am fy mwyd beth bynnag.

SIÔN LLWYD. Mi'r oeddwn innau, ambell dro.

WMFFRA. Hawdd iawn ydy i chi gael ych twyllo gan dafod ffraeth y dyn yma, ond dyn diog yn ych gwneud chi dan ych trwyn oedd o. Rydw i'n cofio ei weld yn dŵad acw a chael brecwast iawn gan Mari cyn dechrau dyrnu efo'r ffust, ac yn gwneud esgus i fynd i nôl menthyg ffust well, un dderw i'r Fedwan, a ddim yn dŵad yn ôl am flwyddyn at y dyrnu.

SIÔN LLWYD. (*yn chwerthin*)

WMFFRA. Hawdd iti chwerthin, y fi oedd yn gorfod talu am y bwyd.

SIÔN LLWYD. Ia, mi ofelist 'mod i'n gwneud chwarter stem cyn brecwast ar ôl hynny.

WMFFRA. Do unwaith, mi gedwaist yn ddigon clir ar ôl yr un tro hwnnw.
SIÔN LLWYD. Do mi aethom ein dau yn reit bell ... oddi wrth ein gilydd.
SALI. A dyna pwy ydy'r dyn yma?
SIÔN LLWYD. O, a mi'r wyt ti'n fy nabod i?
SALI. Ddim yn hollol, ond mi glywais ddigon o sôn am dy deulu di.
SIÔN LLWYD. A phwy wyt ti felly?
SALI. Sali'r Sgallan.
SIÔN LLWYD. Sali'r Sgallan! Wel mi glywais i ddigon o sôn amdanat ti. Mi'r oeddat ti yn draddodiad yn yr ardal erbyn f'amser i.
SALI. Do, mi wn. Mae digon o sôn am rywun a fentrodd fyw efo dyn mewn priodas heb 'i briodi fo, a hynny pan oedd capeli Cymru yn llawn. 'Sali byw tali' oeddwn i ar lafar gwlad!
SIÔN LLWYD. A dyna pam rwyt ti yn fan'ma?
MISS CITI. O naci Siôn Llwyd. Does a wnelo hynny ddim â hyn. Wedi caru Wil y Sgallan yn rhy dda mae Sali, ac mae hi'n methu byw hebddo fo yn y fan yma.
SALI. Deudwch i mi, Siôn Llwyd, ydach chi'n nabod Wil, neu oeddach chi yn 'i nabod o?
SIÔN LLWYD. Ydw. Oeddwn yn iawn.
SALI. A sut y mae o?
SIÔN LLWYD. O mae o'n fyw o hyd, yn hen greadur hen, hen, wedi colli 'i go', yn cofio dim.
SALI. Ydach chi'n meddwl 'i fod o wedi f'anghofio fi?
SIÔN LLWYD. Rydw i'n deud wrthoch chi nad ydy o'n cofio dim.
LEUSA HUWS. Hitiwch befo Sali, mi gofith yn iawn pan ddaw o yma. Dydan ni ddim yn cael llonydd i anghofio yn fan'ma.
SALI. Os nad ydy o wedi priodi rhywun arall.
SIÔN LLWYD. O, naddo.
SALI. Diolch byth. Ddaru rhywun edrych ar 'i ôl o?
WMFFRA. Do, mi rydw i yn gwybod hynny. Mi fuo'r plant yn ffeind iawn wrtho fo.

LEUSA HUWS. Chwarae teg iddyn nhw.
SALI. (*Yn wylo*) Ond pam na ddaw o? Pam mae'r Brenin Mawr yn ein cadw ni ar wahân mor hir? Dyma fi yn fan'ma er pan oeddwn i'n ddynas ifanc, a dyna Wil yn hen ddyn hen. Mae arna i ofn na wnaiff o mo fy nabod i.
SIÔN LLWYD. (*Yn greulon*) Ydy mae'r bwlch ar ôl y marw yn cau yn bur gwit.
LEUSA HUWS. Nag ydy, Siôn Llwyd. Wnaeth o ddim cau ar ôl fy hogia bach i.
GORONWY OWEN. Mae arna i ofn fod Siôn Llwyd yn iawn.
MISS CITI. Yn ôl pob hanes mi gaeodd yn fuan iawn i chi Goronwy?
GORONWY OWEN. Efallai, ond mi'r oedd fy ngholledion i mor fawr – colli fy Elin yn blentyn blwydd a hanner oed, a cholli fy ngwraig a'm bachgen ar y môr wedyn. Beth fedrwn i wneud i anghofio ond ailbriodi?
LEUSA HUWS. Anghofio? I beth oedd arnoch chi eisio anghofio? Wedi i chi gyrraedd rhyw oed, does yna ddim yn digwydd ond yn y co'. Fedrai gwraig arall ddim dileu ych gwraig gynta chi a'ch plant oddi ar ych co' chi. Tasa chi'n deud fod arnoch chi eisiau rhywun i'ch cysuro, mi faswn i yn ych dallt chi.
SALI. O mae'n dda gin i ych clwad chi'n deud hynny Leusa Huws, er nad ydw i ddim yn dallt pob dim. Ddaru Wil mo f'anghofio *fi*.
SIÔN LLWYD. Dydy o'n cofio dim.
SALI. Be wyddost ti be sy'n mynd trwy 'i feddwl o? Os ydy o wedi colli 'i go', ella nad ydy o ddim wedi f'anghofio fi.
LEUSA HUWS. Sali bach, fel yna'r oedd pobl yn siarad yn y seilam.
SIÔN LLWYD. Be wyddoch chi am seilam?
LEUSA HUWS. Mi fûm i yno am flynyddoedd.
WMFFRA. (*Yn ochneidio*) Mi glywn yr un truth eto.
LEUSA HUWS. Wnaiff o ddim drwg iti. Mi gest ti fyd rhy braf ar y ddaear, yn cael cadw dy blant gartra heb fynd i'r rhyfal, a gwneud dy ffortiwn, a rhoi deng mil o bunnau am ffarm i dy

hogyn. Wyddost ti ddim byd am ddiodda.
WMFFRA. Rydw i'n methu gweld bod yn rhaid inni fynd i gwarfod â diodda heb fod eisio inni.
SIÔN LLWYD. Ond dowch chi, mi gafodd o ddiodda.
WMFFRA. Wyddost titha ddim amdano chwaith. Mi est i grwydro er mwyn osgoi dy gyfrifoldeb.
SIÔN LLWYD. Wnes i ddim drwg i neb, dim ond gaddo gneud joban bach a thorri fy ngair. Tipyn o hwyl oedd hynny.
WMFFRA. Hwyl wir!
SIÔN LLWYD. Ia hwyl. Ond nid hwyl oeddat ti yn 'i gael wrth boeni ynghylch dy arian ac ofni i'r prisiau ostwng, a gweld dy hun yn gorfod talu crocbris am ffarm i dy fab, ac yn byta dy winadd bob tro y gwelat ti fod gweision ffermydd yn mynd i gael codiad yn eu cyfloga.
SALI. A mi'r oedd Wmffra yn flaenor?
SIÔN LLWYD. Oedd.
SALI. A blaenoriaid oedd am fy nhroi fi o 'nhŷ am nad oeddwn i'n byw'n onest meddan nhw.
MISS CITI. Rŵan, rŵan Sali, does a wnelo hynny ddim â'r peth. Doedd Wmffra ddim yn flaenor yr adeg hynny.
SALI. 'Run petha ydyn nhw i gyd.
MISS CITI. Lol i gyd. Dydan ni ddim wedi callio dim ar ôl dŵad i fan'ma. Felna'n union roeddan ni'n siarad pan oeddan ni yn y byd.
GORONWY OWEN. Mae'ch siarad chi yn dywyll i mi. Doedd yna ddim capeli na blaenoriaid yn f'amser i, ac ni fasa neb yn gweld bai ar Sali y pryd hynny. Ond mi'r oedd pawb yn byw reit hapus, a neb yn busnesu efo bywyd ei gymydog.
SIÔN LLWYD. Dyna pam y trois i fy nghefn arno Syr – cofio am ych oes chi yr oeddwn i.
WMFFRA. Ond mi'r oedd hi'n oes dlawd iawn.
LEUSA HUWS. Tlawd fydda i'n 'i gweld hi bob amsar ar y rhan fwya o bobol, dim ods faint gawn ni.
MISS CITI. Mae lot o wir yn hynna Leusa Huws.

SALI. Ond pan mae pobol yn byw yn gytûn efo'i gilydd, mi allan ddal llawar o dlodi.

WMFFRA. Dydw i'n gweld dim synnwyr bod yn dlawd, pan mae digon wrth ein hymyl ni, dim ond inni ymysgwyd i gymryd gafael ynddo fo.

SALI. Ond tasa pawb yn cymyd gafael ynddo fo, fasa yna ddim i neb gael.

SIÔN LLWYD. Gadael fy siâr i Wmffra wnes i.

LEUSA HUWS. Roeddach chi'n sôn am fyw'n gytûn Sali, cyn i'r lleill yma dorri ar ych traws chi.

SALI. Oeddwn, mi'r oedd Wil a finna'n dlawd fel llygod eglwys, ond yr oeddan ni'n meddwl y byd o'n gilydd ac yn anghofio tlodi.

MISS CITI. Ond doeddach chi ddim yn hapus Sali mi wranta, ne fasach chi ddim yn y fan yma.

SALI. Oeddan, mi'r oeddan ni'n berffaith hapus. Yr oeddan ni'n dau wedi gweld cimint o bobol wedi priodi yn anhapus, ac yn dal i fyw efo'i gilydd ddim ond er mwyn enw o fod yn barchus am fod llyffethair priodas am eu traed nhw, nes y daru inni benderfynu peidio â rhoi'r llyffethair hwnnw. Rydw i'n cofio'n iawn am ddau hen bererin wrth f'ymyl i, wedi byw efo'i gilydd fel ci a chath am dros ddeng – mlynedd – a thri – ugain (*igian - ei dynnu allan fel yna*). Roedd o'n ddigon o wers i neb.

MISS CITI. Ond mi wranta i nad oeddech chi ddim yn fodlon wedyn Sali. Mi all llyffethair fod yn help weithiau, ac mi all rhyddid fod yn rhwystr.

WMFFRA. Mi rydach chi'n siarad fel ffarmwr profiadol Miss Citi.

MISS CITI. Nid am ddefaid yr ydw i'n sôn Wmffra. Fasa Sali ddim yn y fan yma oni bai iddi fod yn anfodlon.

SALI. Mae Miss Citi yn eitha iawn. Roedd arna i ofn.

LEUSA HUWS. Ofn i'ch gŵr chi farw?

SALI. Naci siŵr iawn; ond ofn iddo fynd a ngadael i, gan fod gynno fo berffaith ryddid i fynd. Yn lle bod yn llyffethair amdanon ni'n dau, y fi oedd am roi llyffethair arno fo.

SIÔN LLWYD. Ond ddaru o ddim dengid yn naddo?
GORONWY OWEN. 'Amodau, rhwymau fu rhôm,
 Eithr angau a aeth rhyngom.'
LEUSA HUWS. Ia wir.
WMFFRA. Cwpled da iawn.
MISS CITI. Ydy mae ei sŵn yn dda iawn i chi Wmffra, ond dydy hi'n golygu dim i chi.
LEUSA HUWS. Be 'dach chi'n feddwl Miss Citi?
MISS CITI. Meddwl am y glec y mae nhw. Nid meddwl am y peth 'i hun – y marw.
LEUSA HUWS. Ia, fel'na mae hi, neu roedd hi, doedd neb yn malio bod fy hogia bach i wedi eu lladd dros Berlin.
WMFFRA. Ond doedd yna filoedd yr un fath.
LEUSA HUWS. Doedd hynny ddim cysur i mi.
MISS CITI. Mi'r ydach chi yn llygad ych lle yn fan yna Leusa Huws.
LEUSA HUWS. O mi'r ydach chi'n garedig Miss Citi, dwn i ddim pam yr ydach chi yn y fan yma a chitha wedi byw er mwyn pobl erill.
MISS CITI. Ond doeddwn i ddim yn fodlon wrth wneud hynny. Yr oedd yn llai o drafferth gwneud hynny dyna'r cwbl ... gwneud er mwyn anghofio poen yr oeddwn i.
LEUSA HUWS. Y chi wedi cael poen Miss Citi? Fasa neb yn meddwl hynny.
MISS CITI. Do ddigon, a hynny ar ddechrau fy mywyd, yn ifanc iawn.
SALI. Ond wnewch chi ddim deud wrthon ni Miss Citi? Mi dynsoch chi fy nhu mewn i allan.
GORONWY OWEN. Do yn wir.
MISS CITI. O, dim ond imi gael fy nhwyllo gan y dyn ifanc oeddwn i yn 'i garu. Roeddwn i'n meddwl y byd ohono fo, ac ynta ohono inna, roeddwn i'n meddwl.
SALI. A doedd o ddim wedi'r cwbl?
MISS CITI. Nag oedd. Mi'r oedd o'n caru efo un arall ers misoedd, ac mi priododd hi.

SALI. Yr hen gena. Ond sut na basech chi wedi 'i nabod o ynghynt Miss Citi?

MISS CITI. Roedd o'n fachgen clên iawn. A nid dyna'r cwbl. Roeddwn i wedi rhoi benthyg canpunt iddo fo, a ches i byth ddimai yn ôl.

WMFFRA. Mi'r oedd hynny'n waeth.

MISS CITI. Yn waeth na beth?

WMFFRA. Na phriodi rhywun arall.

SIÔN LLWYD. Clywch chi arno fo. Y fo fyddai'n gwneud imi ddyrnu am awr cyn brecwast.

GORONWY OWEN. Wel, Miss Citi, ddyliech chi ddim gweld bai arno fo am beidio â thalu ei ddyledion. Rhyw bobl bach na wyr neb ddim amdanyn nhw sy'n talu eu dyledion.

MISS CITI. Ia ella. Mi ddylai pobl enwog fel chi wybod, Goronwy. Yn ôl pob sôn doeddech chi ddim yn enwog am dalu eich dyledion eich hun.

GORONWY OWEN. Braint bardd, Miss Citi, braint bardd. Dydw i ddim wedi anghofio'r Dafis hwnnw, yr wyneb lleuen gadach, a aeth â 'nodrefn i am i mi beidio â gorffen talu amdanyn nhw.

SIÔN LLWYD. (*Yn chwerthin.*)

MISS CITI. Wel, mi weithies i ddigon caled i hel y canpunt.

LEUSA HUWS. Ac oni ddaru chi weithio'n ddigon caled wedyn? Wn i ddim am neb wnaeth gymaint dros 'i chymdogion. Mi'r ydach chi'n Gristion, os bu Cristion erioed.

MISS CITI. Peidiwch chi â chamgymryd. Poen sy'n gyrru llawer o bobl i wneud gweithredoedd da. Gwneud rhywbeth i anghofio – gweithio, dal, dal i weithio er mwyn anghofio ein siom, a dim ond cael ein siomi wedyn yn ein cyd-ddynion.

WMFFRA. Dydy'ch diwinyddiaeth chi ddim yn iawn Miss Citi.

MISS CITI. Ella nad ydy o ddim. Ond mae hynna'n wir, diwinyddiaeth neu beidio.

LEUSA HUWS. Ond mi ddaru i chi ddal i gredu ynddyn nhw Miss Citi, a dal i'w helpu er 'u bod nhw'n anniolchgar. Nid 'run fath â fi, mi rois i fy nghalon i lawr a mynd i'r seilam. O am le ofnadwy, pawb o'u couau, a phobl hyll. Merched clws yn mynd yn hagar, a hen arferion ffiaidd ...

MISS CITI. (*Yn torri ar ei thraws*) Dyna fo, does arnom ni ddim eisiau clywed rhagor.

WMFFRA. Mi fûm i yno unwaith yn edrach am berthynas, ac yr oeddwn i'n meddwl ei bod hi reit braf ar lawar ohonyn nhw, yn gorwedd yn dawal yn eu gwelyau heb fedru cymryd poen, dim eisio poeni am dreth na ...

LEUSA HUWS. Y cena calon galad. Mi fasan yn rhoi llawar am gael bod yn dy le di.

SIÔN LLWYD. Clywch! Clywch!

MISS CITI. Basan. Yn ein lle ni i gyd. Mi fasan yn rhoi'r byd am gael digon o synnwyr i boeni ynghylch rhywbeth. Y rhai sy'n cymryd cyfrifoldeb poen sy'n cael poen.

LEUSA HUWS. Wir, doedd gen i ddim help am fethu dal. Mi dreiais fy ngorau fendio, ac mi ddois allan yn well. Ond wedi dŵad allan, yr un oedd y gwacter wedyn.

GORONWY OWEN. Ym mhle'r oedd dy ŵr di?

LEUSA HUWS. Wedi'i gladdu ers blynyddoedd. Roeddwn i bron wedi wedi'i anghofio fo. Roedd o wedi marw o'r diciâu. Wedi diodda am flynyddoedd a blynyddoedd. Wna i byth anghofio'i ddiodda fo. Fel yna mae chwarelwrs, yn mynd efo sgyfaint gwlyb i feddau sychion, yn ddynion ifanc.

MISS CITI. O tewch Leusa Huws.

LEUSA HUWS. Ydy, mae o'n ofnadwy. Ond mi fedrais i anghofio hwnna am fod gin i ddau hogyn bach i weithio er eu mwyn nhw.

GORONWY OWEN. Pam roeddech chi'n gweld bai arna i am anghofio ynta? Doedd gen i ddim byd.

LEUSA HUWS. (*Heb gymryd sylw*) ... a doedd gin i mo hynny wedi dŵad o'r seilam, dim byd na neb i weithio er ei fwyn. Roeddwn i'n treio gweld rhywbeth gwerth edrach ymlaen ato yn y diwrnod wedyn o hyd. Weithiau mi gawn afael mewn cawnen. Mi fyddai cofio fod gen i dorth gartra i frecwast yn ddigon o sbardun imi edrach ymlaen at drannoeth. (*Siôn Llwyd yn agor ei geg mewn diflastod.*)

WMFFRA. Piti garw an fasach chi wedi gwneud yr un peth â Miss Citi – treio meddwl am bobl erill.

SIÔN LLWYD. Un da wyt ti i siarad.

LEUSA HUWS. Ia ond fedrwn i ddim – doeddwn i'n gweld dim gronyn o gysur yn yfory, mi aeth yn nos dywyll, ac mi benderfynais ladd fy hun.

SALI. (*yn gweiddi*) O!

LEUSA HUWS. Y penderfynu oedd yn ofnadwy. Gweld rhai rhesymau dros beidio, ond miloedd dros imi wneud. Ond wedi penderfynu doedd y gweddill ddim byd, doeddwn i ddim ond fel darn o bapur yn y gwynt wedyn.

SALI. (*yn griddfan*) O, am wastraff ar fywyd! Y fi yn dyheu am fendio, yn gwingo yn erbyn y drefn o farw, a Leusa Huws yn taflu bywyd i ffwrdd.

WMFFRA. Ac yn pechu wrth wneud hynny.

MISS CITI. Rydan ni i gyd wedi pechu, Wmffra'r Geulan.

GORONWY OWEN. Rydw i'n gwrthwynebu i'r siarad creulon yma. Pam mae'n rhaid inni ddiodda'r fath beth?

MISS CITI. Hawdd iawn i chi siarad. Dydach chi ddim wedi diodda llawar. Leusa Huws ddaru brofi poen i'w waelodion, a pheidio â threio dengid rhagddo fo efo gweithredoedd da. Dengid rhagddo wnes i, ac wrth imi fynd yn hen, roedd amser yn fy mlino, roeddwn i ac yntau yn rhedeg ras. Roedd amser yn mynd fel chwrligwgan, a minnau'n lorio ac yn aros yn ôl, ond yn gwybod y byddai'n rhaid imi ei ddal ryw ddiwrnod, a mynd o'r byd heb wneud dim.

LEUSA HUWS. Y chi heb wneud dim!

MISS CITI. Ia, heb wneud dim ond ceisio lladd amser yn lle gwneud yr hyn oedd arna i ei eisiau.

LEUSA HUWS. Beth oedd hynny, Miss Citi?

MISS CITI. Byw. Byw. Priodi a chodi teulu.

LEUSA HUWS. I'w colli wedyn mewn rhyfal.

MISS CITI. Dim ods. Mae rhyw iawn mewn colli ar ôl cael. Ond colli heb gael dim ... O na chawn i ail gynnig.

GORONWY OWEN. Ond dydym ni byth yn cael yr hyn sydd arnom ei eisiau. 'Chwilio gem, a chael gwymon!'

SIÔN LLWYD. (*Yn ddistaw*) Perig bywyd dweud nad y fo piau honna.

WMFFRA. Llinell odidog.

LEUSA HUWS. Ia wir Wmffra. Doedd yna byth ddarfod na chyrraedd pen draw pan oeddan ni yn y byd, na chael eistedd a theimlo ein bod wedi gorffen. Pan oedd y plant yn fychan, mi fyddwn i'n meddwl y cawn i eistedd wedi iddyn nhw fynd yn fawr a dechrau ennill, a chael paned o de yn hapus wrth y tân. Ond ches i ddim.

SALI. Cymryd fy mwyniant fel y dôi o y byddwn i. Eistedd yng nghanol fy ngwaith a mwynhau fy hun ar y munud. Mynd allan i'r haul ac eistedd ar stôl i roi fy mron i'r babi. Peth braf oedd 'i weld yn cymryd sbel ar hanner sugno ac agor ei geg i chwerthin a rhoi slap ar fy mron i. Fyddwn i byth yn edrach ymlaen at orffan eu magu nhw.

MISS CITI. O Sali, peidiwch.

LEUSA HUWS. Dyna fo, Miss Citi. Mae Sali yn siarad lot o synnwyr.

GORONWY OWEN. Ydy. Edrych ymlaen at gael mynd i Sir Fôn yr oeddwn i.

WMFFRA. Wel pam na fasach chi'n mynd ynta? Roedd yn haws mynd yno o Loegr nag o fan'ma.

GORONWY OWEN. Doedd ar neb f'eisiau i yno. Roedd gan yr esgobion eu pobl, ac nid y fi oedd un ohonynt.

MISS CITI. Dydw i ddim yn meddwl ych bod chi wedi treio llawar ar ôl y tro cynta.

GORONWY OWEN. Do, mi ddarum.

WMFFRA. Ond fasan ni ddim wedi cael y cywyddau da yna 'tasach chi wedi mynd.

MISS CITI. Mi fasan wedi cael cywyddau hiraeth am Lundain wedyn.

GORONWY OWEN. Tewch â'ch siarad dwl Miss Citi.
MISS CITI. Mi ddywedodd rhyw fardd o'n hamser ni, Goronwy, 'Mwyn i bawb y man ni bo', ac os bu hynny'n wir am rywun, mi'r oedd o'n wir amdanoch chi. Dwn i ddim fydd o'n werth ych symud chi i'r nefoedd, anfodlon fyddwch chi wedyn.
GORONWY OWEN. Wel, mae'n wir mai dyn anfodlon ydy bardd.
WMFFRA. Dim gwerth rhoi wyau dano fo.
SIÔN LLWYD. (*Yn hanner deffro*) Dyna pam y rhoist ti orau i farddoni Wmffra. Ond fuost ti ddim mwy bodlon wedyn.
MISS CITI. Ond mi ddaru i chi fodloni yn y diwedd yn do, Goronwy?
GORONWY OWEN. Dwn i ddim.
MISS CITI. Ond chawsom ni ddim cywyddau hiraeth gynnoch chi o'r Mericia, ac mi'r oeddech chi'n bellach o sir Fôn nag erioed.
GORONWY OWEN. Dydw i ddim yn mynd i ddweud fy hanes, a throi fy mherfedd tu chwithig allan, fel mae rhai ohonoch chi wedi bod wrthi heno. Fy musnes i ydy pam y bûm i'n ddistaw wedi mynd i'r Mericia. Does dim eisiau i'r byd a'r betws wybod hanes neb – er y basa fo'n lles i'r Morysiaid yna fod wedi cael gwybod fy ffawd i. (*Sali yn chwyrnu cysgu.*)
SIÔN LLWYD. Mae Sali wedi mynd i gysgu.
MISS CITI. Ydy'r greadures. Dydy rhyw siarad fel hyn ddim at 'i thast hi.
SIÔN LLWYD. Mi fasa'n dda gin inna gael symud oddi yma hefyd. Dydw i 'rioed wedi aros yn unlla am fwy na noson, a does dim gwair na dim yn fan'ma i ddyn roi 'i ben i lawr. Rydw i mewn llawn cydymdeimlad â'r bardd.
GORONWY OWEN. Aros, nes byddi di wedi bod yma cŷd â fi.
(*Daw sŵn daeargryn ysgafn fel o'r blaen, a sŵn drws yn agor.*)
SALI. (*Yn deffro*) Mae rhywun yn dŵad eto. O na, rhywun sy'n cael mynd odd'ma. Gobeithio nad y fi. Well gin i aros am Wil.
MISS CITI. Siôn Llwyd sy'n cael mynd.
SIÔN LLWYD. Diolch byth. Rydw i wedi hen laru yma. Ella ca

i gysgu yn sgubor y Geulan wedi'r cwbl. (*Sŵn ei draed yn cerdded.*)

MISS CITI. Nid y ffordd yna Siôn. Yn dy flaen yr wyt ti'n mynd nid yn d'ôl.

SIÔN LLWYD. (*Yn siomedig*) Dydw i ddim yn cael mynd yn f'ôl i Gymru?

GORONWY OWEN. Does neb yn cael mynd yn ôl i Gymru o fan'ma.

SIÔN LLWYD. Wela i byth mo Gymru eto?

GORONWY OWEN. Na weli *byth*.

(*Tawelwch ennyd.*)

SIÔN LLWYD. (*Yn canu a bron â thorri i lawr*)

Cyn delwyf i Gymru'n ôl fy ffrind
Cyn delwyf i Gymru'n ôl
O bydd glaswellt ar fy llwybrau i
Cyn delwyf i Gymru'n ôl.

(*Seibiant byr*)

Wel, ffarwél gyfeillion, a diolch i chi am sgwrs ddifyr ac adeiladol. A gobeithio y ca i dy weld ti'n o fuan Wmffra. Rydw i bron wedi dŵad i dy hoffi di. (*Â ymaith, a chaeir y drws.*)

LEUSA HUWS. (*Yn beichio wylo*) Does yna ddim cyfiawnder yn y fan yma ychwaith, ddim mwy nag yn y byd. A finnau'n disgwyl mai fi fyddai nesa, er mwyn imi gael gweld fy nau hogyn bach.

MISS CITI. Ydy, mae'n anodd disgwyl, ond mi ddaw rywdro, a chofiwch mi fydd arna i hiraeth wedi i chi fynd.

LEUSA HUWS. Gobeithio y cewch chi ddŵad yr un pryd â mi Miss Citi. Rydach chi wedi bod mor ffeind. O, naci, mae arna i eisio cyfarfod y ddau ar ben fy hun. O Dduw, does dim diwedd ar ddatod clymau hyd yn oed yn fan yma.

MISS CITI. Ond mi gewch chi weld eu datod i gyd. Mi gewch chi weld y daw pob dim yn iawn.

LEUSA HUWS. (*Yn wylo*) Rhyw hen drampar fel yna yn cael mynd mor fuan.

MISS CITI. Ia, Leusa Huws. Rhyw bili pala o ddyn, a nefoedd pili pala sydd yn ei ddisgwyl.

LEUSA HUWS. Pili pala?

MISS CITI. Ia, iâr bach yr ha.

LEUSA HUWS. Oes gynnoch chi rywun yr ydach chi'n dyheu am ei weld wedi mynd trosodd, Miss Citi?

MISS CITI. Nag oes fawr neb mwy na'i gilydd. Mi ges i fy ngadael yn unig ar y ddaear a neb yn poeni dim yn fy nghylch i, wedyn pam mae'n rhaid imi fynd i chwilio amdanyn nhw yn y nefoedd?

LEUSA HUWS. Hollol wir. Fel yna yr oedd hi efo minnau. Sawl noson y bûm i ar ben fy hun efo'r gath, a neb yn dŵad ar fy nghyfyl i.

WMFFRA. Mi gest gydymdeilad ardal pam gollist ti dy feibion.

LEUSA HUWS. Do *am wsnos*. Doeddan nhw ddim yn meddwl dim amdana i wedyn.

MISS CITI. Na, dyna fel mae pobl. Meddwl am neb ond amdanyn nhw eu hunain. Anghofio pob cymwynas ac edrych arnoch chi fel petaech yn ffŵl. O mi'r oedd hi'n anodd peidio â chwerwi.

LEUSA HUWS. Ac mae hi'n ymddangos i mi mai'r un fath y mae hi yn y fan yma. Dim cyfiawnder, y dwetha ddaeth i mewn yn mynd odd' yma gynta.

MISS CITI. Na, nid anghyfiawnder oedd i Siôn Llwyd fynd drosodd gynta. Ond mae'n rhaid inni ddioddef dipyn rhagor. Dydan ni ddim wedi dioddef digon. Ond mi ddaw cyfiawnder. Does yna neb ond y chi yn gwrando erbyn hyn Leusa, a mi ddeuda i chi beth ddwedodd rhyw fardd o Ffrainc,

'Bydded bendith ar ddioddef O Dad.
Nid tegan gwag yw fy enaid yn dy law.
Mae dy ddoethineb yn annherfynol'.

WMFFRA. Maddeuwch i mi, Miss Citi, mi'r oeddwn i'n gwrando. Fedra i byth wrthod y demtasiwn o wrando ar farddoniaeth. Ond maddeuwch imi am ddweud. Mae Paul wedi dweud yn well o lawer,

'Canys ein byr ysgafn gystudd ni'.

MISS CITI. Wir, mi'r ydach chi'n gwybod eich Beibl, Wmffra,

'sydd odidog ragorol'.

Cerddoriaeth

SALI'R SGALLAN.

Dyma fi Sali'r Sgallan mewn jêl ers degau o flynyddoedd, ers faint dwn i ddim. Does dim posib cyfri, petai rhywun yn medru cyfri, does yma na chloc nac almanac Robat Robaits, Caergybi. Pedair wal lwyd wastad, heb garrag yn bochio allan, 'run fath ag oedd yn y Sgallan ers talwm. Dim ffenast o gwbl, dim ond dau ddrws; un tuag at y byd, a'r llall tuag at y byd arall. Ac mae pob dim mor lân, byth lanast, na gwe pry cop yn y corneli. Mi fasa'n dipyn o rwbath gweld pry cop fel petaen ni mewn beudy. Ond does yma ddim byd, ddim ogla dim. Mor dda oedd ogla gwarthaig y Sgallan ers talwm pan fyddai 'u llysnafedd nhw yn hongian yn rhaffa oddi wrth'u cega nhw, a finnau'n godro ar y stôl a 'mhen yn dynn yn nhynewyn y fuwch, yn synfyfyrio ac yn breuddwydio yr un fath â'r fuwch yn union, ac yn llawn mor fodlon. Y dyddiau braf pan oeddan ni allan yn gweithio hyd y caea, a rhoi'r babi i gysgu ar boncan yn yr haul ynghanol yr eithin. Mor falch fyddwn i ar ôl y gwaith calad, o gael rhedag i'r tŷ i ddisgwyl Wil adra o'r ffarm lle'r oedd o'n gweithio. Dim ond chweigian am weithio o ola i ola am wsnos gyfan. A finna'n rhoi gluod ar y tân er mwyn cael fflam i ferwi'r lobscows. Mor falch oeddwn i o'i weld o, a mor falch oedd ynta o gael disgyn i gadair galad. Ond roedd hi'n nefoedd arnon ni, roeddan ni mor iach. Dwn i ddim beth oedd y salwch ddoth ata i, a gwnued imi adael fy nheulu. Mor braf oedd hi gyda'r nos yn y gaea, cael eistedd wrth y tân i wau sanau i Wil a'r plant, a throedio i hwn ac arall er mwyn gwneud ceiniog, a gwneud gwaith edau a nodwydd gwyn i ferchaid y ffatri i roi dan 'u peisia gwynion a'u cobenni. Doedd arna i ddim gwenwyn iddyn nhw na'u crandrwydd. Roeddan nhw yn talu yn dda i mi. Sgwn i lle ma' nhw bellach, a lle ma' Wil a mhlant i? Ma' walia'r hen le yma 'run fath yn union â walia capal, lle na chawn i byth 'i dwllu fo am fod pawb yn f'erbyn i.

Cerddoriaeth

LEUSA HUWS.

Pryd ca' i fynd o'r lle yma? Y fi Leusa Huws, na chafodd ddim cydymdeimlad. O na chawn i weld fy hogia bach. Tydw i ddim wedi diflasu mwy ar fan'ma nag oeddwn i ar y ddaear pan rois i ben ar 'y mywyd. Llwyd oedd y byd y pryd hynny hefyd, dim gobaith, dim byd, dim dim. Y Brenin Mawr wedi mynd â phob dim oddarna'i. Ond rhaid imi beidio â deud hynna o flaen Miss Citi, neu mi ga'i ddrwg. Ond wir, doedd 'na ddim byd yn y byd, lle'r un fath â fan'ma – y ddau hogyn wedi'u prentisio, wedi dŵad i ennill mymryn, a finna wedi cael yr het newydd gynta ers blynyddoedd. Ond yr oedd hi'n reit braf bod heb het pan oeddan nhw yn yr ysgol, er mwyn iddyn nhw gael tamaid go lew, a dillad go gynnas. Rydw i'n gweld 'u dillad nhw'n eirio yn y popty bach wrth ochr y tân, a'r potas yn mud ferwi ar y pentan erbyn iddyn nhw ddŵad o'r ysgol. A phan oedd Ned yn sâl, am flynyddoedd, rhedeg o hyd rhwng y siambar a'r tân, a gwrando ar y griddfan isal, mi'r oedd hynny'n braf rhagor na pheth ddoth wedyn. Mae gobaith o hyd i ddyn gwael, a mae gobaith i ŵr o ryfal meddan nhw. Ond ddath fy hogia fi ddim o'r rhyfal. Na nid gobaith sydd i ŵr o ryfal, ond ofn gobaith. Ac mi ddath fy ofn i yn wir. Mae Miss Citi yn dweud bod gobaith yn fan'ma. Mi rydw i wedi mynd i chredu hi erbyn hyn. Mi ga i weld fy hogia bach ryw ddiwrnod. Ond O! Mae'r aros yma'n hir.

Cerddoriaeth

WMFFRA'R GEULAN.

Dyn cry fel Wmffra'r Geulan yn gwneud dim. Y fi, fyddai allan efo'r tractor, neu mewn ffair ac yn dilyn y wedd ers talwm, a 'nwylo dros 'i gilydd yn segura. Wedi dŵad i ryw le segurllyd mwrllyd fel fan'ma, a finna, wel, ddim yng nghanol fy nyddia, ond yn ddyn tebol. Ia, wedi dŵad yma pan oedd Ffawd yn gwenu arna i. O Dduw mor braf oedd hi yn mynd â bustych gwerth edrych arnyn nhw i'r ffair, bustych gora'r plwy, a mor braf oedd hi wedi i'r rhyfal ddŵad, gael arian teilwng amdanyn nhw, yn lle fel yr oedd hi ers talwm pan na fydda ffarmwr yn cael digon i dalu am 'i uwd. Does dim byd tlysach na phentwr o bapura punt a chithau'n medru'u rhoi nhw ar gownter y banc a gwbod mai chi pia nhw. Ond mi'r oedd digon o fyd a thrafferth efo'r hen lywodraeth yna hefyd. A phan mae hi'n fyd da, mae arnon ni ofn iddi fynd yn fyd salach arnon ni. Mae un peth yn dda mewn byd gwan, mae dyn yn medru gobeithio. A mi'r oedd gen i amsar y pryd hynny i ymhel efo barddoni, gwneud englyn, a mynd efo Siôn Llwyd i gyfarfod llenyddol i gystadlu ar araith ddifyfyr, a gweld torf fawr o mlaen yn gwrando a'u cega yn gorad. Sgwn i lle mae'r hen Siôn erbyn hyn? A'r capal, sŵn y gwynt yn crio tu allan ar nos Sul, a'r pregethwr yn rhwyfo pregethu neu'n mynd i'r hwyl, a minna'n mynd adra wedi cael gwledd, a gwledd o gig oer a thatws wedi'u twmo gin Mari wedi mynd adra. Mi'r oedd digon o ryw fynd a symud yr adeg honno, ond does yna ddim yn fan'ma, a thydi'r sgwrs fawr at fy nhast i. Mae'r bardd yn rhy ddysgedig, a'r hen ferch yn rhy dda. Piti na ddôi rhywun.

Cerddoriaeth

MISS CITI.

Ond fûm i'n wirion. Dyma fi, Citi, yn dihoeni. Byw i bobl eraill am gyd o flynyddoedd, a chael mymryn bach o hapusrwydd ym mhen cynta f'oes. Ond mi ges gymaint o hapusrwydd yn y tair blynedd y bûm i'n caru, fel 'i fod o'n edrach weithia fel petai hynny i bara imi am weddill f'oes. Gwyn oedd pob dim, a dim lle i boen ddŵad i mewn o gwbl. Roeddwn i mor hunanol, yn meddwl am neb arall ac yn meddwl na ddôi byth wermod i gwpan Dic a minnau. Dysgu plant pobl eraill, eu hoffi a'u casáu bob yn ail. Eu gwthio drwy arholiadau, a'm gwneud fy hun yn gas iddyn nhw a phawb, am fy mod wedi fy siomi mewn cariad. Y cannoedd plant a aeth drwy fy nwylo, rhesi ar ôl rhesi yn eu blowsus gwynion a'u siwtiau *navy blue*, blwyddyn ar ôl blwyddyn, yr un hen arholiadau, yr un hen lyfrau, yr un hen athrawon, yr un hen siarad siop, yr un hen wyliau ar y Cyfandir, yn lle 'mod i wedi rhoi clec ar fy mawd a dweud fod cystal pysgod yn y môr ag a ddaliwyd. Suro wrth y byd, am fod rhyw un pysgodyn bach diasgwrn cefn wedi fy nhwyllo, yn lle mynd i bysgota wedyn. A dyma fi yn fan'ma, yn treio dweud wrth bobl eraill fod gobaith, ac yn amau a oes gobaith fy hun. A dyma Citi a fu unwaith mor llawen.

Cerddoriaeth

GORONWY OWEN.

Mae nhw'n dweud nad Uffern ydyw'r lle yma, mai aros yma yr ydym ni, nes dysgir ni i fod yn fodlon. Ond sut mae dysgu bodlonrwydd i fardd, un na fu'n fodlon erioed? Rydw i yma o flaen y cwbl ohonyn nhw, ers miloedd o flynyddoedd am wn i. A does yma ddim sgwrs fel yr hoffwn i, sgwrsio fel y byddwn i, efo Lewis Morris a Rhisiart, drwy lythyra, a ffraeo pan welwn i nhw. Ffraeo oedd ein ffordd ni o siarad. Rown i ddim ffeuen am y bobl bach ddwl yma sy'n ymhyfrydu mewn byw yn dawel ac yn heddychlon. Mae pobl fawr i gyd yn ffraeo. Mi'r oedd hi'n braf yr amser hwnnw, cael disgwyl llythyr neu barsel o lyfrau oddi wrth y Morysiaid a disgwyl eu gair o ganmol am y cywyddau y byddwn i'n eu hanfon iddynt. Peth braf ydyw disgwyl llythyr i ddyn anfodlon, a dyn oedd yn hiraethu am wlad ei eni. Donnington, Walton, a Llundain, tlodi a dlêd, hiraeth am Fôn, ond yr oedd hynny yn well na'r fan yma. Mi fuasai'n well dioddef geiriau cas Rhisiart Morris yn y dafarn yn Llundain noson y

Cymrodorion. Ac mae'r bobl yma mor gyffredin. Ond mae'r ddynes a elwir Sali yn odidog o hardd. Mae hi fel heffer ifanc. Eithr y mae hi'n ddwl. A minnau wedi arfer efo ysgolheigion.

DIWEDD

Aros wrth Loco

CYMERIADAU

Mrs. Jones ··· ··· ··· ··· ··· ··· ··· ··· hen wraig
Mrs. Evans ··· ··· ··· ··· ··· ··· gwraig ganol oed
Mrs. Huws ··· ··· ··· ··· ··· ··· ··· ··· ··· ··· ··· eto

Mae Mrs. Jones a Mrs. Evans yn sefyll ar stesion Dinbych.

MRS. JONES. Mae'r hen drên yma'n hir iawn. A mae hi'n oer.
MRS. EVANS. Mi ddaw ichi toc.
MRS. JONES. Ar yr hen Ddoctor Beeching yna mae'r bai.
MRS. HUWS. (*Yn rhuthro i'r stesion â'i gwynt yn ei dwrn*) Mi fu bron i mi golli'r trên.
MRS. JONES. Na, mae gynnoch chi ddigon o amser. Dydi Doctor Beeching ddim wedi canu'r gloch eto. (*Y gloch yn canu.*) O, dyna hi. Mae o wedi nghlywed i.
MRS. EVANS. Y chi oedd y cynta iddo fo glywad erioed yng Nghymru.
(*Maent yn symud i mewn i'r cerbyd. Eisteddant. Mrs. Huws yn chwythu ac yn gwyntyllu iddi hi ei hun.*)
MRS. HUWS. Rydach chi'n fagiog iawn Mrs. Evans. Ydach chi'n mynd ymhell?
MRS. EVANS. Rydw i wedi clywad bod siop newydd wedi 'i hagor yn Bryn Saith Marchog a dyna i chi lle rydw i'n mynd.
MRS. HUWS. O, chlywis i ddim.
MRS. EVANS. Peth rhyfedd iawn. Rydach chi'n sgut am fargen.

MRS. HUWS. Does dim amser i ddim y dyddia yma, ddim i glywed newydd da hyd yn oed. Taswn i'n gwbod mi faswn inna wedi dwad â basgedi efo mi. A mi fuo bron i mi golli'r trên rŵan, o achos y ddynes yna sydd wedi dŵad i fyw i'n stryd ni.

MRS. EVANS. Pwy ddynes?

MRS. HUWS. Mrs. Blasenames.

MRS. EVANS. Am enw od.

MRS. HUWS. Y fi sy'n ei galw hi yn Mrs. Blasenames. Dwn i ddim ar y ddaear beth ydy'i henw hi, ond mae gynni *hi* enw ar bawb, blas enw felly. Dyna pam dwi'n ei galw hi'n Mrs. Blasenames.

MRS. EVANS. Ydw i i fod i 'nabod hi?

MRS. HUWS. Dwn i ddim, ond mae hi yn ych nabod chi yn iawn. Mae hi'n nabod pawb a dim ond mis sy er pan mae hi'n byw yn y dre yma.

MRS. JONES. Naci, chwech wsnos.

MRS. HUWS. O wel, mae hi wedi cael pythefnos arall i slimio a rhempio pobl. Adda mae hi'n galw Mr. Jones, sy'n byw a bod yn 'i ardd, ac wrth gwrs Efa ydy 'i wraig o. A wyddoch chi beth mae hi'n galw'r dyn gneud cerrig beddi sy'n byw yn y stryd nesa? Jenkins er Cof. A Niagara mae hi'n galw'r dyn yna mae'i lygada fo'n dyfrio bob munud. O, ia, Williams Pink Pills mae hi'n galw Mr. Williams â'r bochau pinc yna. A fel'na mae gynni hi ryw enw ar bawb.

MRS. EVANS. O wel, mae gynni hi ryw flas enw arna i reit siŵr.

MRS. HUWS. Na, mi'r ydach chi'n Mrs. Evans – hyd yn hyn.

MRS. EVANS. Dydi hi fawr o feddwl bod gynnoch chi flas enw arni hi.

(*Y trên yn ysgwyd. Y tair yn cael eu sgrytian.*)

MRS. JONES. Dyna fo eto.

MRS. EVANS. Pwy?

MRS. JONES. Y dyn Beeching yna.

MRS. EVANS. Rhaid i chi dendio Mrs. Jones, ne mi fyddwch chitha'n cael blas enw gin y ddynes yna. Mrs. Beeching ne rwbath. Ydach chi'n mynd ymhell?

MRS. JONES. Os ydy'n rhaid i chi gael gwybod, mi rydw i'n mynd i gladdu fy hen nain.
MRS. EVANS. Ydach chi'n mynd ymhell Mrs. Huws?
MRS. HUWS. Mi ddeuda i chi, mi rydw i'n mynd i Bandy'r Capel.
MRS. EVANS. Rhywun yn perthyn yno?
MRS. HUWS. Nagoes neb. Mynd i weld rhyw ddyn ydw i.
MRS. EVANS. O!
MRS. HUWS. O dim byd o'i le. Mae'r dyn yna reit barchus ac yn ddyn clyfar iawn.
MRS. EVANS. Dydy'r ddau ddim yn mynd efo'i gilydd bob amser.
MRS. HUWS. Pwy ddim yn mynd efo'i gilydd?
MRS. EVANS. Parchusrwydd a chlyfrwch.
MRS. HUWS. O, mi roesoch sioc i mi am funud.
MRS. EVANS. Pwy ydy'r dyn, 'nen tad?
MRS. HUWS. Llew y Pandy mae pawb yn 'i alw fo. Dwn i ddim beth ydy ei enw iawn o.
MRS. EVANS. Mrs. Blasenames wedi'i fedyddio fynta?
MRS HUWS. Naci. Gorsedd Beirdd Ynys Prydain.
MRS. EVANS. Pwy ydyn nhw?
MRS. HUWS. O wyddoch chi, y bobl yna sy'n gwisgo cobenni yn y Steddfod Genedlaethol.
MRS. EVANS. A mi'r ydach chitha'n mynd i gael gwersi gynno fo.
MRS. HUWS. Twt. Nag ydw. Ond mi rydw i'n gobeithio y caiff Rufus yr hogyn acw wersi gynno fo.
MRS. EVANS. Ydy Rufus yn mynd i berthyn i'r Orsedd?
MRS. HUWS. Ddim rŵan. Ond mae arno fo eisio cystadlu ar adrodd, a rydw i'n gobeithio y gwnaiff Llew y Pandy roi gwersi iddo fo.
MRS. JONES. A dysgu iddo fo ruo 'run fath â fo'i hun.
MRS. HUWS. Ydach chi'n' i nabod o?
MRS. JONES. Allswn feddwl fy mod i. Gorau po bella y cadwi di odd'wrtho fo.
MRS. HUWS. Pam? Be sy o'i le arno fo?
MRS. JONES. Dim byd. (*Distawrwydd.*)

MRS. HUWS. Beth sy'n bod Mrs. Ifans deudwch? Rydw i'n clywed pawb yn siarad yn wirion.

MRS. JONES. Siarad drosot ti dy hun.

MRS. EVANS. Peidiwch â chymryd sylw ohoni hi, Mrs. Huws. Ewch ymlaen efo'r stori.

MRS. HUWS. Rydw i'n teimlo reit ryfedd. Mae rhywbeth o'i le ar y trên yma.

MRS. JONES. Mae o'n ysgwyd perfedd rhywun, ac yn ysgwyd 'mennydd ambell un.

MRS. HUWS. O ia, sôn am Rufus oeddwn i. Mae arno fo eisio dysgu adrodd. Does yma neb yn Nimbach yma fedar ddysgu adrodd. Dyna i chi'r Gwilym R. Jones yna. Mae o beunydd a byth yn deud wrth Rufus. 'Paid bŷth a deud byth'. Bedi o ods iddo fo sut mae neb yn deud byth? Mae pawb yn dallt bedi byth. Wel – byth – a dyna fo. Chaiff Rufus ni byth ddeud bŷth, na chaiff bŷth, bŷth, bŷth (*Yn codi ei llais wrth fynd ymlaen. Yn stopio wedi gweld ei chamgymeriad – mewn llais llipa.*)

MRS. JONES. Amen.

MRS EVANS. Beth am Mathonwy Huws?

MRS. HUWS. O wnaiff o ddim gadael i neb adrodd dim os na fydd o mewn cynghanedd. Mae o'n byw ar gynghanedd, yn cysgu mewn cynghanedd, yn anadlu mewn cynghanedd, yn siarad mewn cynghanedd.

MRS. EVANS. Ac yn barddoni mewn cynghanedd.

MRS. HUWS. Wrth gwrs, dyna i beth mae cynghanedd yn dda.

MRS. EVANS. Druan o Mrs. Mathonwy Huws.

MRS. HUWS. Ia, mae hi wedi troi yn gynghanedd 'i hun, ac wedi troi o fod yn gynghanedd lusg lefn i fod yn gynghanedd groes o gyswllt ewinog.

MRS. EVANS. Chlywis i 'rioed y ffasiwn beth.

MRS. HUWS. Sut mae disgwyl i hogyn fel Rufus adrodd peth fel hyn.

'Mal cawr aruthr yn rhuthraw
Mal lladron di-sôn y daw.'?

MRS. EVANS. Ond dydi pob cynghanedd ddim fel'na.
MRS. HUWS. Ydi, sŵn i gyd heb ddim sens. Rhowch i mi sens bob tro.
MRS. JONES. Dehongliad pwrpasol iawn.
MRS. EVANS. Beth am Kate Roberts? Fedra hi mo'i ddysgu fo i adrodd?
MRS. HUWS. Gwaeth byth. Mae hi'n deud wrth Rufus am beidio â rhoi ei draed dros 'i gilydd wrth adrodd ac am sefyll yn iawn. Bedi o'r ods iddi hi ymhle y rhoith o'i draed? Dim ods tasa fo'n 'u rhoi nhw yn 'i geg.
MRS. EVANS. Fedra fo ddim adrodd yn dda iawn wedyn.
MRS. HUWS. Pam lai? Mae mwy o wyrthia na hynny'n digwydd heddiw.
MRS. JONES. Dyna be fasa rhoi'i droed yn'i hi.
MRS. EVANS. Deudwch i mi, ydi Teigar – naci ... y ... y ... Llew y Pandy yma wedi ennill yn y Steddfod Genedlaethol?
MRS. HUWS. (*Yn wfftio*) Eisteddfod Genedlaethol wir! Ddim byd mor goman. Mae o wedi ennill yn Ffair Fawr y Byd yn Chicago.
MRS. EVANS. Wyddwn i ddim.
MRS. HUWS. Dyna chi'n gwybod rŵan.
MRS. EVANS. Welis i rioed mono fo yn y papur.
MRS. HUWS. Naddo. Tasa rhywun wedi ennill ar adrodd yn y Band of Hope, ne wedi torri ewin 'i fys bach, mi fasa i mewn yn y *Free Press*. Ond pan mae dyn wedi ennill am adrodd yn Ffair Fawr y Byd, na, dim perig.
MRS. EVANS. Wel gobeithio y gwneith y Llew yma rywfaint o'i ôl ar Rufus.
MRS. HUWS. Mae arna i eisio iddo fo gael canu'r organ hefyd.
MRS. EVANS. Ym mhle cewch chi organ? Mi fydd yn rhaid i chi gael organ y capel i'w ddysgu fo.
MRS. HUWS. Na, dydi hi ddim gwerth. Roeddwn i'n meddwl gofyn am fenthyg organ yr Eglwys Gadeiriol.
MRS. EVANS. Bobl bach! Chewch chi mo honno. Wneith yr Esgob byth adael i chi 'i chael hi.

MRS. HUWS. Mi ofynna i i'r Aelod Seneddol fynd i weld o.

MRS. EVANS. Mi wn i 'i fod o'n gwneud lot i bawb, ond mae'n ormod gofyn iddo fo wneud hynna.

MRS. HUWS. O mi wneith hynny i mi.

MRS. EVANS. Ella, ond wneith yr Esgob iddo fo ydy'r peth. Allswn i feddwl fod dysgu adrodd yn llawn ddigon i Rufus, heb fynd i falu organau pobol erill.

MRS. JONES. Bedi enw'r ddynas blasenwau yna?

MRS. EVANS. Pwy? Mrs. Blasenames?

MRS. JONES. Ia, tendia di i Mrs. Plasnans gael cownt ohonat ti. 'Mrs. Gwybod pob dim' fydd dy enw di.

MRS. HUWS. Ym mhle'r ydan ni deudwch? Dydw i ddim wedi gweld enw dim un stesion. Ydan ni wedi mynd trwy Rhuthun?

MRS. EVANS. Dwn i ddim.

MRS. JONES. Do ers meityn, tra buoch chi yn colstro a hel straeon. Dwn i ddim beth ydy'r ffwdan a'r ffys yma sy'n bod efo plant heddiw. Ryw ffys, ryw ffys, ryw ffys – Rufus.

MRS. HUWS. (*Bron â chrio*). Does dim rhaid i chi neud sbort am ben fy hogyn i.

MRS. JONES. Ylwch yma. Rydw i yn ddeg a phedwar ugain oed, a does neb yn malio dim yn'o i. Pobol ifanc a phlant ydy pob dim heddiw. A fasan nhw ddim yma onibai yn bod ni wedi bod yma o'u blaen nhw.

MRS. HUWS. Wel, mi fuoch yn blentyn ych hun unwaith.

MRS. JONES. Naddo. Doedd gin i ddim amser i fod yn blentyn. Roeddwn i'n rhy brysur yn gweithio.

MRS. EVANS. (*Wedi dychryn*) Wir, wyddoch chi, dydw i ddim yn meddwl bod y trên yma'n mynd i nunlla (*Yn edrych allan drwy'r ffenestr*). Wela i ddim enw stesion yn unman, a does neb wedi dŵad i mewn ers pan ydan ni wedi cychwyn.

MRS. HUWS. (*Yn bryderus*) Rydw i'n dweud ers meityn bod rhywbeth rhyfedd ar y trên yma. (*Yn edrych ar ei thiced ac yn dychryn*) Drychwch be sy ar fy nhiced i. Devil's Bridge! I Bandy'r Capel y codis i diced.

MRS. EVANS. Dowch i mi weld be sy ar f'un i. Devil's Kitchen. Dowch i mi weld eich ticed chi Mrs. Jones – Hell's Mouth.

MRS. JONES. Ia, yn fanna roedd fy hen nain yn byw.

MRS. HUWS. (*Yn crio*) O … mi rydan ni ar goll. Deudwch i mi Mrs. Evans, ai Mrs. Huws ydw i?

MRS. EVANS. Ia … hyd yn hyn. Dwn i ddim ar y ddaear pwy ydw i.

MRS. JONES. Mi wn i'n iawn pwy ydw i. Gorwyres i'm hen nain sydd yn byw yn Hell's Mouth. (*Mrs. Evans a Mrs. Huws yn ddigalon iawn. Mrs. Jones yn chwerthin wrthi hi ei hun.*)

MRS. HUWS. Does dim posib gyrru gair at neb, a beth ddaw o Rufus?

(*Mrs. Jones yn chwerthin eto.*)

(*Rhywun yn gweiddi 'Denbigh Station'.*)

MRS. HUWS. O diolch byth. Fu'r gair Denbigh rioed mor felys.

MRS. EVANS. Mi rydan ni wedi dŵad yn ôl i'r un fan heb fod yn unlla.

MRS. JONES. Dyna fo. Dim ond hen bobl a ffyliaid sy'n dŵad yn ôl i'r un fan.

(*Maent yn symud allan o'r trên, y ddwy arall yn arwain Mrs. Jones.*)

MRS. EVANS. Ia, ffyliad ydan ni, dangos i ni nad oes dim eisio i ni fynd allan o Ddimbach i siopa.

MRS. HUWS. O wir, mi rydw i am fynd i ngwely o'r golwg, i roi mhen dan dillad.

MRS. JONES. Mi rydw i'n mynd adra i gael paned o de.

DIWEDD

Llyfryddiaeth

I. DRAMÂU gan KATE ROBERTS

Y Botel, drama ddirwestol boblogaidd (cyfieithiad o *The Bottle*, T.P. Taylor), tua 1910, llungopi o'r gwreiddiol yn Archifdy Prifysgol Bangor, rhif X/DG 421 Rob.
Y Fam, Betty Eynon Davies a Kate Roberts (Llundain a Chaerdydd: The Educational Publishing Co., 1920).
Y Canpunt. Comedi o Gwm Tawe, Margaret Price, Kate Roberts a Betty Eynon Davies (Y Drenewydd: The Welsh Outlook Press, 1923).
Wel! Wel! Comedi, Betty Eynon Davies, Margaret Price a Kate Roberts (Y Drenewydd: The Welsh Outlook Press, 1926).
Ffarwel i Addysg, llawysgrifau a theipysgrifau yn Llyfrgell Genedlaethol Cymru, Casgliad Kate Roberts, rhifau: 2515-2517.
Arian ac Aur. Comedi bedair act, cyfieithiad o *Gold and Silver*, Betty Eynon Davies (Aberystwyth: Gwasg Aberystwyth, 1937).
Y Cynddrws, llawysgrifau a theipysgrifau yn Llyfrgell Genedlaethol Cymru, Casgliad Kate Roberts, rhifau: 2636-2638.
Modryb a Nith, teipysgrifau yn Llyfrgell Genedlaethol Cymru, Casgliad Kate Roberts, rhifau: 2641-2644.
Aros wrth Loco, llawysgrifau yn Llyfrgell Genedlaethol Cymru, Casgliad Kate Roberts, rhifau: 2520-2522.
Y Gwas, llawysgrifau a theipysgrifau yn Llyfrgell Genedlaethol Cymru, Casgliad Kate Roberts rhifau: 2614, 2652, 2653, 2645-2650.
Di-deitl. Drama am chwarelwr o'r enw Wil Evans, llawysgrif yn Llyfrgell Genedlaethol Cymru, Casgliad Kate Roberts, rhif: 2523.
Yr Angladd. Cyfaddasiad o waith Johan August Strindberg, llawysgrif yn Llyfrgell Genedlaethol Cymru, Casgliad Kate Roberts, rhif: 2526.
'Bore Sul yn Nhŷ'r Jonesiaid', *Y Wawr* (*Cylchgrawn Merched y Wawr*), Rhifyn 9, Hydref 1970, tt. 11-12.

II. RHAI GWEITHIAU ERAILL gan KATE ROBERTS

O Gors y Bryniau. Naw stori fer (Caerdydd, 1925).
Deian a Loli. Stori am Blant (Caerdydd, 1927).
Rhigolau Bywyd a Storïau Eraill (Aberystwyth, 1929).

Laura Jones (Aberystwyth, 1930).
Traed mewn Cyffion (Aberystwyth, 1936).
Ffair Gaeaf a Storïau Eraill (Dinbych, 1937).
Stryd y Glep (Dinbych, 1949).
Y Byw Sy'n Cysgu (Dinbych, 1956).
Te yn y Grug. Cyfrol o storïau byrion (Dinbych, 1959).
Y Lôn Wen. Darn o hunangofiant (Dinbych, 1960).
Hyn o Fyd. Llyfr o Storïau (Dinbych, d.d.).
Tywyll Heno. Stori Fer Hir (Dinbych, 1962).
Tegwch y Bore. Nofel (Dinbych, 1967).
Prynu Dol a Storïau Eraill (Dinbych, 1069).
Gobaith a Storïau Eraill (Dinbych, 1972).
Yr Wylan Deg (Dinbych, 1976).
Haul a Drycin a Storïau Eraill (Dinbych, 1981).

Kate Roberts yn ateb cwestiynau yn: Saunders Lewis, gol., *Crefft y Stori Fer* (Y Clwb Llyfrau Cymraeg, 1949), tt. 11-21.
'Atgofion am Syr John Morris-Jones', *Barn*, Awst 1964, t. 279.
'Drama Bangor', *Y Genedl Gymreig*, 9 Mawrth 1931, t. 5.
'Y Ddrama yng Nghymru', *Y Brython*, 12 Rhagfyr 1935.
'Atgofion', yn *Atgofion*, Cyfrol 1, gol. John Roberts Williams (Tŷ ar y Graig, 1972), tt. 7-36. Sgwrs radio a fu yn y gyfres 'Y Llwybrau Gynt'.
Emyr Hywel, gol., *Annwyl D.J. Llythyrau D.J. Williams a Kate Roberts* (Tal-y-bont, 2007).
Dafydd Ifans, gol., *Annwyl Kate, Annwyl Saunders. Gohebiaeth 1923-1983* (Aberystwyth, 1992).
David Jenkins, gol., *Kate Roberts, Erthyglau ac Ysgrifau Llenyddol* (Abertawe, 1978).

III. RHAI YMDRINIAETHAU

Jane Aaron, 'Y Flodeuwedd Gyfoes: llên menywod 1973-1993', *Diffinio Dwy Lenyddiaeth Cymru*, gol. M. Wynn Thomas (Caerdydd, 1995), tt. 190-208.
John Emyr, *Enaid Clwyfus. Golwg ar waith Kate Roberts* (Dinbych, 1976).
Delyth George, 'Kate Roberts – Ffeminist?', *Y Traethodydd*, Hydref 1985, tt. 188-202.

Katie Gramich, *Kate Roberts*. Writers of Wales (Caerdydd, 2011).
Katie Gramich, 'The intimate circle of a writer's life', *Agenda*, Gwanwyn 2011, tt.70-73.
Branwen Jarvis, 'Kate Roberts and a Woman's World', *Transactions of the Honourable Society of Cymmrodorion*, 1991, tt. 233-48.
Bobi Jones, gol., *Kate Roberts. Cyfrol Deyrnged wedi ei golygu ar ran yr Academi Gymreig* (Dinbych, 1969).
Geraint Wyn Jones, *Fel Drôr i Fwrdd. Astudiaeth o waith Kate Roberts hyd 1962* (Caernarfon, 2010).
R.M. Jones, 'Kate Roberts', 'Y Frenhines Ddioddefus', 'Ys Tywyll Heno', 'Storïau Byrion Kate Roberts', 'Dirgelwch Prynu Dol', *Llenyddiaeth Gymraeg 1936-1972* (Llandybie, 1975), tt. 165-202.
Alan Llwyd, *Kate: Cofiant Kate Roberts 1891-1985* (Tal-y-bont, 2011).
Mihangel Morgan, 'Kate yn y Cwm', *Cwm Cynon*, gol. Hywel Teifi Edwards (Llandysul, 1997), tt 285-308.
Mihangel Morgan, 'Distawrwydd Enbyd Kate Roberts: Bywyd a Gwaith Llenyddol Kate Roberts rhwng 1937 (*Ffair Gaeaf a Storïau Eraill*) a 1949 (*Stryd y Glep*)', *Llên Cymru*, 2007, tt. 196-203.
Mihangel Morgan, 'Ymateb i Kate Roberts', *Llên Cymru*, 2012, tt. 163-170.
Harri Pritchard Jones, *Kate yn y De*. Darlith Flynyddol Cae'r Gors 2010, traddodwyd yn Eisteddfod Genedlaethol Blaenau Gwent 2010.
Eigra Lewis Roberts, *Kate Roberts*. Llên y Llenor (Caernarfon, 1994).
Francesca Rhydderch, *Cultural Translations: a Comparative Critical Study of Kate Roberts and Virginia Woolf*, Thesis Ph.D. (2000), mynediad agored drwy Lyfrgell Genedlaethol Cymru.
Francesca Rhydderch, 'Cyrff yn Cyffwrdd: Darlleniadau Erotig o Kate Roberts', *Taliesin*, Cyfrol 99, Hydref 1997, tt. 86-97.
Rhydwen Williams, gol., *Kate Roberts, ei meddwl a'i gwaith* (Llandybie, 1983).

IV. CYFFREDINOL

Dafydd Glyn Jones, 'Dedwydd a Diriaid', *Efrydiau Athronyddol* LXI, 1998, tt. 65-85.
Dafydd Glyn Jones, 'Hen Ddramâu, Hen Lwyfannau', *Llwyfannau Lleol*, gol. Hazel Walford Davies (Llandysul, 2000), tt. 9-26.

Gwilym R. Jones, *Y Purdan* (Dinbych, 1942).
Peredur Lynch, 'Morris T. Williams y Nofelydd', *Taliesin*, Cyf. 85 (1994), tt. 7-25.
Llew Penrhys, 'Drama Gymraeg yn y Rhondda', *Y Darian*, Rhagfyr 22, 1932, t. 8.
Manon Rhys, 'Atgyfodi Cwm Glo, Kitchener Davies', *Cwm Rhondda*, gol. Hywel Teifi Edwards (Llandysul, 1995), tt. 276-300.
Jean-Paul Sartre, *Caeëdig Ddôr*, cyfieithiad gan Richard T. Jones o *Huis clos* (Caerdydd, 1979).
Sutton Vane, *Gadael Tir*, (1) cyfeithiad gan R. Williams Parry o *Outward Bound* (teipysgrif yn Archifau Prifysgol Bangor), (2) cyfieithiad gan Janet Evans (Llundain, 1950).
Ioan M. Williams, *Y Mudiad Drama yng Nghymru 1880-1940* (Caerdydd, 2006).

EIN CYFRES SAFONOL
CYFROLAU CENEDL

Yn awr ar gael yn y gyfres hon :

1. *Canu Twm o'r Nant.* £15.
2. *Twm o'r Nant : Dwy Anterliwt. Cyfoeth a Thlodi a Tri Chydymaith Dyn.* £15.
3. *William Williams : Prydnawngwaith y Cymry.* £10.
4. *Emrys ap Iwan : Breuddwyd Pabydd wrth ei Ewyllys.* £8.
5. *Beirniadaeth John Morris-Jones.* £15.
6. *Rhywbeth yn Trwblo.* £15.
7. *Dramâu W. J. Gruffydd : Beddau'r Proffwydi a Dyrchafiad Arall i Gymro.* £8.
8. *Eira Llynedd ac Ysgrifau Eraill gan W. J. Gruffydd.* £15.
9. *Llythyrau Goronwy Owen.* £15.
10. *Daniel Owen : Y Dreflan.* £15.
11. *Thomas Parry : Llywelyn Fawr a Lladd wrth yr Allor.* £10.
12. *Llythyr Gildas a Dinistr Prydain.* £15.
13. *Galw'n Ôl. Deuddeg Bardd o Ddechrau'r Ugeinfed Ganrif.* £15.
14. *Elis y Cowper : Anterliwt y Ddau Gyfamod.* £15.
15. *Kate Roberts : Tair Drama.* £15.

'Golygiad newydd yw pob un, o destun a aeth yn brin drybeilig ac a ddylai fod ar astell lyfrau pawb diwylliedig. ... Dyma gyhoeddwr sy'n cyrraedd mannau lle nad aiff eraill.' – *Y Casglwr.*

'Dylai pob myfyriwr Cymraeg gwerth ei halen gael yr holl gyfrolau ar ei silff.' – *Gwales.*

'Mae'r llyfrgell a adeiladwn bob yn rhifyn fel hyn yn ffynhonnell bwysig i unrhyw un sydd yn ymddiddori yn hanes a llenyddiaeth Cymru.' – *Y Cymro.*

Gan eich llyfrwerthwr neu gan dalennewydd.cymru

A bellach ein chwaer gyfres
YR HEN LYFRAU BACH
PECYN 1
1. Y Bardd Cocos
2. Daniel Owen : Dewis Blaenoriaid
3. Eben Fardd
4. Cerddi'r Bardd Cwsg

PECYN 2
5. Lloyd George
6. John Morris-Jones : Omar Khayyâm
7. Twm o'r Nant yn Cofio
8. Cerddi Goronwy Owen

PECYN 3
9. Cerddi Morgan Llwyd
10. Y Bugeilgerddi
11. Samuel Roberts : Cilhaul
12. Caneuon Mynyddog

£3 yr un, £10 am becyn o bedwar

PECYN 4
13. Emrys ap Iwan : Bully, Taffy a Paddy
14. Dafydd Ddu Eryri
15. Ceiriog : Alun Mabon a Cherddi Eraill
16. John Morris-Jones : Dwy Awdl a Rhai Caniadau

PECYN 5
17. Carolau Haf Huw Morys a'i Gyfoeswyr
18. Emynau Morgan Rhys
19. Cerddi Talhaiarn
20. Tri Hen Brydydd

£5 yr un, £15 am becyn o bedwar

Gan eich llyfrwerthwr neu gan dalennewydd.cymru